ふりゆきて
さうなうとくは
かたきふみ
りゃくまたなき
よむひとやある

古り行きて　左右無う解くは　難き文　利益双無き　読む人や在る

Words too old to easily decipher
Workers' benefits unparalleled hereafter
Will anyone want to wanderingly ponder?

『…千年も昔の古い和語、雪溶けみたいにすーっと自然に頭に滲み入るなんて無理…でも、読み解けばその御利益は比類無し…誰か、読んでみたい人いますか？— 平成の世に書かれた平安調歌物語『**扶桑語り（Fusau Tales）ふさうがたり**』—古典助動詞・助詞・語法＆大学入試重要古語千五百の全てが凝縮された、言葉の小宇宙』

Circa 1008 in the Heian era was written "Tale of Genji" by Lady Murasaki...
... and now comes "Fusau Tales" in the Heisei Japan of the 21st century.

Never before in Japanese literature has been unearthed such an artifact.
Its formats, contents and messages are clear
— not merely to amuse but also to inform, instruct, imprint and impress,
words, grammar & phrases required of one worthy to be called an educated one,
collectively packed to be learned by heart in flowing tales of poetic art.

Be the tact of the author beyond belief, the fact is here for all to see
that words included herein comprise knowledge enough for students to survive
severest tests of demanding 'versities otherwise requiring driest drudgery.

Fifteen hundred (1,500) archaic terms most important in Japanese classics
weave up stories — twenty-two (22) in all — rich tapestry of reading pleasure
— incredible discovery of scholastic treasure!

Be your aim either fun or cram, rest assured you can never be the same:
once you've read you're twice as keen of elegant ways of distant days.

Time has passed, but art has not: here to stay for you all to enjoy!

message from author *Jaugo Noto*（筆者 之人冗悟: のと・じゃうご 記す）

今から約千年前、西洋紀元にして1008年頃、平安時代に書かれたのが紫式部の『源氏物語』。…時を隔てた21世紀の今、平成の世に出るは『扶桑語り（ふさうがたり）』。

いまだかつて日本文学史上これほどの作り物語が世に出た例しはない…その形式も内容も目論みも、明瞭なメッセージ横溢の作品群 ― 楽しませ、教え、学ばせ、覚えさせ、強い感銘をも与えんとする欲張りな野心に満ちた物語集。学識者と呼ばれるに足る人物ならば知っていて当然の古典的「単語・文法・語法」の全てを織り込んだ暗記学習用例文として編まれた流麗なる歌物語の数々。筆者の手腕は現実離れして見えるかも知れぬ ― が、我々の眼前には厳然たる事実がある ― 本作品群に収録された古文単語群が構築する語彙水準は、受験を勝ち抜くに十分な合格水準ということ、いかなる無理難題を課してくる大学入試問題にも勝り得る語彙（…本作の助けがなければ、味気ない詰め込み勉強という最悪の苦役を通して身につけるしかない）＝古文を読み解くための重要古語1500語を縦横に駆使して編まれた物語（22編）の織りなす芳醇なる読み解きの愉悦、信じ難いまでの学術的価値の宝庫がいま、読者の眼前に開かれようとしている。

愉しむために読むもよし、詰め込む形で学ぶもよし。いずれにせよ、読めばあなたの世界は変わる筈。ひとたび読み通せば、二度と無視できなくなる、いにしえの優雅なる古典の魅惑…時は流れても、芸術は死なず…万人の歓びのための、万古不易の宝物…さぁ、いざ、お読みあれ！

『ふさうがたり(Fusau Tales)扶桑語り』

かなしさを …ひらがな
ゑひゆくほどに …英文訳
かんじつつ …漢字仮名交じり現代語訳
ことはみはてむ …重要古語千五百
うたかたのこひ …擬古文歌物語

悲しさを 酔ひ行くほどに 感じつつ 同は見果てむ 泡沫の恋

The deeper intoxicated,
Weep I will ever harder afterwards.
Sorrow creeps in while enjoying,
Then solitude shall be my sole companion.
I'd rather lose in tearfully fleeting love
Than gain endless sighs in lonely loveless nights.

どうせ長くは続かぬ恋は、しょせん儚い水の泡・・・酔い痴れている最中にも、酔い覚めの悲しみ、もう感じてる・・・けど、燃え尽きた後の寂しさは、燃えずくすぶる空しさよりまし・・・短いならば最後まで、しっかり見届けてやるのが恋・・・かな、英訳、漢字仮名交じり現代語訳に、重要単語千五百簡易単語集まで付けてお届けする22編の平安調擬古文歌物語
―『ふさうがたり(Fusau Tales)扶桑語り』― どうせなら最後までとくと御覧あれ

重要千五百古語全見出語+37助動詞全用例+77助詞全用例を平安調擬古歌物語に凝縮

Fusau Tales

『ふさうがたり』

扶桑語り

（千五百）+古語・（三七）助動詞・（七七）助詞

かな・英語・現代和語 対訳本
+千五百古文単語集簡易版

by 之人冗悟：Jaugo Noto

Beneath **U**mbrella of **Z**UBARAIE LLC.

『ふさうがたり（Fusau Tales）扶桑語り』目次

— 扶桑語り（ふさうがたり）— 目次 ＋ 重要古語千五百　新出数＆残数

- 01 『夢にねぶる娘』 p.5〜p.15
- 02 『青益荒男』 p.17〜p.23
- 03 『螢障子』 p.25〜p.31
- 04 『暮れ泥み』 p.33〜p.41
- 05 『うたて歌』 p.43〜p.53
- 06 『仄梅心』 p.55〜p.67
- 07 『尊犬猫』 p.69〜p.77
- 08 『斜め名』 p.79〜p.87
- 09 『空蝉説』 p.89〜p.97
- 10 『出づる世、捨つる世』 p.99〜p.107
- 11 『生知り種』 p.109〜p.121

	01	02	03	04	05	06	07	08	09	10	11
ABC=	183	69	68	62	113	126	81	48	69	43	84
残	1317	1248	1180	1118	1005	879	798	750	681	638	554
%	87.8%	83.2%	78.7%	74.5%	67.0%	58.6%	53.2%	50.0%	45.4%	42.5%	36.9%
A=	103	30	22	22	37	41	24	14	14	17	23
残	347	317	295	273	236	195	171	157	143	126	103
%	77.1%	70.4%	65.6%	60.7%	52.4%	43.3%	38.0%	34.9%	31.8%	28.0%	22.9%
B=	42	23	32	22	41	44	29	16	24	10	36
残	458	435	403	381	340	296	267	251	227	217	181
%	91.6%	87.0%	80.6%	76.2%	68.0%	59.2%	53.4%	50.2%	45.4%	43.4%	36.2%
C=	38	16	14	18	35	41	28	18	31	16	25
残	512	496	482	464	429	388	360	342	311	295	270
%	93.1%	90.2%	87.6%	84.4%	78.0%	70.5%	65.5%	62.2%	56.5%	53.6%	49.1%

http://fusau.com/←古歌・古語・古文全般　　　大学入試→http://fusaugatari.com/

『ふさうがたり（Fusau Tales）扶桑語り』目次

―巻末付録―

重要〈A〉〈B〉〈C〉水準古語千五百（作品内登場順）総覧 p.291〜p.364

	12『恋得る目、恋ふる目』	13『得し花』	14『宿り絵』	15『紫陽花恋』	16『見し夢』	17『似非風語り』	18『古体の遊び』	19『戯れ言の葉』	20『しが餠目』	21『事無しび、事為す地』	22『残んの歌』
ページ	p.123〜p.133	p.135〜p.159	p.161〜p.177	p.179〜p.191	p.193〜p.217	p.219〜p.229	p.231〜p.239	p.241〜p.249	p.251〜p.255	p.257〜p.269	p.271〜p.289
ABC=	46 残 508 33.9%	118 残 390 26.0%	62 残 328 21.9%	50 残 278 18.5%	86 残 192 12.8%	43 残 149 9.9%	29 残 120 8.0%	29 残 91 6.1%	18 残 73 4.9%	56 残 17 1.1%	17 残 0 0%
A=	6 残 97 21.6%	22 残 75 16.7%	12 残 63 14.0%	11 残 52 11.6%	13 残 39 8.7%	11 残 28 6.2%	6 残 22 4.9%	6 残 16 3.6%	5 残 11 2.4%	11 残 0 0%	0 残 0 0%
B=	19 残 162 32.4%	33 残 129 25.8%	20 残 109 21.8%	21 残 88 17.6%	26 残 62 12.4%	11 残 51 10.2%	12 残 39 7.8%	12 残 27 5.4%	4 残 23 4.6%	21 残 2 0.4%	2 残 0 0%
C=	21 残 249 45.3%	63 残 186 33.8%	30 残 156 28.4%	18 残 138 25.1%	47 残 91 16.5%	21 残 70 12.7%	11 残 59 10.7%	11 残 48 8.7%	9 残 39 7.1%	24 残 15 2.7%	15 残 0 0%

http://fusau.com/←古歌・古語・古文全般　　　大学入試→http://fusaugatari.com/

『ふさうがたり(Fusau Tales)扶桑語り』

『ゆめにねぶるむすめ』
A Tale of a Dream-Grown Girl
夢にねぶる(眠る)娘

夢にまで見る、とは言うけれど、
夢に見るからこそ素敵、と、
まだもの知らぬ幼い人は、
周りの男には目もくれず、
夢中の恋にうつつを抜かす。
夢見るほどに美しい、世にも稀なる彼の美は、
素敵な夢を見たいと願う君の心が生んだもの。
心の絵の具で彩色されず、素描で、なおかつ美しい、
そんな彼氏が現われるまで、ずっと夢見て眠るのかい？
…それも、いいでしょ；夢見るほどに、
美しいこと願うほどに、君も綺麗になれるから。
だけど、いつかは、出会うといいね、
彼を通して、素敵な夢を、うつつの中に描ける人。
覚めて見る世の味気なさ、一緒にいると忘れる相手。
綺麗な幻見たいと願う心が描くシナリオを、生身で演じてくれる人。
…それまで、せいぜい、眠るがいいさ。
そしてせっせと磨くがいいさ、素敵な筋書き描く力。
だけど、忘れちゃいけないよ：夢は夜だけ見るものじゃ、ない。
うつつの夢を描かせてくれる、そんな相手を見つけたら、
その時、はじめて叶うのさ、夢にもまさる本当の恋が。

新出古語：ABC=183/1500〈12.2%〉 A=103/450〈22.9%〉 B=42/500〈8.4%〉 C=38/550〈6.9%〉
未履修古語：ABC=1317〈87.8%〉 A=347〈77.1%〉 B=458〈91.6%〉 C=512〈93.1%〉

A Tale of a Dream-Grown Girl

In Japan in days gone by, there was a girl who immensely loved stories. Below her brother only in age, as quick or quicker in wit she was. Since her cuddly earliest childhood, in penmanship or scholarship they vied with each other, until at last among the boys her jested attempt at composing poems put to shame elder male students. How counterproductive, thought her parents, to make her brother envious beside her, thereafter refrained from placing their daughter along with boys to grow wise together.

Sorry but persuaded she was to be told that a girl on her way to womanhood was never heard to mingle with boys like she did. Be that as it may, downhearted she was wondering how to comfort and save herself from boredom. Yet noble young ones of her brother's acquaintance often came to visit her with books imparting lessons they were being taught; discussion and intercourse increased all the more, making her the wiser than ever before.

『夢にねぶる(眠る)娘　｜　夢見て育つ少女の話』

　今となっては昔語りだが、かつて日本国に、物語をこの上なく愛好する娘がいた。年齢こそ兄より下だったが、頭の回転が速く勘が良い点ではいくらもひけをとらず、ほんとうにちっちゃくてかわいらしかった頃から、一緒になって習字や(仏教・儒教・文学等の知識の)学習を競いながら行なってきたのだけれども、男子に交じって軽い冗談のつもりでしてみた漢詩作りの風情が、他の人が気後れするほど立派な出来映えという状況に至っては、兄がすねてしまうだろうから兄妹ともどもの学習などかえって逆効果だろうと両親が相談して、一緒に学ぶこともさせられなくなってしまった。

　娘は、残念に思うのだけれども、「もうそろそろ大人になろうという成長期の女の子がこのように男子と一緒に学習しているのは(別解釈：男子が勉強している場に「おじゃまします」と言ってやって来るなんてことは)聞いたことがありません(別解釈：筋違いなことです)」と親がおっしゃるので、「それはそうね」とは一応思ったものの、それでもやはり、退屈に持て余す時間の気晴らしをどうしたらよいだろうかと屈託を抱えている。ところが、お兄様の友達のうら若き貴族の御子弟達が、ちょくちょく書物を持ってやって来ては、各自がいま学習中の事柄を語り伝え、議論をすることなどが度重なって、以前にもまして交際は盛んになり、娘はますます賢くなってゆく。

『ゆめにねぶるむすめ』

いまはむかしのふさうのくにに、ものがたりこよなうこのめるむすめありけり。せうとよりとしこそおとれ、こころときこといくばくもおくれず、いときびはにうつくしかりけるころより、ともどもてならひ・がくもんきほひなせるも、まじりてたぶれにものせるさくもんのこころばへはづかしうまほなるにおよびては、せうとのひがまむずるはなかなかならむとおやのはかりて、ともにまなぶことをもせさせられずなりぬ。

むすめ、くちをしとおもへども、およすけたるをんなごのかうてさふらふはきこえぬこととおぼせらるれば、それはさるものにて、あいなきひまをいかでおもひやらむとうんじたり。さるに、あにぎみのどちなるあをきんだち、をりをりふみもてきたりて、おのがまねびたることいひつたへ、あげつらひなどすることしきりて、いとどまじらひさかしうなりゆく。

01) 夢にねぶる娘：A Tale of a Dream-Grown Girl

The boys, attracted by her childishly promising appearance, used to come on the pretext of studies; yet, in the face of her wisdom growing thus and innate bookworm still more rampant, along with the way she looked more and more beautiful, they thought it worthless to come and play wise on the plausible pretense of books and stories, they grew hesitant and ceased to pay her a visit. Even in frolic among same-aged girls she had known from early childhood, vaguely radiant adult sexiness unbecoming to a maiden of her age naturally set her aside from others; while seeming small in kneeling position, she was already equal to her not-so-short mother in standing posture...totally alike nothing in anything, her supernatual attributes were a natural reminder of the legendary Kaguya-Hime (Princess Aureola). No wonder the boys shied away from her.

Her parents also grew uneasy, and preached her brilliant talent would be felt forbidding in the extremes, to which she replied, "I don't know what makes you say so. I don't remember being criticized for acting wise or ever despising anyone for being immature. I only find it paramount pleasure to feel excited at reading books."

男子たちは、この娘の、昔からかわいらしくて将来美人になりそうな容貌を慕って、学習を口実にこれまでは訪問してきたわけだったが、こうしてその学才が更に一層優秀になり、ただでさえ強かった書物を愛好する生来の性質がますます大変なことになってしまったので、成長するにつれていよいよ美しくなってゆく彼女の表情に気後れするのはもちろんのこと、なまじっか物語にかこつけて参上しては賢そうに振る舞うのも無意味なことだろう、と思わず躊躇してしまい、娘のもとを訪れる機会もだんだんに減ってゆく。幼な馴染みの同年代の少女達とふざけていても、年端も行かぬ身に似ぬ大人びた色気がほのかに感じられて自然と別格に感じられるし、ひざまずけば小振りなのに立ち上がればお母様（背が低いわけでもない）と既にもう肩を並べるほどの背丈であるなど、実に年齢不詳・正体不明の神秘的な感じがして、かぐや姫もこんな感じでいらっしゃったのかなぁと感じられるほどの様子なので、少年達の足が遠のいたのも当然のことであったろう。

両親も気がかりな思いがして、「目もくらむほど立派な才覚も、度を超してしまっては、親しみにくく、気味悪がられるものですよ」と教え諭すのだが、「どうしてそうおっしゃるのでしょう。学識をひけらかして非難されたり、他人の未熟なことを軽蔑したりといったことは、私には心当たりのないことです。本を読んで胸がわくわくする気持ちを、無類の喜びとしているだけなのです」

01)夢にねぶる娘：A Tale of a Dream-Grown Girl

をのこたち、このむすめのもとよりあいぎやうづき、おひさきみえしかたちありさまをしのびて、まなぶにかこちておとなひつるに、かくてそのざえいやまさり、ふみめづるさがいとどしくなりぬれば、いよいよねびまさりゆくけしきはさるものにて、なまじひにものがたりにことづけてまゐりてさかしだつもあやなからむとためらはれ、とぶらふこともおとりもてゆく。つとになれたるおなじとしごろなるをとめらとされぬても、ほどなきみにたぐはぬおとなしきえんのほのみえておのれとことさまにて、ついゐるにこまやかなれど、たたばたけひきからぬははぎみにまだきもたちならぶなど、げにほどしらぬくすしきここちに、かぐやひめもかくやおはしけむとおぼゆるほどのことざまなれば、うべなれや。

おやもうしろめたきここちして、「まぱゆきこころだましひも、すぐしてはけうとくもおぼさるぞかし」といさむるも、「などかくはいはるらむ。さえがりてそしらるるも、ひとのかたほなるをおとしむるも、おぼえなきこと。ふみよむこころときめきをさうなきよろこびとなせるのみ」

01) 夢にねぶる娘：A Tale of a Dream-Grown Girl

Finding her response reasonable and hardly blamable, they nevertheless left a word to impress their daughter: "If you, by any chance, have a mind to please your parents, be sure to marry a respectable man and make our family prosper through him. Let not your perfectly good looks fade in the vain act of long musing absence of mind."

Rarely had the daughter imagined herself being the bride of some man in future, yet the comment of her parents woke her to the possibility. Thus, she fell into the daily habit of pondering about her future husband. Lost in thought with iris-prevailing eyes overshadowed, she looked out of place — so much so she felt almost ethereally unreal, sensually fairer than ever before, that there was a sudden surge of visits by would-be bridegrooms.

But this girl, ever since childhood in poems and tales had only been familiarized with men of tastes without a peer in the world of reality — to whom any man in the flesh felt so much inferior that she got hopeless of finding an ideal future mate anywhere else than in her dreams.

と受け答えするのも道理が通っているので一概に咎めるわけにもいかないのだが、そうは言ってもさすがにまずいので、「もしもあなたに親孝行しようという心があるならば、将来は立派な人と結婚して、必ずや一族を繁栄させてもらうようにしてくださいよ。折角そうして端正に整った顔立ちだというのに、ぐずぐずと物思いにふけっている間に、若々しい魅力が色褪せてしまう、なんてもったいないことは、してはいけませんよ」と言い残す。

娘は、誰かと結婚することになるであろう我が身の将来のことなど、これまでほとんど滅多に考えたことはなかったのに、親がこのようにおっしゃるのを聞いて、「それはそうかもしれないわ」とはっと気付いたのであった。

こうして、自分を妻とするであろう人はどのような様子をしているのだろうかと、黒目がちな目元に陰りの色を漂わせつつ、朝も夕も常に想像して、落ち着かない様子で思い悩む娘の有り様は、いよいよもってみずみずしい美しさなので、求婚して来る男達の訪問も、にわかに頻繁になってしまった。

しかしこの娘の場合、幼少の頃から、歌・物語を通じて慣れ親しんできたのは、優雅なること比類なき風流な男性ばかりであって、現実の人間達などというものはひどく見劣りする感じなので、思いを巡らす将来の理想の男性は、夢の中以外にはいらっしゃらないのではないかしら、と悲観的になってしまっている。

01）夢にねぶる娘：A Tale of a Dream-Grown Girl

とさしいらふるもことわりにてあながちにせめがたきもののゆゑに、さこそいへ、「おやにけうぜむこころあらば、ゆくゆくよきひとにあひてかどひろげさせたまひてよ。あたらまほなるみめかたち、ながめせるまになうつろはせそ」といひおく。

むすめ、ひとにあはむずるみのゆくすゑ、をさをさおもはざりつるに、かくいはるるをききて、さもやとおどろきぬ。かくて、みをぱめとらむずるひとのいかさまならむと、まなこがちなるまみのかげろひ、あさなゆふなおもひめぐらして、ありもつかずものおもふありさま、いとどなまめかしう、よばふをとこどものおとづるるもとみにしげくなりぬ。

されどこのむすめ、いとけなきころより、うた・ものがたりにてなづさひたるは、いうなることよになきみやびをばかりにて、うつつのひとどもなどいみじうこころおとりせらるれば、あらますゆくすゑにあらまほしきひとはゆめのなかならではおはしまさずやとぞおもひくしたる。

http://fusau.com/←古歌・古語・古文全般　　－ 11 －　　大学入試→http://fusaugatari.com/

01)夢にねぶる娘：A Tale of a Dream-Grown Girl

The girl, therefore, came to hate and saw nothing of men courting her, to be seen more and more alone lost in thought. Her parents asked in wonder, "Why do you avoid them so much? Is there anyone else you have been thinking about?" Though there was none, she felt pity and sorry for their concern, which made her fake up a poem about some imaginary one to seem like the cause of her wayward worries.

In a pretended verse of:

    For someone I love so deeply at heart
    How could I meet any given guys?
    — Never, ever let anyone else visit me.

she actually meant to say:

    Incredible love in imaginary one
    I cherish and flirt — in vain, I know.
    How could I meet, mate and fit
    Ordinary one in ordinary life?
    As foam I'd float to keep waiting for
    My fondest love, the knight of my dreams.
    — None but the extraordinary shall ever ask or visit me.

こうして、娘は、求婚し続けている男性達を忌避して全く会わず、一人ぼっちで物思いにふける場面が増えてゆく。「どうしてこんなにも求婚者に背を向けようとするのでしょうねえ。心に思い続けているお方がいるのでしょうか？」と親が心配しているのが、なんのかんの言ってもやはり気の毒で心苦しかったので、物思いの原因をどなたか愛しい男性のせいであるとしてこじつけてしまおう、と詠んだ歌が、

    現にも　あらで愛しき（哀しき）　君がため　並べて人には　会はで（婚はで／泡で）然りなむ

『狂おしいまでに愛しい御方のために、その他諸々の人には会わずにこのまま、ということに、私はなりそうです（…と言いつつ本心は…）どんなに恋い焦がれても物語の世界の中の貴方には会えないのが、哀しくて…この世のものとも思われぬほど素晴らしい貴方と比べると、現実世界の通り一遍の人々なんて…あぁ、私はやはり、現実世界の普通の人達には会わず、結婚もせず、水の泡の如く儚い夢の中の貴方に憧れ続ける頼りなげな今のような状態で、ずっと過ごしているということになるのでしょうね。』

我が愛しの男性以外の人（別解釈：それほどでもない凡庸な男の人）は、決して訪問させないでください（別解釈：私への訪問・質問は決して許さぬつもりです）。

01)夢にねぶる娘：A Tale of a Dream-Grown Girl

かくて、むすめ、よばひわたれるをとこらをうとみてあからさまにもあはず、ひとりうちながむるをりぞまさりゆく。「いかでかくはひとをそむかむずらむ。こころにかくるかたやある」とおやのあやぶめるがさすがにいたはしうおもひぐるしければ、おもひぐさをばいづかたにかかこちよせむとてよめるは、

　うつつにもあらでかなしききみがためなべてひとにはあはでさりなむ

　さあらぬひとはさらにもとはさじ

Who could that be, her parents got curious; though it was no matter to be left as it was, they did nothing but tell her to do as she liked, believing her poem to be a confession of her true feelings; did they think it nasty to forcibly inquire, or was it because she was too young to marry yet? A man she was madly in love with, if in existence, would be so hard to hide that he would eventually appear; yet when would a man in a world out of reality appear, I wonder, to please her and parents? In her now renowned helplessly beautiful pensive mood, the rows of men wooing her didn't seem to disappear very soon, which left her yearning for a prince of her dreams — so the story goes.

A dreamy bridge over reality.
Nightly bliss preciously surreal.
Some say impossible; I say it isn't.
Some say scandalous; I think not.
A night spent in a world yonder ―
What's more fun in the day, I wonder.
How I wish it was for real...
Gracious relief from life's ordeal.

　両親は、その「狂おしいほど愛おしい」相手が誰なのか知りたいと思ったけれども、強引に追及したりするのも意地悪なことだろうと思ったのだろうか、あるいは結婚させるにはまだ娘は若すぎると思ったからであろうか、そのままにしておくわけにはいかない事柄ではあったが、本当にいとしい人がいるのだろうと思って、「あなたの考える通りになさい」とだけ言い残して、取り立ててどうするわけでもなく、何事もなく終わる。狂おしいほどに、現実離れしているほどに恋しく思う、とかいう相手が本当に存在するならば、そう簡単に秘密を保ち続けられる筈もないのだから、すぐにも自然と露見してしまうに違いない。しかし、現実世界の中にはいない人ともなれば、さあどうだろうか、いつになったら出現することであるか（現われる筈もないであろう）。娘が思いに沈む様子はさらに一層かよわく頼りなげなので、かえってまた世間に評判が立ち、言い寄って来る男もすぐにはいなくならないことに希望をつないで、やはり依然として夢のような理想の相手をずっと思い続けて日々を過ごしていた、ということである。

　有るまじき　夢の浮き橋　有りなむは　夜（世）にも有らずは　愛しからまし
『ある筈もない夢の中に架かる橋も、きっとある。夢物語への橋を渡るなんてとんでもないと咎める人もいるけど、夢想体験はあったほうがきっとよい。夢の中にさえ理想郷がないのは、悲しいこと。現実離れしているほどに、夢は愛しいもの。』

01) 夢にねぶる娘：A Tale of a Dream-Grown Girl

おや、ゆかしけれども、あながちにせめむもあやにくならむとやおもひけむか、あはせむにまだしきものゆゑか、さてしもあるべきことならねど、まことかなしうおもふらむとて、「こころのまに」とのみいひおきて、こともなし。うつつにもあらぬまでしのぶらむおもひびとげにあらぬべし。されど、うつつのほかのひとあらば、いさや、いつしかいでこむや。むすめのおもひしづむさまなほあえかにて、いとどなたち、いひつくをとことみにはたえざるをたのみて、なほゆめのきみおもひわたりてすぐしたりけるとかや。

あるまじきゆめのうきはしありなむはよにもあらずはかなしからまし

『あをますらを』
A Green Boy's Blues
青益荒男

強くありたい男の意地は、萎えた性根を嫌うもの。
心も身体も辛くとも、弱音も吐かずに突っ張るもの。
だけど、不思議とこの世には、心の萎えるものがある。
初めて知った恋の味、その甘酸っぱさにとろける心を、
弱さとみなして突っぱねる？良しと感じて突っ走る？
どっちにしてもぎこちない…思春期なんてそんなもの。

A Green Boy's Blues

In Japan in days gone by, there was a man barely old enough to attain his majority, to whom love had been a stranger, whose sole favorites were things of wild nature. Coming out to the field to kick to death and tear apart to eat wild animals, confronted with a proudly powerful sumo-wrestler, raising him high, hurling him down face-up to the ground to laugh at his unconscious body... such were his conducts. While many friends were attracted to women or trying to be good at the ways of poetry, with his professed motto of "a man has to be strong to grow up", this one insisted on his own way, training his body and praying in earnest to the war god of Hachiman to make him as strong as any one that ever lived.

But one day, this man abruptly fell in love. A wheel of destiny — one of an ox-driven carriage of some noble one, which fell into a gutter of the road, seemingly impossible to move with all the efforts of the mean followers, at the loud shout and haul of this man, got lifted up and turned loose again.

『青益荒男　｜　まだ青臭い大人っ子の話』

　昔の日本国に、元服をして成人の仲間入りしたばかりで、今なお女性の魅力を知らず、もっぱら荒々しい振る舞いばかり好んでいる男がいた。野原に出ては（鹿・猪等の）食用の獣を蹴り殺して切り裂いて食い、力自慢の相撲取りに敵対してはむんずと高く持ち上げて仰向けに投げ下ろして気絶させては高笑い、などの所業をして、仲間には異性に強い関心を持ったり和歌の才芸に秀でようと望む者も大勢いるというのに、「一人前に成長した男（別解釈：兵士）は、勇ましくこそあるべきだ」と言って周囲にはばかることなく我が物顔で振る舞い、肉体を鍛錬し、（武芸の神である）八幡様を礼拝して、「強いことといったら天下に並び無き猛者にしてくださいっ！」などと一途にお祈りしていた。

　それなのに、この男がある時、意外にも恋心を抱き始めてしまった。高貴な人がお乗りになっていると思われる牛車（牛に引かせた貴人の乗用車）の車輪で、道路の窪みにはまりこんで、召し使われる身分の低い者達がこれを引き上げようとしてもとうとうどうにも動かなくなってしまったらしく見えるのを、この男が「えい！」と叫んで持ち上げたところ、牛車は窪みを脱したのであった。

02) 青益荒男：A Green Boy's Blues

『あをますらを』

いまはむかしのふさうのくにに、うひかうぶりしたるばかりにて、なほいろをしらず、もはらいらなきわざのみこのめるをとこありけり。のへいでてはししけころしてほふりてくらひ、ちからにおほえあるすまひへむかひては、むずとさしあげてのけざまになげおろしてにいらせてはあざわらひなどして、どちにはいろこのみ、しきしまのみちにたけむずるもおほかるを、「ますらをはたけくこそあらめ」とうけぱりて、みをぱきたひ、はちまんをがみて、「つよきことになくもがな」などひたすらねんじいりたり。

さるにこのをとこ、あるひおもほえずこひそめたり。やむごとなきかたのられたらむぎつしゃわの、みちのくぼみへおちいりてげらふどもひきあげむとするもつひにえうごかずなりつめるを、「えい」とさけびてかかぐれば、くるまくぼみをはづれたり。

02) 青益荒男 : A Green Boy's Blues

In exalted delight at his own strength, he caught a glimpse at the edge of the carriage curtain of a noble young lady apparently smiling, found her youthful beauty incomparable to anything in this world, instantly falling into a state of mind he had never known. Strangely different he felt himself to be; still, love was the last thing he imagined himself being in. Yet the lady in question didn't live very far, which enabled him to often catch sight of her through the hedge of her residence, eventually resulting in his thinking about her like anything.

Now, he got timidly nervous — shabby appearance would be shameful in her eyes, vulgar conducts would leave so much to be desired — so considerate of every little thing as hardly to appear the same person. "How come?" wondered those of his friends who were not so romantically sophisticated; those sophisticated enough to see him in love might talk openly about it, he feared. In stealthy agitation, he sang to himself:

自分自身の怪力を心強く誇らしく感じていたまさにちょうどその時、牛車のすだれの端の隙間からちらと一瞬覗き見された姫君が、にっこり微笑んでおられるように見えて、その若々しい美しさが並一通りでなく感じられて、瞬く間にいつもと違う変な気分になってしまった。どうも変だぞとは感じたものの、それが恋だとは思わずにいたのだが、この姫君はさほど遠い場所にお住まいでもなかったので、垣根越しにその容姿を目にする機会が増えてゆくにつれて、彼女への思慕の念は尋常一様でなくなってしまった。

自分の外見がむさ苦しいであろうことも恥ずかしい、無骨で風流に欠ける振る舞いをするのもいかがなものか、などと神経を使ううちに、今までの彼とは別人のような有り様になったので、(すでに恋心を知ってしまった彼がそうなったほどには) それほど情趣を解さぬ仲間は「どういうわけか？」と不思議がり、恋愛の情趣をよく知る連中には「あいつ、恋をしているのだな」と噂になりそうで心配になって、いよいよもって平常心でいられなくなった彼が吟詠した歌は、

おのがうりきたのもしくおもひあがれるをりしも、すだれのはたよりうちかいばまれたるひめのうちほほゑまれたるやうにみえけるを、なまめかしきことかぎりなくおぼえて、たちまちここちたがひにけり。あやしとはおぼえどもこひとはおもはでありけるが、かれはいととほきかたへもすまはれぬほどに、かいばみにすがたかたちみるついでまさるほどに、おもふことえならずなりにけり。

みめくるしからむもおもなし、むくつけきふるまひもいかならむなどこころつくすほどに、ことひとのやうなれば、さもこころなきともがら、「いかなれや」といぶかり、いろごのみどもにはなだたしくあやぶまれて、いとどこころうごきてうそぶくは、

How much must I endure,
How often must I hold you dear
For my heart to appear as usual,
Which must now look so unusual?

Innate inelegance plain to see, is this a funny poem on that mere account?

This man, however, also felt romantic notoriety, if unchecked, might make it all the easier for him to attain his purpose, finding himself ambivalent as to hearing his name cited as an unexpected lady-chaser.

Feeling somewhat unlike himself, he again rhymed as follows:

How painfully exalted am I —
This crazy disease I enjoy!
Cause of too much thinking.
Phase of unusual itching.
Do they, does she, now know —
'Tis love? ... perhaps so.

The uncomfortably pensive phase of someone totally new to love — is this something to simply laugh away?

忍ぶれば（偲ぶれば）心も強く なるべきか 懸想せる身の 顕証なるべし
『身体は鍛えれば鍛えるほど強くなるけれど、恋する思いを胸にじっと秘めて隠し堪え忍んでおれば、あるいは恋愛経験を重ねれば、心も強くなり得るものだろうか？（無理だろうなぁ・・・）心も強くならなきゃ恋はできないのかなぁ・・・いずれにせよ私はまだ恋の経験に乏しいだけに、あの人に思いをかけているこの姿は、傍目にもはっきりと目立ってしまっているに違いないなあ。』

洗練を欠く無骨な心情が感じられて滑稽な歌、であろうか。

しかしこの男は、むしろ逆に自らの恋心を包み隠さず、あの娘さんに恋しているのだという評判が立ったならば、恋仲になりたいという望みを果たすのも容易になるのではなかろうか、いっそ恋の風聞が立ってしまえばよいのに、などと思ったりして、心乱れることがないわけでもなく、何が何だか訳がわからぬふわふわした気持ちでまた詠んだ歌は、

煩ふに 浮かるるものか わりなくも 思ひ過ぐして 気色（怪しき）恋かも
『どうしたことだ・・・ほとんど病気なのに、ふわふわ心が浮き立つなんて・・・苦しいのになぜか楽しいなんて、道理に合わないことだけど、抑えきれぬほどにあの人を思う気持ちが強すぎて、あれこれ余計なことまで考え過ぎて、きっと傍目にも怪しげな様子に映ってるんだろうなぁ・・・あの人も気付いちゃってるかなぁ・・・いっそ気付いてくれればなぁ・・・あぁ、何考えてるんだろ自分は？・・・ほんと、恋って、変だなぁ。』

風流や色恋というものに疎遠であった人が、落ち着かず物思いに悩み始める頃というものは、必ずしも馬鹿にしてよいものであろうか？いや、なかなかどうして、侮り難いものがあるではないか。

しのぶればこころもつよくなるべきかけさうせるみのけそうなるべしこちごちしきこころをみえてをかしきうたなれや。

されどこのをとこ、なかなかにつつまずなもたたましかばほいとぐるもやすからずや、おいらかにうきなもこそたたまほしけれなどて、まどふおもひなきにしもあらず、われかのここちにまたよめるは、

わづらふにうかるるものかわりなくもおもひすぐしてけしきこひかもいろにうとかりけるひとの、ありもつかずおもひわびそむるわたり、あながちにあなづらはしきものかは。

ふさうがたり(Fusau Tales)扶桑語り

『ほたるさうじ』
A Firefly Screen
蛍障子

幼い頃の恋路の果ては、いつの間にやら消えるもの。
あの頃、未来の伴侶に、と、夢見た相手は、思い出の中、
ただひたすらに懐かしく愛でるだけなら、永遠の恋、
涙にくれることもない、ひたすら綺麗な宝物。
それを壊しちゃ嫌だからと、触れずにおきたい人もいる。
無理に触れられ、嫌だとて、ひたすら逃げれば、思い出も逃げる。
綺麗な思いで残すため、遮二無二迫る人なだめ、
素敵に続く不完全終止、望む自分は、ちょっぴり欲張り？
わかってくれたら嬉しいけれど、わからなくても、いいかもしれない。
ただ、忘れずにいてほしい、昔の夢は、宝物：今の恋より大事なもの。

A Firefly Screen

　In Japan in days gone by, there was a man who loved the daughter of his neighbor. Older by three years or so, he and she used to fondly call each other sister and brother in childhood. He had secretly determined himself as her future bridegroom and cherished inner pride in her increasing beauty as she grew up. But, as more and more people of dauntingly high ranks came to visit her, he felt embarrassed at his shamefully mean status, and made up his mind to meet (and hopefully marry) her only as a man of dignity, never to see her as a nobody.

　Nevertheless, his heart was brimming with irresistible affection toward this sister, and one evening, with no outlet for such feelings, looking out from his bedroom, he found a line of light wandering to and fro over the hedge toward her yard... a firefly, he finally recognized. Unable to control his emotion, he wrote it down in a poem:

『蛍障子　｜　蛍の障子』

　今では昔語りになるが、日本の国に、隣家の娘に恋心を抱く男がいた。三歳ほど年長で、幼少の頃は「いもうと／おにいちゃん」と親しげに呼んで仲良くしていたその彼女が、大きくなるにつれて素晴らしく器量好しになり、行く末のことが楽しみに感じられるその様を、前々から彼女の婿候補と心に思い定めてきた我が身ゆえに誇らしく感じていたのだが、気後れするほどに立派な人々がこの娘を訪れることが頻繁になって、自分が恥ずかしく面目ない身分であることを思い、人並み以上の身分に出世してから彼女と会おう(別解釈:結婚しよう)、低い身分の者としては決して会うまい(別解釈:結ばれるまい)、と耐え忍んでいた。

　そうは言うものの、実際のところは、この妹のように親しく思っていた女性をかわいく思う気持ちに胸がつぶれそうだったので、夕暮れ時に思いを晴らす方法もなくて、寝所から外をぼんやり見ていると、一筋の光がゆらゆらと漂い、隣家との境界にある中垣を通ってあちらの方へとさまよって行くのを見ると、それは蛍なのだった。男は、胸の内に高まる思いを抑え切れずに、

『ほたるさうじ』

いまはむかしのふさうのくにに、となりなるいへのむすめにこころよするをとこありけり。みとせばかりがこのかみにて、をさなきころはいも・せとよびなれむつびしが、ねびゆくほどにあいぎやうめでたくすゑたのもしきを、むこがねにおもひおきてしみにおもだたしうおぼえたるに、はづかしきひとびとのおとなひしげくなりて、かはゆくおもなきみをおもひ、ひとびとしききはにのぼりてなむあはむ、げすのみにてはかつてあはじとねんじたり。さるは、このいもうとをらうたがるおもひにむねつぶらはしきほどに、ゆふべにやるかたなくねやよりそとをながむれば、ひかりひとすぢたゆたひ、なかがきよりかなたをさしてさまよふみれば、ほたるなりけり。せきあへず、

03) 蛍障子：A Firefly Screen

My soul wanders off in faint gleams of firefly.
Catch me in the backyard of your old familiar neighbor.
Here am I, your dear and near big-brother.

which he placed for her to read at the edge of the garden plants in the neighboring yard. "How impudent of me!", he felt pity for himself and, feeling anxious about hearing a heartless reply, didn't sleep then and there; he went to talk with a friend all night long. When he came back the next evening, he happened to see through the hedge that the screen of the sister's room was strangely bright. It was some time before he finally realized — by the way the light waved and gleamed — that it was a swarm of fireflies that lit the screen. Illuminated by the light more brightly than in the day, there was a sheet of paper hanging near the eaves on which large letters, in gracious handwriting, read as follows:

魂離れて　憧れ惑ふ　蛍なる　心（裏／浦）も知れらば　掬ぶ（結ぶ）手もがな

『魂が落ち着きを失い、どうしてよいかわからなくなると、それは肉体を離れ、蛍になって弱々しい光を放つ、という言い伝えがありますが、そのように訳が分からないまでになっている私の心をもし貴女がわかっているならば、裏の家に住むかつてのあなたのおにいちゃんがこうして貴女に恋い焦がれていることを御存知ならば、そんな蛍の生息する入り江を御承知ならば、蛍となった哀れな私の魂を、貴女のその手で掬い取ってくれないものでしょうか。そうして私と貴女が愛し合う男女としての関係を結ぶことはできないものでしょうか？』

と紙に書き出して、前栽（庭先に植えた草木）の端っこに置いて彼女に送る。なんとまあ失礼なことを、と、自分のことながら、話にならないほど情けなく思い、もしかしたら冷淡な返答でも聞くことになりはすまいかと不安だったので、そのまま寝入ることはせず、知り合いの人の元を訪ねて夜通し語り合い、翌る日の夜に帰って来て、隙間越しに覗き見ると、例の女性の部屋の障子が、いつにも増して妙に明るい。ゆらゆら揺れる光の有り様を見て、だんだんとわかってきたことには、それは蛍の光なのであった。昼間以上の明るい光に照り映えて、軒端近くに吊るした大きな文字で、その筆跡もおっとりとおおらかなのが、

03）蛍障子：A Firefly Screen

たまかれてあくがれまどふほたるなるうらもしれらばむすぶてもがな
とかきいでて、せんざいのはたにおきてやる。びんなきこととみながらあさましく、すげなきかへ
りごともやきかむなどこころもとなければ、やがていもねず、しりひとのがりたづねてよすがらか
たらひ、あくるよかへりきたりてかいまみれば、かのひとのへやのさうじ、けにあかし。たゆたふあ
かりのさまみるにやうやうおもひしりたるは、そはほたるのひかりなりけり。ひるにまされるひ
かりにはえて、つまちかくかけたるおほきなるての、みづくきのあともおほどかなる、

03) 蛍障子：A Firefly Screen

　　Fireflies in the block so warm in the night,
　　Show not in the day, soundless in the bay.
　　Who but the soulless can't see their colors?
　　How hot they glow; how they have grown.
How did she gather that many fireflies? How extraordinary could be the souls of such men! Why, how fondly had I imagined myself so near to her... he clad himself in bedding, pillow all wet with tears, and despaired of his futile future with her.

　　夜に著く　明かる蛍の（世に著く　散る蛍の）　昼は涸れ（離れ）　音もせずとも　人は知るべし

『闇夜の中でもはっきりと明るく照らす蛍の光は、昼間は涸れて見えもせず、声も上げずにひっそりしているけれども、それでもその存在は、知る人はちゃんと知っているはずです。同様に、世の中に際立って有名な存在になり、貴方とは疎遠になってしまって、昼間は離ればなれ、音信も不通の私ですが、それでも私には貴方を思う気持ちがあるということは（別解釈：これはこれで仕方のないことなのだということは）おわかりいただけるはずです。』

ということであった。それほどまでの数の蛍を、どうやって集めたのだろうか（・・・自分に言い寄って来る男達に頼んで集めたのだろう。あるいは、彼女を慕う男達の魂そのものが蛍となって自然と参集したのであろうか・・・）。そこまでする男達の彼女を恋い慕う思いが、薄ぼんやりしたものであるはずもないだろう。自分はなんとまあ、虚しい、身の程知らずの期待を抱いていたことよ、と、この男は、夜具を引き寄せてかぶっては、失恋の涙で枕を濡らして、彼女への思いを断ち切ってしまったのであった。

03))蛍障子：A Firefly Screen

よにしるくあかるほたるのひるはかれおともせずともひとはしるべしとなり。そこばくのほたる、いかがあつめけむ。かばかりのをとこどものたましひ、いかでおぼろけならむ。はやう、あいなだのみなりけりと、をとこ、よるのものをひききてまくらそばちておもひはてたり。

『ふさうがたり(Fusau Tales)扶桑語り』

『くれなづみ』
Too Soon to Fall?
暮れ泥み

お話いっぱいしてくれて、
夢にかこつけ口説いてくれて、
私を好きだと言ってる人に、
邪険にするのは悪いけど、
なんかちょっぴり違うのね、
私の理想の初恋とは・・・
それでも歌など詠んだりして、
その気になれるか、やってみよう。
それで貴方がどう出るか、
確かめてから、勝負に出るわ。
照れてちゃ駄目よ、男なら；
その気があるなら、掴まえて。
逃がしたならば、おしまいよ・・・
そしたら、私の初恋探し、もいちど一からやり直し。

04) 暮れ泥み：Too Soon To Fall?

Too Soon To Fall?

 In Japan in days gone by, there was a maiden, beautiful beyond expression, whom lots of noble young ones wooed in vain, and whom she was going to marry had been a favorite topic of the people on the street.

 Now, a man, with a view to getting her as his wife, had been paying her visits quite a few days. He was from a thriving family, incomparably vehement in wit (or in pride). Woman as she was, the girl was reputed to be something of a scholar; he thought, therefore, that talks about books would endear him to her. Today, as usual, he spent the whole day in storytelling, biding his time to make it with her, until the sun had already begun to sink.

 As the verandah of her residence was tinged red with the evening sun, the maiden came out in trance onto the corridor, fingering away exquisite hair in sensually flexible movement. To hear her sigh, the man felt dizzy and overwhelmed by her almost supernatural beauty. All he could say was, "Is this a sight in a dream?" to which she responded, somewhat mysteriously, "Who loves to see an ominous, hateful dream?"

『暮れ泥み　｜　ためらう夕暮れ』
　今は昔の日本国に、一人の若い未婚の女性がいた。容姿の美麗であることは口で言い表わせぬほどで、大勢の上流階層の貴公子達が妻にしたいと望んだけれども、この女性は容易には男の意に従わず、いったいどんな人と結婚するつもりでいらっしゃるのだろうか、ということで世間の噂話の種になっていた。

　この貴き子女を我がものにしたいものだと思って、このところ数日来、娘の家に通い続けている男がいた。この男の家門の勢力は盛んであって、その際立つ才能は並外れていた（別解釈：この男は家門の勢力が盛んなものだから、その鼻っ柱の強さたるや並大抵のものではなかった）。女子ではあるけれど学問（特に漢学）の才能は並一通りではないという噂を聞いて、書物の事などを親しげに語り合えば、打ち解けた感じで付き合えるにちがいないと考えて、この日も一日中物語がてら彼女の気持ちを測ることを繰り返しているうちに、夕暮れ時になってしまった。

　夕陽が（寝殿造りの廂の間の外側にある板敷の）縁側を赤く染めるちょうどその頃、お嬢さんは板敷に出てぼんやりと放心状態になり、見るからに美しい髪を払い除ける指はしなやかに色っぽく、その口から漏れ出る吐息を耳にしただけでも神秘的なまでの最高の美しさなので、男は目の前がくらくらして圧倒される気分なのであるが、やっとのことで、「（この夕焼けは／貴女の美しさは）まるで夢の中の情景かと錯覚するほどですねえ」と言うと、「不吉な（別解釈：いまいましい）夢は、見ないほうがいいのです」と、お嬢さんは何やら訳ありげな様子をしている。

『くれなづみ』

いまはむかしのふさうのくにに、をとめひとりありけり。みめかたちうつくしきことにいふもおろかにて、きんだちあまたもとめつるもなかなかなびかず、いかなるひとにあひたまはんずらんとて、よのなかのもてあつかひぐさとなれり。

このひめをえてしがなとて、ひごろかよひわたれるをとこありけり。いへはいきほひまうにして、かどかどしきことひとかたならず。をんなごにこそあれもんざいおろかならずとききて、ふみのことなどかたらばうちとけんべしとあんじて、このひもひねもすものがたりがてらけしきとりつつゆふづきぬ。

ゆふひのえんをあかくそむるころしも、ひめ、いたじきにうちいでてこころあくがれ、かぐはしきみぐしかきやりたるおよびたをやかになまめかしう、もりいづるいききくからにあやしきまでよらなれば、めくれけおさるるここちするも、からうじて「ゆめにもまがふけしきなるかな」といへば、「まがまがしきゆめはみずもあらなん」とゆゑづけたり。

04) 暮れ泥み：Too Soon To Fall?

He took advantage of the situation by saying, "I'm an excellent dream-analyzer, whatever is causing you to worry shall be analyzed to your satisfaction", so she said, "Towards the evening, all alone pondering, eyes gloomily chasing the sinking sun, at a loss what to do in helpless discouragement, when it gets darker and darker into total oblivion." He was delighted to hear this, for he thought, "It must be a dream you see in a state of mind where you have someone you are beginning to love, while you can't make it clear to him, only to lose yourself in the darkness of your mind." He looked as confident as she looked innocently embarrassed. "It looks as if you were talking me straight into something. Tell me about your dream," she asked. "Mine is a dream more fragrant than colorful," was his reply. "How did it smell?" she sounded curious, whereupon he caught her by the sleeve and sang in apparent assurance that his time had come:

男は、「私は夢の吉凶を占い判断する名人ですから、心を悩ましていらっしゃる理由があるならば、夢判断してさしあげましょう」ともっともらしく言いつくろったところ、お嬢さんは「夕方、私ただ一人でぼんやり物思いにふけりながら過ごして、沈み行く太陽の傾く姿を見送るのも胸が痛いのだけれど、自分にはどうしようもなくて、心細い思いに沈んでいると、ゆっくりじっくり日が陰り、すっかり暮れて暗くなってしまって･･･これから先どうしたものかまるで思い浮かばないのです（別解釈：その後のことは思い出せません）」と言ったのだった。男はこれを聞いて喜んで、「それは、恋心を抱き始めた相手があるのに、どうしてもそのことを明らかにすることができずに思案に暮れて、心が乱れて物事の判断も出来ない真っ暗闇の中で目がくらんでいる、という気持ちに違いありません」と、事を成し遂げる目算のついたような自信ありげな顔付きなものだから、お嬢さんはわざととぼけた調子で、「きっぱり言い切って説き伏せて、その気にさせようとなさっておいでなのかしら。貴方の夢はどんな感じなのですか」と尋ねたところ、男は、「私の夢は、（貴女の御覧になる夕焼けの夢とは違って）色彩より香りこそが特に際立って表面に出ているのです」と返答した。「どんなふうに匂ったのかしら」と知りたがるのに応えて、お嬢さんの着物の袖を手に取って、今こそ彼女を口説き落とす絶好の機会だと言わんばかりの得意気な表情を浮かべて詠んだ歌は、

「みはゆめときのじやうずにて、わづらひたまへるすぢあらばあはせなしはべらん」といひなせば、「ゆふさり、みひとつながめくらし、ひのかたぶくをみおくるもこころうけれども、せんかたなうわびぬるに、やをらくれはててあともおぼえず」といだしけり。をとこ、これをききてよろこびて、「そは、おもひそむるひとあるに、えしもあきらめずおもひあまりて、こころのやみにくるけなるらし」とことなしがほなるを、おぼめいて「けやけうもいひおもむけられんずるにや。おんみのゆめやいかに」ととへば、「わがゆめは、いろよりかをりなんきはぎはしうあらはれたる」といらへけり。「いかがにほひけん」といぶかるにこたへて、ひめのそでをとりてをりしりがほによめるは、

04) 暮れ泥み：Too Soon To Fall?

Your perfume in my dream and colors of your dream,
A puzzle at last solved, so clear in its scheme
That you and I may see tonight our combined dream.

The term 'dream' in sloppy repetition, a man of refined taste should find the rhetoric a shade shameful... does it go to show how disturbed his sense was then by the elated sense that he could get her at last? A bit surprised, the maiden said in artful elegance, "I hope it's only my dream you're trying to solve... (not the knot of the band of my clothes)" and, gazing fast at the setting sun, she came back with the following reply to his song:

Cheeks red in the sun, or in the first love?
Wish time should stop lest night fall too soon.
Am I still too young to love except in dreams?
Come what may, forget not: this dream I dream but once.

夢の香を　現と聞ける（解きける）　夕まぐれ　今宵の夢は　二人かも見ん
『夢にまで出てくる愛しい貴女の香り・・・そんな貴女も私と同様、恋に悶々とする夢を見ると聞いて、その夢の意味をこうして現実の世界の中でしっかり読み解いて、お互い心も打ち解けた私達なのですから、もしかしたら今夜の夢は、二人して同じ寝床で見る・・・ということになるのかも。』

「夢」という語句を繰り返し口ずさんで、優れた気配り・分別・教養のあるような人にとっては何となく体裁が悪く気恥ずかしく感じられるであろう修辞法をよくもまぁ・・・その場面ではこの男、どんなにかまあ落ち着かぬ浮ついた心地だったのであろうか。お嬢さんは、少々あきれて（別解釈：少しびっくりして）、「解こうとするのは、夢だけにしてくださいね（別解釈：私の着物の帯まで解きほぐそうとはなさらないでね）」と、上品そうに気取ってもったいをつけて、（相手の男の顔は見ずに）ただじっと夕陽を見つめながら詠んだ返歌は、

仄赤く　我が頬染めて　恋初めて　泥む夕暮　夢（ゆめ）な忘れそ
『初めての恋にほんのり頬を赤く染めて、どうしてよいものかわからず思い悩みためらっている、と、貴方がそう読み解いた夕暮れ時の情景ですけど、それはそれ、あくまで夢の話だということを、どうかお忘れにならないでくださいね。』

04)暮れ泥み：Too Soon To Fall?

ゆめのかをうつつときけるゆふまぐれこよひのゆめはふたりかもみん

ゆめてふことをかへしずして、こころばせあらんひとにはものはしたなうおぼゆらんことを、かのをりはいかばかりうかりけん。ひめ、いささかあさましがりて、「とかんずるはゆめのみにてあれかし」とよしばみて、ひたとゆふひをうちまもりつつ、かへし、

ほのあかくわがほほそめてこひそめてなづむゆふぐれゆめなわすれそ

04) 暮れ泥み：Too Soon To Fall?

...it can alternatively mean:
  A red-cheek sis in her first love
  Getting cold feet at romantic nightfall —
  Fantastic as it seems, a dream it still is;
  Confuse it with this life, you'll see what you'll miss.

There was something artificially accommodating about the rhyme('s first version), but she sang it so sprightly that the man had no doubt the song came out from the bottom of her heart. The girl kept steadily watching him now smiling and now looking away... for some time... and then, of a sudden, she stood up and abruptly disappeared behind the curtain. What happened thereafter... is up to your imagination.

　あるいはまた：
『あの夕陽、沈むのをひどくためらっているみたい。沈んでしまえば夜になるから、その夜をどうしようかしら、と、どきどき思い悩みつつ、初めての恋に、ほんのりと頬を赤らめている（夕焼けのせいだけじゃないのよ）私の気持ちの整理がつくように、と、わざとぐずぐずしてくれているのかしら。ああ、今のこの気持ち、決して忘れちゃだめよ。』

　（自分を口説き落とせると調子づいている男に）調子を合わせて機嫌を取った雰囲気はあるものの、たいそう明るくのどかな調子の声で詠んだので、男はその歌を、彼女が偽らざる本心を詠み込んだ誠心誠意のものであると信じて疑わずに、微笑んだり視線をそらしたりしながら浮き浮きしているのを、この高貴なお嬢さんは、じっくり見極めると、いきなり立ち上がってあっという間に几帳（寝殿造りで、外から見えぬよう室内の仕切りに用いた布製の家具）の奥深くへと姿を隠してしまった。その後は、さて、一体どうなったのであろうか。

とりなしたるけはひあるも、いみじううららかにいだしつれば、をとこ、そのまごころをぱうたがはず、ゑみみそばみみうかれたてるをまぼりて、ひめ、つとたちてたちまちにきちゃうのおくへかくれにけり。そののち、いかがなりけん。

『ふさうがたり(Fusau Tales)扶桑語り』

『うたてうた』
Lines Ridiculously Sublime
うたて歌

恋すれば、人みな詩人になるけれど、
恋する前に恋の歌、すらすら出て来る人もいる。
生まれながらの詩人は、悲惨！
素敵な恋歌数増すほどに、手数出してるわけじゃない。
行動足りない我が身の懈怠、補うためにか、歌を詠む。
詩にあるような綺麗な恋に、憧れ寄り来る人いたとても、
現実世界の恋模様、歌ほどうまくは行かぬもの。
見かけ倒しの我が身の悲惨、惨めに怯えて過ごすうち、
いきおい歌へと引き籠もり、恋愛、ますます遠ざかる。
恋を詠むなら、恋した後で。手順違えば、天罰下る。
知ったかぶりの恋詩人、いじめたがりのキューピッド。
綺麗に恋するつもりの人は、きれいさっぱり恋日照り。

Lines Ridiculously Sublime

 In Japan in days gone by, a legitimate son of a government dignitary, as he grew old enough to be sexually aware, secretly felt fondly of a young woman, a relative of his, cherished together at his home like a brother and a sister, whom he wanted to love as a man does a woman. All the same, as eldest son's complex perhaps got the better of his affection, he felt it almost theatrically unnatural to act out his passion in front of her; so as to seem elegantly experienced, he fought shy of positively expressing his true feelings and was hoping to have her naturally feel them beneath his cool mask. But he was also aware that such forced resolution would make him look simply blunt. Stealthy longing buried in tongue-tied silence, he let out his feelings in ever increasing numbers of vainly eloquent poems — powerless to win her affection in such furtive confession, he dismally felt... Implicit elegance, ha!... I should say inelegant beyond expression, don't you agree? (and, yes, agree he did, as can be seen in the following poem)

『うたて歌　｜　ますますつもる困った歌』

 今や昔の日本国、朝廷の高官の長男で、独立前の部屋住みの身分の御曹司が、実家にいる縁者の若い女性で、まるで女の兄弟のように一緒に大事に育てられ慣れ親しんできた人のことを、男女の情愛を理解するようになって後に密かに愛おしく感じ、かわいがりたいと思ったものの、長兄らしい心配りが邪魔したらしく、自分から進んでそうであると態度に表すのもほとんど今更わざとらしくて変に改まった感じがするだろう、自分から様子が外に知れるように振る舞うのは避けて表面的には素知らぬ振りをずっと演じ続けるうちに、自然にこちらの気持ちを確認してもらうように仕向けることこそが、洗練された上品な気の利いたやり方だろう、と無理してそう心に決めて過ごしてきたのだが、無闇に無愛想に映るであろう自分の様子は我ながらきまりが悪く、胸の内の思いを言おうとするとどうにも言えなくて、気晴らしに詠んだ和歌ばかりがいよいよもって常ならず増えて行くのも困ったものだと、他人には漏らせぬ鬱屈を一人心中に抱え込んでいるのも、なんとも言葉にならぬみっともなさであることよ。

『うたてうた』

いまはむかしのふさうのくに、くぎやうのこのかみのざうしの、さとなるゆかりのをみな、をん なはらからのごとくともにいつかれなつきしを、よづきてのちみそかににくからずおもひ、かなし くせむとするも、このかみごころのさはりけらし、しかとこころとけしきばまむもほとといまめ かしからむ、みづからけしきだつをいとひておもてにはつれなしづくりつつ、おのれとけしきとら せむこそらうじけれと、せめてごしてぞありけるに、すずろにすくよかならむけしきみなが らはしたなく、うちなるおもひいへばえに、こころやりによめるうたのみうたたかずそふもやくな きこととこころひとつにおもひくんじたるも、えもいはずかたくななるよな。

05) うたて歌：Lines Ridiculously Sublime

  Hush, words, fail not my thoughts.
  The more I say, the less you see
  My heart's so true...
  Tongue-tied I feel blue.
  I wish you could read me out in
  An aimless chain of confessional rhymes.

Thus repent he did face to face with sentences that wouldn't talk back to him, which he must have found less than satisfactory, for he painfully sang as well:

  Let heart so rampant only on paper
  Be shown, be torn; my solo be over.
  Unless I sing with you the rhymes
  Write I won't to the end of time.

He read out these lines again and again, reflecting his annoyingly shy nature. At the end of the day, however, disclosure of unmasked tenderness he cherished for her never came near being successful.

  想へども　出づる言葉の　つれなくて　斯くも愛しき（書くも哀しき）　恋積もりけり

『本当は好きなのに、口から出る言葉はまるで素知らぬ風情の薄情なものばかり。そうして、こんなにも胸が切ない恋心ばかり、積もり積もってしまったのだなあ。その冷淡さを埋め合わせようとして書き綴るあなたへの恋の文章ばかりが、書くほどに切なく増えて行くのだなあ。』

などと詠んでは文章を相手に自らの悲嘆を愚痴るのも物足りず寂しかったのであろうか、

  書き（掻き）積もる　言（事）ぞ優（勝）れる　我が思ひ　空けて砕けて　晴れて破（遣）りてむ

『口では何も言えないくせに、文章だけは立派なもの…あなたへの思いを行動で示すこともなく書きまくっているうちに、恋の詩ばかりどんどん膨れ上がって行くのです。ああ、早く打ち明けて、もやもやした思いから解放されて、駄目なら駄目で粉々に砕け散って、さばさばした気分になって、こんな虚しい恋の詩なんて破り捨てて、心の憂さを晴らしてしまいたいものだ。』

などと飽きもせず何度も繰り返し口ずさんでは、引っ込み思案な自分の晴れ晴れせぬ心持ちを幾度となく思い返して反省するのだが、なんのことはない結局は、心を隠し立てすることもなく無心に自分の好意をはっきり打ち明けることなど、全然できなかったのである。

05)うたて歌：Lines Ridiculously Sublime

おもへどもいづることばのつれなくてかくもかなしきこひつもりけり

とてはふみをかたきにうれふるもさうざうしくこころぐるしかりけむ、

かきつもることぞまされるわがおもひあけてくだけてはれてやりてむ

などあかずずしつつ、おのがうもれいたきこころをかへさふも、しかしながらうらなきこころよせ

あかすこともすべてあたはざりけり。

Meanwhile, the following pair of poems this eldest son produced, dramatizing his own time-honored mists of mind:

>No color to be seen in the misty spring fields,
>Yet the scene is real by the wind's gentle feel.
>Some things are plain to see by something deep inside.

coupled with

>How should I have wanted to have my colors shown
>To the world at large, lest you should frown?
>How I wish you would smile to see them coming out.
>Would that the rest of the world knew not we thus flirt.

enjoyed unexpected appreciation among his colleagues and became masterpieces to promote him by... in spite of himself, though. Even without such an event, he had already firmly believed his own reserved character to be painfully graceless; now, that propensity loomed all the more troublesome in his consciousness, even to the point of being scandalous — alas, this poetic reputation was not really promising fame but face-losing shame for him.

　さて、そうこうしているうちに、この御曹司が数年来心を暗く悩ませてきた思いに工夫を凝らし彩り鮮やかに脚色して作った和歌の一組、

　　春の野は　色こそ見えね　吹く風の　匂ひに浮かぶ　心延へかな

『春の野は、霞がかってはっきりとその色彩は見えないものの、吹く風に乗せて漂う香気の中に、春らしい風情が漂っているもの。そんな季節の趣に似て、あなたの恋心もまた、はっきりと表には現われていないにせよ、さりげない風情の中にその心情は浮かび上がって知れることですよ。』

　　さやかにや　あらむ気色の　春霞　立つ名慎みて　恋ひ渡りしか（が）

『この私は、なんだか変だぞ、とはっきりわかってしまうほどの様子をしているのでしょうか？恋していることを知られて浮き名が立つことを避けながら、霞がかってぼんやりとした春の景色のごとく、人知れず恋し続けてきたというのに。』

の二首が、仲間達の間で思いがけず秀れた趣の歌であると評判になって、自分の本心でもないのに意外なる出世作の秀歌となってしまった。そうでなくてもただでさえやりきれずさえないことよと堅く思い込んでいた自分の性格が、これらの歌が秀歌としてもてはやされることでますます一層厄介で体裁の悪いものに感じられたのだから、なんとまぁ、これは面目を施すのではなくて実際には面目を失うような照れ臭さであったのだなあ。

05)うたて歌：Lines Ridiculously Sublime

さるほどに、このざうしのとしごろかきくらしつるこころいろへてつくれるうたのひとつがひ、はるののはいろこそみえねふくかぜのにほひにうかぶこころばへかなさやかにやあらむけしきのはるかすみたつなつみてこひわたりしかかたへなるひとびとのあひだでこころにもあらずきゃうざくなるさまにいはれて、われにもあらずあさましきおもてうたとなりにけり。さなきだにわびしくはえなきものとおもひなしたるころばせ、いとどわづらはしくひとわろくおぼゆれば、はやく、そはおもておこしならで、げにはおもてぶせなるおもはゆさなりけるかなや。

05) うたて歌：Lines Ridiculously Sublime

Moreover, even in a casual rhyme he respectably created in response to someone inquisitive about the ideal manner of poetry:

What amount of words, deeds, or days
Could hope to do much as lurking rhymes do?

his true colors came out so clearly as to invite a knowing smile; a magnificent poem, to be sure... embarrassingly handsome at that, don't you think? (he surely did)

To add to his embarrassment, even that related lady in question (of all the folks!) curiously teased him by saying, "Your fame as an expert on affairs of love and art — it's simply splendid... though I'm not without jealousy. Where and how is that happy mistress of yours, whom I happen to hear nothing of?" Unwarranted renown as a lady-killer, culminating in killing him by such irony from the very mouth of the lady he was dying to get... what could be more lethally regrettable? With a touch of nonchalant flirtation, he rhymed:

　その上さらに、「好ましい和歌の風情とはどんなものだろうか」などと聞きたがる人に対して、一人前の立派な態度で返答した何気ない無造作な和歌さえも、

　　尽くさむと　忠実立つ言(事)の　詮無くて　含む思ひぞ　敷島の道

『思いの限りを全部出し尽くそうとして、生真面目に繰り出す言葉(あるいは行動)は、無益なものだから、みなぎる思いを胸の内に抑え込みつつ、膨れ上がる詩情に込めて相手に伝えようとする、それこそが和歌というものですよ。』
とはまぁ、この人の性分がはっきりと見てとれるのも興味深いというか滑稽というか、立派だが赤面しそうな見事なる出来映えではあることよ。

　そればかりではなく、こともあろうに例の彼が人知れず恋していた縁者のうら若き女性にさえ、「貴方が風流人・恋愛の達人として評判を取るようになられたのは、格別素晴らしいことですけど、ねたましくもありますわね。私は噂も聞かないのだけれど、貴方の寵愛を受けている幸運な女性は、どうしているのかしら？」などと詮索好きな感じでからかわれるに至っては、「恋の達人」なる思いがけない浮き名の残念なことは言葉では言い表わせないほどであって、少々白けた感じでやや冗談混じりに浮気っぽく詠んだ歌は、

05)うたて歌：Lines Ridiculously Sublime

さては、「よろしきうたのこころばへやいかに」などゆかしがるひとにひとめかしくいらへたるなげのうたさへに、つくさむとまめだつことのせんなくてふくむおもひぞしきしまのみちとは、そのさがけやけくみゆるもをかしく、ものめかしくもかかやくここちすべきいでばえやな。あまつさへ、ことしもあれれいのゆかりのをみなにさへ、「おとにきこゆるいろごのみとなをたてられたるこそ、やむごとなくもねたしけれ。おともきこえぬさいはひびとやいかに」などおくゆかしくろうぜらるにいたりては、あらぬあだなのくやしかるべきこといふべきにもあらず、ややことさめがほにてけしきばかりあだことめかしてよめるは、

My love, it seems, has ended in vain.
My love, why ask me what I care so much?

This straightforward message was so much alien to his reserved nature that it betrayed all the less his sincere heart toward her. Needless to say, the scene ended in an anticlimax: the desirable development of the story where he and she were bound by mutual love and lived happily ever after, never was. You could imagine how annoying was the fame he got as a lady's man, without ever getting the lady he earnestly wished for. But all such things are matters of pure chance; the ways of love and elegant art are all the more attractive for defying any intentional control. This man was recognized afterwards as the authentic man of taste, and many a woman's dreams. It goes to show that some masters at elegant ways of life seem to proudly preach love to draw attention and invite ladies to strip off their tense hesitation, on the strength of poetic romance, which most people naturally attain after being well-acquainted with carnal pleasures.

徒に　成りにけらしな　我が恋は　物や思ふと　君の問ふまで

『はかなく無駄なものになってしまったようですね、私の恋心も。他でもない、恋しいあなたから「何か思うところでもあるのかしら？」などと、まるで他人事のような調子で尋ねられてしまうほどまでに。』

というものであった。柄にもなく露骨な歌なので、逆にその真面目な心情が表れもせず、思うように事が進展して彼女と彼とが結ばれる、という展開にはならずじまいだったことは言うまでもない。自ら望んだ愛しい女性も我がものにできずに頂戴した「恋の達人」の名誉など、どんなにか迷惑なことであろうか。しかし、この種の事情はすべて巡り合わせであって、自分の思うがままの状況を作り出すことができぬからこそ、恋愛や風雅の道は心惹かれるものなのである。この男性はその後、名高き本物の風流人・恋愛の達人として世間の認めるところとなったのであった。そんなわけで、大抵はまず最初に異性と相思相愛の仲になって男女間の情愛の何たるかを知って後に、初めて入るのが当然の和歌の道の方面から、いかにも知っているぞという顔をして恋愛を論じ、人の心をも解きほぐそうとする逆行型の風雅・恋愛の達人というやつもいるものらしい。

05)うたて歌：Lines Ridiculously Sublime

いたづらになりにけらしなわがこひはものやおもふときみのとふまでとぞ。にげなくあらはなるうたなれば、なかなかにそのまめごころあらはれで、はかばかしくもむすぼれではてぬることさらにもいはず。ほいあるひともえでたまはれるほまれ、いかがはいとほしからまし。されど、かやうのことはみなしあはせにて、じいうにしいづることあたはざるからに、こひ・みやびのみちのこころにくきものぞ。このひと、そののちなにしおふまことのすきものとてよにありけり。さてこそ、おほかたまづあひみてなさけしりてしのちにいるべきしきしまのみちより、したりがほにてこひとき、ひとのこころもとかむずるいろごのみもあらし。

『ふさうがたり(Fusau Tales)扶桑語り』

『ほのうめごころ』
Cordially In Plum
仄梅心

恋は綱引き？気合いで成就？
相手を落とした方が勝ち？
・・・それって、男の感じ方。
女の恋は「引き」勝負。
押し売りせずに、引きを待つ。
引っ込み思案は困るけど、
引っ張り込んだりしては駄目。
退いて、引かせて、惹かれ合い、
揺れる心の波長が合えば、
一つに溶け合い、ハッピーエンド。
わざとじらそうというんじゃない、
自然にそうなる「引き」のリズム、
「一押し、二押し、三に押し」の、
男のリズムに応じるために、
自然が仕込んだ基調音、
それが女の「待ち」の恋。
上手に押してくれる人、
いれば花咲く仄梅心。

Cordially In Plum

In Japan in days gone by, there was a daughter of an obscure official whose job it was to go on errands for noble ones. Though not so strikingly beautiful, her cutely small figure and comely compact face should have naturally endeared her to someone, had it not been for her family's lowly social standing... or was it due to her lack of enthusiasm in Buddhist devotion in her previous existence... anyway, she still remained mateless even at the ripe old age of twenty. It would be her destiny, she felt, to get past her prime and end up an old maid — sadly resigned, she had been solely devoting herself to Buddhist exercises, when a certain high-ranking official, possibly her promised man from the previous life, got on intimate terms with this woman. The man dressed her up so beautifully, who used to confine herself to home without so much as wearing cosmetics; he took earnest care of her to encourage her in cultural sophistication, though all she could chant till then was sacred sutra in her sole solitary dedication to Buddhism.

『仄梅心　｜　ほのかに香る梅心地』
　今では昔の話だが、日本の国に、世間からはまるで顧みられぬ軽い身分の雑色（雑役・使い走りを務めた無位の役人）の娘がいた。まばゆいほどの美しさではないが、見た目も悪くなくみっともない点もなくこじんまりとした体付きもちっちゃい顔立ちも、さりげなく心惹かれ、そばに置いておきたい感じなのに、低い家柄が障害となったのか、はたまた前世の功徳が足りなかったせいか、二十歳という年齢にしていまだに結婚相手との縁が薄く、適齢期を過ぎてすっかりお婆さんになり果ててしまうとしてもそれは前世からの因縁に違いない、と心細い思いで仏前の勤行ばかりして過ごしていたのだが、上人（四位・五位の人、および六位の蔵人で、宮中の清涼殿の殿上の間に昇ることを許された人）が一人、前世の宿縁でもあるのか、この女性と交際するところとなった。家の中に閉じこもりがちで世慣れせず、口紅・頬紅といったお化粧もせずにいたこの女性を壮麗に着飾らせ、仏道一筋でお経を読むこと以外知らなかったこの女性に、恋愛・風雅の方面へと目を向けさせようと、まじめに、本格的に、あれこれ手を尽くして面倒をみたのであった。

『ほのうめごころ』

いまはむかしのふさうのくにに、よになきざふしきのむすめありけり。いときらきらしからで、かたはに、みぐるしからずこまやかなるすがた・かしらつきわざとなくなつかしきに、あさきかどのさはりにや、さきのよのおこたりにや、よはひはたちにてなほえにしあさく、さだすぎておうなとなりはてむもすくせなるべしとわびておこなひわたりたるに、うへびとひとり、ぜんせのちぎりにや、しるところとなれり。さとびてべにだにつけでありけるをうるはしくよそひ、まことのみちさんまいにてずきやうのほかしらざりけるをすきのすぢにおもむけむとまめやかにいたはりけり。

06) 仄梅心 : Cordially In Plum

She was more than grateful for this gracious favor he bestowed on her. But she knew better than to readily get into marital relations with him, conscious of her naive and ignoble status. She expressed her dubious feelings in a rhyme she sent him, which ran as follows:

　　In private or public, casually clad I was;
　　Reserve of the humble, how else could I be?
　　Here comes a man, so noble in status,
　　Embracing me in embroidered clothes.
　　Fortunate I am ── that much, I know.
　　Truehearted are you?... I wonder, you know.

　この成人女性は、過分な好意で畏れ多いこの男性との縁を、この上もなく大事に思ってはいたが、世間馴れせず男女の情愛もよく知らない人並み以下の自分の分際をわきまえて、この男性とすぐさま夫婦になる（別解釈：変わらぬ愛を誓う／肉体関係を持つ）ようなことはせず、心細い疑念を抱えた気持ちで、

　　　褻に晴れに（異に晴れに／実に吾に）　袿馴れ（袿萎れ／うち来馴れ）にし　賤の身を　単に包む（偏に慎む）　君の直衣や（君の直しや）

『普段着にも改まった盛装の折にも、しどけない室内着の袿姿、着古してよれよれの服装に馴れていた身分の低い私のような女のもとを、実にしばしば来訪なさる貴方、私の身体を単衣（装束の一番下、素肌に一番近いところに着た裏地のない衣。男女ともに着用した）に優しく包み込んでくださる貴方は、社会的には直衣（天皇・貴人が着用する平服。位階による色や付属物の規定がなかったので、各人各様の色彩感覚を生かした社交服として活用された。勅許があれば宮中に直衣姿での参内も許されたが、それは貴人にとって特別な名誉であった）を着る高貴なお方。そんな貴方が、奇妙にも晴れがましく私のような身分の低い者の所にふらりと立ち寄るのを習慣となさるのは、真面目な気持ちでそうしているのでしょうか？それとも軽い気持ちで、望外の幸せに舞い上がる私の姿を見て面白がっているだけなのでしょうか？その本心がわからないだけに、ひたすら気後れして慎重になってしまう私なのです。』
と歌を詠んで男性に送る。

06) 仄梅心 : Cordially In Plum

をうな、かたじけなきよせをかぎりなくいたはしとおもへども、よなれずひとげなきぶんをわきまへてとみにはちぎらず、おぼつかなきここちにて、けにはれにうちきなれにししづのみをひとへにつつむきみのなほしや
とよみてやる。

06) 仄梅心 : Cordially In Plum

   It's now or never, thought the man; in an attempt to show his intentions were good, he ran like crazy and presented her with more furniture and clothing than her house could possibly hold, along with an unreasonably pressing message, "Let's get married. Please never reject; unless you suspect me to be a flirt, I want your acceptance, and I want it NOW!"... whose urgent tone made her all the more timidly hesitant and her heart beat like a torrent. She was in no mental condition to accept such a critical offer; so, she responded to him with a poem she made in a sleepwalking state of mind:

   Pink and white,

   Buds and snow,

   Harbinger of spring and wintry remains,

   Shaky balance on the branch of a plum,

   Shake me not, please, caring spring breeze...

Evening came; but there was still no sign of his reply or visit.

男は、浮気心などない自分の誠意ある本心を見せよう、さぁここが勝負のしどころだぞ、と感じて、あれこれ奔走して、身の回りの日常品や衣装を家の中が狭く感じるほど大量に送ってよこして、「さぁ結婚しましょう。どうぞ決して断わったりしてくださるな。私のことを気持ちの変わりやすい浮気者とお思いならば具合が悪いでしょうが、そうでもない限りは、承諾の返事を拝見したいものです。さぁ、どうぞ」とひどく強引なことを言ってよこしたので、この成人女性はますます気後れして臆病になって引き下がり、胸がどきどきと高鳴ってとてもとても承諾申し上げることなどできずに、分別もままならぬ気持ちで詠んだ歌、

   梅が枝に　萌す薄紅　絆す雪　心も奇に　風な揺すりそ

『梅の枝にほんのりと薄赤く花のつぼみが見える頃、冬の名残りを惜しんで花が開くのを引き止めようとするかのように、白い雪が積もっています。梅の花も、もう咲いてよいものか、今しばらく冬の中にじっとしているべきかと心が揺れているのですから、風さん、無闇に枝を揺さぶってその動揺に拍車を掛けるようなことは、しないでくださいね。』

を返答として差し上げておいたのだが、夕暮れになってもまだ男性からの手紙が来ない。

をとこ、ことごころなきこころざしみせむ、ここぞせんどとおぼえて、とりけいめいして、ぐ・さうぞくいへもせにそこらおこして、「いざすまむ。ゆめゆめすまひたまふな。あだびととおぼさばこそあらめ、ことうけみむ。いざたまへ」とむげにぜひなくいひやりつれば、をうな、いとどつつましくをちなきここちしてしぞき、むねつぶつぶとはしりてえもうけたまはらず、あやめもしらぬここちにてよめるうた、

うめがえにきざすうべにほだすゆきこころもあやにかぜなゆすりそ

かへりごととてきこえさせたるに、ゆふさりてなほたよりなし。

06)仄梅心:Cordially In Plum

With everything around apparently asleep in desolate soundless dusk, she was belatedly ashamed how deplorably senseless her behavior had been. Not knowing what she was doing or even who or what she was, she stayed up all the woolgathering night, with the pale moon lingering in the morning sky. He deigned to cherish the petty noteless woman I was, take measures and preparations for everything for me, and declare his wish to marry me at last... I didn't reject, of course, but didn't nod then and there, either — how I wish I had! What did I do instead?... a rhymed reply I shouldn't have sent him, half-heartedly promising posture he must have thought so presumptuous! Spring is yet to come, but dear me, the impeccably gracious favor he bestowed upon me is no more! Disheartened to death, brows knit in sadness, sobbing her heart out into convulsive cries, her sleeves sodden with repentant tears, she eventually fell unconscious... and suddenly woke up to see a new day had already dawned. The snow on the plum branch had already gone, and so was his favor... she pensively rhymed:

あたり一面静まりかえって音もしない黄昏時の寒々とした殺風景さに、今さらもう手遅れとはいえ自分はなんと薄情で嘆かわしい女であろうかと面目なく思い、自分が誰だかわからなくなるほどの茫然自失の気分になって、放心状態のまま朦朧として有り明けの月(空に月が残っている状態で夜が明ける、陰暦各月十六日頃の月)の懸かる空をぼんやり眺めて夜を明かす。人並み以下で目立たないこんな私をかわいがってくださり、万事につけて然るべく取り計らってくださって、結婚しようとおっしゃったその御意向を、断わるつもりでいるわけでもないのだけれど、後先考えずにすっと同意して従ってしまえばよかったものを、詠まなくてもよい和歌を詠み、中途半端に期待をさせておいて実際には当てにならないような勿体ぶった態度を取ってしまって、あの人は私のことをどれほど無礼な女だとお思いになったことだろうか。あぁ、まだ春にもなっていないというのに、(中秋の)満月の欠けることなき光のような頼もしいあの御方の恩恵を、私はきっと失うことだろう、と死ぬほどひどく落ち込んで顔をしかめ、泣き声を上げ、むせび泣いてぐしょぐしょになり、死んだように意識を失って、ふと気づけば、何とまぁ翌朝の夜明け時になっていた。つい今し方まであった梅の枝の上の雪もなくなっており、これまで自分に心を寄せてくれていたあの人との縁も今となってはもうないのだなあ、と思うと物悲しくて、

よもしづまりておともなきたそかれのすさまじさに、いまさらなるみのなさけなきをはぢ、われかひとかのここちにおれつつもうろうとしてありあけのよをながめあかす。ものげなきみをふびんにされ、よろづのことみおきまうけたまひて、そはむとのたまひしぎよいを、いなぶとにもあらねど、さうなくうべなはなましものを、よむまじきうたよみ、なまなまにひとだのめにけしきだちて、いかがなめしとおぼされけむ。はるもまだきに、あはれ、もちづきのくまなきかげをうしなひてむと、しにかへりくしてはひそみ、ねをなき、さくりもよよとしほたれて、しにいりてふとおどろけば、はやくあしたのあけぼのなりけり。ありつるうめがえのゆきもなく、ありけるひとのよせもいまはあらなくにとさびしくて、

06) 仄梅心：Cordially In Plum

Gone is the snow, wet is my sleeve.
Along with the wind, nod I should have;
With cheer we'd be here, then, without any tears.

Singing it out casually, she found herself as calmly relaxed as she had ever been, and the gloom of yesterday clearly blown away. Pleasantly surprised how easy it was to clear up her heart, she perfumed as many costumes as he gave her with the springtime fragrance, neatly dressed up in gradually fading layers of clothes ranging from pinkish plum on top to pure white at the bottom, apparently a different woman from what she had been a day before. She spent the whole day sitting on the porch, when, toward the evening, through the hedge of the house, what did she find but the sedan of the man she was dying to see!

Along with the message to announce his visit, there was a poem which ran:

雪去りて(行き去りて) 後に残れる 袖の露 風に靡かば 濡れざらましを
『雪が去り、貴方も去って、後に残るのは袖に光る露ばかり。ああ、ただ自然に風になびくがごとく、貴方のお誘いに従っていたならば、こんなふうに涙で袖を濡らすこともなかったでしょうに。』

と、いささか崩れた仕草で無造作に声に出して歌を吟じてみたところ、いつになくゆったりと落ち着いた穏やかな気分になって、憂鬱だった昨日の思いがすがすがしく晴れてしまったのだった。こんなにもたやすく心が晴れるものかしらと意外ながらも嬉しくなって、この成人女性は、男性から頂戴したありとあらゆる衣服に春の香りを炊いて染み込ませ、紅梅襲(表は紅梅、裏は蘇芳[すおう]色の、春の服装の色合い)の重ね着をたいそう感じよくすっきりと着こなして、昨日とはまるで違う格別素晴らしい有り様で一日中縁側に座っていたところ、夕方、透垣(竹や板ですき間を少しあけてつくった、向こう側が透けて見える垣根)の向こうに、なんと、例の男性の輿(肩に担ぎ上げたり手で腰のあたりに支えたりして運ぶ貴人用の乗り物)が見えたではないか！

その来訪を告げ取り次ぎを求める挨拶状に添えて、

ゆきさりてあとにのこれるそでのつゆかぜになびかばぬれざらましを
としどけなくうちながむれば、れいならずのどけくおいらかなるここちして、いぶせきぞのおもひさやけくはれにけり。かくたはやすくおもひはるけるものかとあさましくうれしくて、たまはれるかぎりのありとしあるころもにはるのかうをたきしめ、こうばいがさねのうすやういときよげにきなして、ことなるふぜいにてひすがらいたじきにゐたるに、ゆふつかた、すいがいのあなたにかのひとのこしのみえぬるものかは。
せうそこにそへて、

06) 仄梅心 : Cordially In Plum

Did spring breeze melt your timid heart,
Regrettably cold as yesterday's snow?
If so, come on, I can sense your scent
Shyly aspiring to spring out now.

"Shyly aspiring scent" would be an understatement for the perfume and layers of costumes she wore to lure him back; be that as it may, let us get back to her reply to his poem:

If not as fast as snow, my heart will melt for sure.
Flower as best I can, in spring, I will for you.

Now I see, what he found attractive about her was the gradual if not instantly gratifying smell of spring shedding off wintry reserve. Anyway, there is no theatrical action needed for a woman to show her true feelings; a bit of hesitation and faintly perceptible odor or colors will suffice... a remarkable thing indeed.

東風や解く（此方や疾く）惜ら抵悟きし　昨日の雪　埋もれ甚うて（厭うて）　仄か匂ひつ

『昨日は、残念ながら、名残り雪を真似て私の誘いに逆らってくれた貴女でしたが、今日は春の東風が吹いてその雪を溶かしてくれたでしょうか。もしそうなら、さあ、早くこっちへいらっしゃい。だって、ほのかに気配が感じられますよ、内気な貴女とはいえ、このまま雪の中に埋もれてしまうのは気詰まりでかなわない、早く春を迎えて花開きたい、そんな風情がね。』

と和歌が詠み添えてあった。男性にこうした歌を詠ませるほどの香の匂いと襲の色彩とが、どうして「ほのか」であったりするものか。その点、納得できないが、まぁそれはそれでよしとしよう。女の返歌は次のようなものであった、

雪とこそ　疾くは溶けず（解けず）と　埋もれ木に　花咲く春の　遠からむやは

『雪のように早く溶けはしないにしても、今まで世に出ずひっそり眠っていたこの木にも花開く春の日が近づいているように、どうにも内気な私の心がすっかり打ち解けて貴方との春を迎えるその時も、そう遠い先のことではないでしょう。』

なるほどそうか、瞬時にして芳香に満ち溢れることはないにせよ、仄かに匂う春の香りが慕わしい（女である）、ということ（だから先の歌は「ほのか」でよいということ）か。何はともあれ、女性が自らの誠実な心をはっきりと示すのには、堂々として大袈裟な行動など無用なのであって、僅かばかりのためらいと、相手に仄かに気付いてもらえる程度の香り・微妙に美しい色つやだけで十分事足りてしまうのだから、見事なものである。

こちやとくあたらもどきしきぞのゆきうもれいたうてほのかにほひつとあり。さぱかりのかうにかさねのにほひ、などやほのかならめやは。さもあらばあれ。かへし、ゆきとこそとくはとけずとうもれぎにはなさくはるのとほからむやさか、とみにはかをりみたずとも、ほのかににほふはるのかぞゆかしきとな。とまれかくまれ、をんなのまめごころあかすに、もののしきおこなひはえうなきものにて、はつかなるためらひとほのしらるるほどのにほひにてぐそくせむこそゆゆしけれ。

『ふさうがたり(Fusau Tales)扶桑語り』

『たふといぬねこ』
Animal But Noble
尊犬猫

言葉があるから高等、と、自惚れたがるが人の性。
言葉もないのに相当、と、感心し出せば、不安がよぎる：
自然に生きる同胞たちと、心の通わぬ我が身の不徳。
言葉があるから嘘をつき、心で舌を出している、
楽して生きる人生に、不意に気付いて、うなだれる時、
「ニャーオ…」、「ワンワン！」、ペロペロ舐めて、
到らぬ言葉を補う行動、その確かさで癒してくれる、
落ち込む自分をかばってくれる、
何も言わずに、かまってくれる、
言葉の虚しさ、教えてくれる、
言い尽くせぬほど大きな何かを
くれる犬・猫、ありがたや。

Animal But Noble

In Japan in days gone by, when a cat (arriving in Japan by way of China) was still hard to find, a certain Imperial secretarial officer came into possession of one and brought it home. His daughter found it unusually lovely and asked urgently for its personal possession, so he gave it to her. She was delighted beyond measure. She named it Mukumaro (meaning white and intact) and tamed it admirably. She simply could not get tired of loving it day or night; they even shared the same bed during their sleep. Even after settling down at the house, this cat didn't roam aimlessly about, touched no furniture or food that happened to be there, taking no other action than chasing all day the light of the sun to lie quietly embraced in its warmth. Yet, as soon as the voice of the girl resounded in the residence, "Mukumaro, dear, where are you?" it lost no time in coming to sit alongside of her, forming an almost elegant combination. A servant girl, impressed by the sight, made a joke of the scene by saying, "Is it that this cat can discern what you say, or that you speak the language of the cat?" to which she responded, "I'm shocked to hear that. A cat using a language? Me having a feline tongue? What nonsense!"

『尊犬猫　｜　ごりっぱ、犬・猫』

昔日の日本国で、中国伝来の猫がまだ珍しかった頃、ある蔵人（天皇のそば近くに仕える蔵人所の職員）が一匹手に入れて家に持って来たところ、彼の娘がこの猫を尋常一様でなく可愛らしいと感じて、「私にください」としきりに望むので、与えたのだった。嬉しくて嬉しくて仕方がないというくらい喜んで、「むくまろ」と名前を付けてものの見事に懐かせて、夜となく昼となく常に飽きることもなく大切にして、寝るのも同じ床の中なのであった。この猫は、家に住み着いてもむやみやたらと歩き回ることはせず、殊更に厚かましくなって面倒な事をしでかしたりもせず、ちょっと置いてある食べ物や家具には触れもせずに、朝から晩までずっと太陽の光のあとを恋い慕うように追いかける以外は殆ど動かずひっそり物静かに寝転がっているのだが、「むくまろさん、どこにいるの？」と娘の声が館に響き渡るやいなや、たちまちのうちにさっと来て傍らにちょこんと座って、娘と猫とが寄り添う様子はほとんど上品なまでの優美さだったので、召使いの少女から「この猫はあなた様の言葉を聞いて判断するのでしょうか、それともあなた様が猫の言葉をお使いになるのでしょうか」などと冗談話が出たところ、「まぁ、呆れたこと。どうして私が猫の言葉を使えるものですか（別解釈：なんで猫が言葉を使う必要があるものですか）」

『たふといぬねこ』

いまはむかし、ふさうのくににからねこのいまだありがたきころ、さるくらうどこれをえていへにもてきたるに、むすめただならずらうたしとみて「われにたべよ」とせちにもとむればあたへにけり。うれしともうれしとよろこびてむくまろとなづけていみじうなつけ、あけくれあかずうつくしみていぬるもおなじとこなりけり。このねこ、いへにありつきてもそぞろにありかず、うちあるくひもの・てうどにはふれもせで、「むくまろこそ、いづくやあかげをしたふよりほかはほとほとはたらかずしめやかにふしたるも、もなれてむつかしきわざにもおよばず、うつたへにおる」とむすめのこゑたちによびとよむからにきつとかたへにいゐてたぐふさまほとほとあてはかなれば、めのわらはより、「このねこはおまへのことをききわくにや、おまへがねこのことのはつかはるにや」などすずろごとあるに、「あなめざまし。なでふねこのことつかふべき

07) 尊犬猫 : Animal But Noble

The servant girl felt at ease to hear this. (Well then,) she thought, (this little lady has no intention of equating a cat with a human being.) "Naturally," she commented in easy manners, "however clever, it's merely a beast after all, how could it be that much perfect?" Perhaps she took it too easy, for the cat-loving daughter took offense at this and expressed her dissatisfaction by declaring, "I don't think so. Human capacity is so humble that they can never share their thoughts without using language. This childish one seems to have no doubt that such limited human ability must be superior to a cat's. Never could I consent to the words of such a person." Just then, the above-mentioned cat took the little lady by the sleeve, as if to comfort and calm her down, barely easing the tension of all those present. This cat, besides knowing its own position and refraining from standing out among human company, must be even capable of understanding and performing the desirable action according to each occasion; why, is it possible for a cat to deal so thoughtfully with the situation purely by chance? Everyone felt something weird about the scene, when the daughter sang:

と返事があったので、(ということは、御嬢様は猫を人間になぞらえて同類扱いなさろうという御意向はないようだ)と安心して、「それは当然そうでしょうとも。いくら賢いといっても所詮は畜生なのだから、そんなにも完全無欠である筈がありませんよね」と気安く申し上げたところ、娘はこれを不満に思って、「私はそうは思わないわ。言葉がなければ他人の考えを判別できない人間の、たいしたこともなく心細い能力を、猫と比較して、人知も及ばぬ霊妙さに違いないだなどと、何のためらいもなく思い違いしているみたいに見える幼稚な人の言葉には、私は絶対同意できません」とはっきり言葉に出して表明したまさにちょうどその時、例の唐猫が、あたかもこの姫様の袖を引き止めて、怒っている彼女を上手に丸め込んで気持ちを落ち着かせようとしているような様子に見えたので、居合わせた人々はみんな辛うじて気分が和んだのであった。この猫は、自分自身の身分を弁えて行動を慎むばかりでなく、場面場面ごとに自らが為すべき事をちゃんと認識してしゃしゃり出る才覚さえもあるようだ、それにしてもまあ、こんなにも細やかな配慮で応対した猫の行動が、たまたま偶然のことだなんてあり得ようか、と情趣深く思われた(別解釈:何となく不気味に感じられた)そんな中で、娘が詠んだ歌、

07)尊犬猫：Animal But Noble

とさしいらへあれば、「さは、ひめにはねこをひとにたぐへたまふごときしよくなかるらし」とこころやすうおもひて、「さるべきにこそ。いかにさとからんからに、せんずるところちくしやうなれば、さのみやはまたからん」とうちゆるびきこゆるに、むすめこれをうらみて「さはおもはず。ことのはならではおもひわかつことあたはざるひとのさらぬはかなきとく、ねこによそへてたへなるべしとやすらはでおもひひがむめるいはけなきひとのことのは、よにうべなひがたし」とけしきばめるをりしもあれ、くだんのからねこ、こともこのひめのそでをひかへてこらへのどめんとするけしきあれば、みなひとかつがつなぐさみにけり。このねこ、おのがきざみしりてことをひかふるのみならで、きざみきざみにあるべきことどもわきまへさしいづるかどさへあべし、さてもかくしもこまやかにあへしらひつるねこのふるまひのたまさかなるべきかとけしきおぼゆるほどに、むすめのよめるうた、

07)尊犬猫：Animal But Noble

No need for word they speak by action.
In no way vulgar are they, you see.
Why can't we humans appreciate their ways?
Animal but noble, adorable cats and dogs.

No one, under the circumstances, took her song to be a senseless joke.

To come to think of it, speechless beasts, or still babbling kids, must of necessity guess at and communicate thoughts among them by means of what suitable measures we can't understand. Only human adults use language, and whatever is not verbally conveyed might as well have never been thought of. Such unrevealed thoughts, however, must somehow be fathomed out by cats, dogs or kids. Does it possibly mean that human world where they can speak is full of lies and deception, while in the worlds of animals and kids, because of their innate inability to command words, what they find is only the square truth? Is language, then, the primary instrument of human mind, or outrageous obstacle to heart-to-heart communication? …An awfully terrible story, isn't it?

　言の葉も　無うて然（てしか）とぞ　有るものを　何ぞ下賤や（解せんや）　尊犬猫

『言葉なしでもこうして立派に振る舞っているというのに、言葉などいっそないほうがよいのだといわんばかりのその非言語的意思疎通能力の見事さなのに、なんで犬猫達が人間以下の下等動物であるなどということがあろうか？そんな犬猫達の気持ちが、どうして私達人間には理解できないのだろうか？』
は、場面が場面だっただけに、これを聞いて無分別なふざけた言葉と解釈する人もいなかった。

　そもそも、言葉を持たぬ畜生の類や、まだ言語能力が未熟な子供などは、何によってそうするのかは理解できないが、当然ながら、然るべき手がかりによって、他者の思いを推し量り、自身の思いを伝えるのに違いない。唯一、一人前の大人の人間だけが言語を使用して、言葉の形で伝えないのであれば全然何の思念も存在せぬかのごとくである。しかし、こうした表出しない思念も、犬猫や子供には、きちんと指摘はできないものの、何となく感じ取られてしまうものに違いない。人間界には言葉があるからこそ嘘が存在し、動物や子供には完全な言語体系がない性質（別解釈：不運）のせいで、そこにあるのはただ生真面目で融通の利かぬ素っ気ないまでに実直な真実のみ、ということだろうか。だとすれば、言語というものは、人間精神の主要な道具なのであろうか、とんでもなく不自由な手かせ・足かせなのであろうか？・・・そう考えるとこれは、ああ、恐ろしい、怖い話ではある。

ことのはもなうてしかとぞあるものをなんぞげせんやたふといぬねこをりから、ここちなきざれこととききなすひともなかりけり。いで、ことのはもたざるちくしやうども・いまだつたなきこどもなど、なにによりてかはきこえずとも、ろなう、さるべきつてもておもひをはかりつたふべし。ひとり、おとなしきひとのみことのはもちゐて、ことづけざることはすべておもはざるがごとし。されど、かやうなるあらはれざるおもひも、いぬねこ・こどもにはそこはかとなうけしきとらるるものなるべし。ひとのよには、ことあるがゆゑにそらごとあり、ちくしやう・こどもには、またきことなきさがから、あるはただすくすくしきまことのみなるか。さは、ことのははひとのこころのむねむねしきぐそくならんか、たいだいしきほだしならんか。あなかしこ、あなかしこ。

07) 尊犬猫 : Animal But Noble

Less than human, have I dismissed
Cats' or kids' wordless powers.
Artlessly they touch each other's minds.
Heartlessly we speak, meaning otherwise.

人気無う　覚えしものを　猫や此の（猫や子の）　事も無げなる　心魂

『おお猫よ、まったくおまえというやつは･･･猫や子供に見られる何ということもない平凡そうな能力たるや、一人前の立派なものではない、とこれまではそう感じていたというのに･･･よくよく考えてみれば、言葉もないのによく無事に生きていられるものだ、あれほどたやすくお互い仲良くやって行けるとは、何と立派な精神能力であることかと、改めて見直さざるを得ないことであるよ。』

07)尊犬猫：Animal But Noble

ひとげなうおぼえしものをねこやこのことともなげなるこころだましひ

『ふさうがたり(Fusau Tales)扶桑語り』

『なのめな』
What's In A Name?
斜め名

自然に生きる本物は、人の思惑超えるもの。
ていよく扱うためだけの枠組みなんて、まがいもの。
名前に踊る大人たち、笑い飛ばして馬鹿踊り・・・
子供は知ってる自然の素顔、見えぬ大人のなさけなさ。
えらぶるためのカタログ遊び、通じぬ相手と遊ぶには、
名など忘れて花を見よ・・・名実伴うものは、稀。

What's In A Name?

In Japan in days gone by, when fascinating flowers came out in the spring fields, a couple of kids came running around loudly scrambling and tumbling, so childish as if they were pups or kittens that the one who led the children there advised them to be silent, which warning, however, was lost on them, who kept joyfully fooling around. "They simply wouldn't listen to reason," the adult one appeared sorry in front of many people gathering there, when an old man nearby commented, his face wrinkling with smiles, "Children have a way of loudly playing around," and sang aloud:

Born to play? Born for fun? To hear kids frolicking, I feel their joy resound in me.

The little ones heard this and asked, "What's that? Sing it again, let us learn," so the old one sang it again with the kids singing along, and they learned it quickly (if not quite correctly), noisily singing to one another in colorfully joyful harmony.　Small ones seem to be more attracted to songs than to flowers.

『斜め名　｜　でたらめ名』
　これは昔日の日本国の話。春の野に風情のある花が咲き出す頃、子供達が三・四人ばかり、騒ぎまくり、取っ組み合ったり転んだりしながら走り回って、その幼いことといったらまるで犬か猫のようだったので、子供達を引き連れて来ていた人が注意して、「うるさいですよ、静かになさい」と制止するのだが、依然として効き目もなく、子供達は遊びたわむれている。大勢の人々が集まる場所なので、この人が「この子達ときたら、いたずらで手に負えないことですねえ」と恐縮して謝るのに対して、そばにいた老人が、「自由に動き回って騒ぎ立てることこそが子供の生まれ持った性分というものでしょうよ」と言って、微笑みで顔をくしゃくしゃにして詠唱するには、

　遊びをせんとや生まれけむ　戯れせんとや生まれけん　遊ぶ子供の声聞けば我が身さへこそ　揺るがるれ
『遊びをしようということで生まれてきたのだろうか、ふざけてやろうということで生まれてきたのだろうか、遊ぶ子供の声を聞けば、もはや老境の私の身体さえ自然と揺り動かされる心地がするものだよ。』

　（この「梁塵秘抄・三五九」の童謡を）子供達が聞きつけて、「それはなあに？もういちど歌ってよ。口まねしたいなあ」と言ってせがむので、老人が再び声に出して吟ずるのと同時に口真似をして言い、どことなく変な感じながらも早くもこの童謡を習得しては大声で言い合っているのも、がやがやとにぎやかでかわいらしい様子である。人間、小さい頃は、花よりも歌のほうに執心するものらしい。

『なのめな』

いまはむかしのふさうのくにの、はるののにおもしろきはなさきいづるをり、わらはべみたりよたり、うちさわぎくんづころんづわしりまはつて、いとけなきこといぬねこのごとくなれば、ゐてきたるひといましめて、「あなかまたまへ」といさむるも、なほかひなくあそびたはぶる。あまたひとのすだくところなれば、「さがなくもあるかな」とかしこまつたるに、かたはらなるおきな、「あそびさわぐこそわらべのさがなれな」とて、ゑみくづれてながむるは、

あそびをせんとやうまれけむたはぶれせんとやむまれけんあそぶこどものこゑきけばわがみさへこそゆるがるれ

わらはらききつけて、「そはなぞ。またうたはむ。まねばむ」とせむれば、またうそぶくにあはせてまねび、あやしげながらもとくまねびてののしりあへるもにぎはしくをかしげなり。ちひさきひとははなよりうたにこころづくものなんめり。

Meanwhile, one boy raised something in his hand saying, "I've got pliant bamboo. There must be Kaguyahime in it," but it was apparently a horsetail instead of bamboo. The old man said, "It's a horsetail, so Princess Kaguya wouldn't dwell in it," thereupon the boy deserted it and asked, "How about in the Nanakusa (seven herbs of spring)?" when the one who had led the kids to the field gave it flat denial by saying, "There is no such plant as Nanakusa." "Why not? I've heard it mentioned scores of times!" the little ones made a fuss and demanded of the old one, "What do you say to that?" to which he responded by singing:

Seri(Oenanthe stolonifera, or Japanese parsley), Nazuna(Cruciferae, or Shepherd's-purse), Gogyou(Gnaphalium affine, or Jersey Cudweed), Hakobera(Caryophyllaceae, or Chickweed), Hotoke-no-za(Lamium amplexicaule, or Henbit), Suzuna(Brassica campestris, or Turnip) and Suzushiro(Raphanus sativus, or Japanese radish), now you have all the seven spring herbs.

The kids got encouraged to hear this. "Just as expected. Now, where can we find them?"

　あれこれしているうちに、一人の男の子が、「若竹を手に入れたよ。中にはかぐや姫が居るはずだよ」と言って高々と持ち上げるのを見ると、それは竹ではなくて土筆なのであった。老人が「それは、つくし、なので、かぐや姫はいらっしゃらないだろうよ」と言うのを聞くと、男の子はもうすでに早くもツクシをぱっと捨て去って、「七草の中になら、どうだろう？」と聞くのに対して、子供達を引率して来た人が、「七草などという草はないでしょう」と否定する。「七草がないなんてことがどうしてあるもんか。何回も繰り返し聞いたことがあるっていうのに」と言って子供達はがやがやと騒いで、老人に向かって、「いったいぜんたい、どうなんだろう？」と聞くので、

　芹薺　御形繁縷　仏の座　菘蘿蔔　是ぞ七草
『芹（せり）・薺（なずな）・御形（ごぎょう）・繁縷（はこべら）・仏の座（ほとけのざ）・菘（すずな）・蘿蔔（すずしろ）：これこそ春の七草というものだよ。』
と口に出して詠み上げると、「やっぱり思ったとおりだ、ちゃんとあるじゃないか、七草は。どこを探したらいいだろうか」と子供達は折角勢いづいたというのに、

とかくせるほどに、ひとりのをのこの「なよたけえたり。かぐやひめゐるべし」とてさしあぐるをみれば、たけにはあらでつくしなりけり。「そはつくしなれば、かぐやひめはおはすまじ」ときけば、はやうちすてて「ななくさにはいかならむ」ととふに、こらゑてきたるひと「ななくさなるくさはあらじ」といひけつ。「いかでかあらじ。あまたびききつるを」とてこどもざざめいて、おきなにむかつて、「いかにいかに」ととふに、せりなづなごぎやうはこべらほとけのざすずなすずしろこれぞななくさとうちいだせば、「さればこそ。いづくさがさむ」といさみたつほどこそあれ、

08)斜め名：What's In A Name?

Just then the adult leader admonished, "You couldn't find Nanakusa around here." "Then where?" the children asked, and the one explained, "In the bowl, in the middle of rice gruel..." a jestful answer, maybe; a possibly lovely reply in the mouth of a child, but a grown-up should have known better than to pull a stunt where an earnest response should have been desirable. The kids grew reasonably chilled.

In the meantime, the boring one began pointing at flowers and say, "That is Sumire(Violet), this is Yomogi(Wormwood)," to make the children recite and learn their names. While the little ones, even when asked the names of certain flowers, looked mostly indifferent and kept saying, "I don't know," the persistent one still kept questioning, only to contribute to the drowsiness of the children and the growing discouragement of the old man watching them.

Then, one little girl found a small purplish flower and asked, "What's the name of this flower?" but the inquisitive adult one had no idea, so inquired of the old man, who replied, "Inu-no-fuguri, for all I know."

例の人は、「この近辺にはないでしょう」と教え諭す。「それじゃあ、どこにあるの？」と子供達が聞くと「お粥の中にあるのですよ」と説明したのは、冗談のつもりでしたことであろうか。あどけない人の返答（別解釈：しっぺ返し）としてならば可愛らしいだろうが、大人としてはいかがなものであろうか。誠実に応対するべきであろうに、つまらない行為ではあった。子供達も当然のごとくしらけてしまった。

そうこうするうちに、この人は、草花を指さして、「あれはスミレ、これはヨモギ」などと、その名前を声に出して言っては、子供達にこれを口真似させて学習させる。「この花の名前は何ですか？」などとこの人は質問するのだが、子供達は「まーったくなーんにも関係もないや」といった様子で、「知らないっ」と言うばかりだというのに、なおもしつこい質問攻めを受けて眠たそうな表情を浮かべる子供達を見るにつけ、老人はますます一層いやな感じがして、ふさいだ気分になっていた。

さてその後、一人の童女が、小さく紫がかった色をした花を見つけて、「この花の名前はなんというの？」と聞くのに対し、例の人は答えられなくなってしまったので、この老人に質問したところ、「イヌノフグリ（犬の陰嚢＝わんわんのちんぽこ）とかいう名だったと思うけど」ということであった。、

08)斜め名：What's In A Name?

かのひと「ここもとにはあるまじ」といさむ。「しからばいづこにや」とたづぬるに「かゆのうちにこそ」とことわりたるは、たはぶれごととてせるわざならむか。あどなきひとのたふにてはうつくしからむも、おとなにはいかにぞや。まめまめしくこそあへ「しらはむずる」を、あぢきなきわざにざりける。わらはべもことわりにあれにけり。

かかるほどに、このひと、くさばなをさして、「あれはすみれ、これはよもぎ」など、なをばとなへてはこらをしてまねびしらしむ。「このはなのなやいかに」などたづぬるも、わらはべおほかたつれもなきけしきにて、「しらず」とのみあるに、なほうたたとはせつづけてはねぶたげなるこらのかほみるに、おきな、いよようとましくおもひくしたり。

さて、あるわらはめの、ちひさくむらさきだつたるはなをみつけて、「このはなのなやいかに」とふに、れいのひと、えこたへずなりぬれば、おきなにとふに、「いぬのふぐりかとよ」となむ。

http://fusau.com/←古歌・古語・古文全般　　－ 85 －　　大学入試→http://fusaugatari.com/

08) 斜め名：What's In A Name?

This strange name — meaning Doggie-balls or Scrota-of-a-male-dog; technically called Bird's-eye in English — had the kids bustling for a while, then bursting out laughing, some saying "This is Karaneko-no-fuguri(Kitty-balls)," another "That is Muma-no-fuguri(Pony-balls)." As the kids called names at beautiful flowers with outrageous designations of their own making, the little girl shyly looked down at the ground, and the lousy questioner found it impossible to go on citing any other name, in the crazy excitement of the kids' name-calling.

The children must have found this an unparalleled lesson that is sure to teach them how shocking it can be to look at flowers in terms of names instead of colors or shapes. It should also be quite beneficial to them in that they must have known the unexpectedly beautiful colors of flowers with unwarranted names to their disappointment.

Names as hints at unseen contents?
Or out of tints with real colors?
Beauty in the wild worthy of the name
Has only to live to commend itself.
Something stands in name only;
See it through, you're gonna call it names!

子供達は、ひそひそ囁きあって、やや間を置いて、大声で笑い騒いでは、「これは、猫のちんぽこ」、「あれは、馬のきんたま」などと、めいめいの思いつくままに、奇っ怪な名前でもって美しい草花を呼んですっかり面白がってしまったので、少女はうつむき、例の人は口がふさがって草花の名前を言わなくなってしまった。

　花を見る際に、その色合いや外形ではなく名前ばかり気に懸けていると、こんなにも不都合なことがあるのだ、ということを確実に理解できる筈だから、子供にとってもこれはまたとない禁戒に違いない。がっかりするような名を自分の名前として背負わされている様々な花の色合いが、思いがけず素晴らしいことを納得もしたことだろうから、これまた実に好都合なことと言うべきである。

　　名は仮の（名ばかりの）　縁とぞ知る　草草の　在りてきと有る　生り延ひ（生業）の色

『名前など、単に物事を識別するための仮初めの手段に過ぎない、名前は必ずしも実質に相応の縁者ではない、ということを思い知らされることであるよ、我ここに有りとばかり、ただそこに生い茂り、生きるための営みを演じているだけで、きりっ、と自らの存在の確かさを主張している様々な物事の風情を見ると。』

08) 斜め名：What's In A Name?

わらはら、ささめきあつて、ややあつて、わらひののしつては、「これなむ、からねこのふぐり」、「あれなむ、むまのふぐり」など、おのがししこころのままに、けしからぬなもてめでたきはなどもよばはつてうちきようずれば、わらはめうつぶき、かのひとはくちふたがつてなをばとなへずなりにけり。

はなみるに、いろかたちならでなのみこころにかくるは、かくもあやしきことあるをすでにしりつべければ、わらはらにもこはまたなきいましめなるべし。くちをしきものなにしおふはなのいろいろ、おもひのほかなることこころえたらむもまた、まことにびんよかるべし。

なはかりのよすがとぞしるくさぐさのありてきとあるなりはひのいろ

『ふさうがたり(Fusau Tales)扶桑語り』

『うつせみときごと』
Locusts' Hocus-pocus
空蝉説

学校は、卓越させてくれる場所・・・そう思う者に、ロクなのはいない。
抜きん出て凄い誰かは、学校も、先生も、仲間も、確かに超えているけど、
学校や教科書がそうさせるわけじゃない；それなら、学友みんな横一線の筈。
この真理に気付いたら、頭一つは抜け出せる筈・・・惨めな蝉の抜け殻からは。
それで卓越できるわけじゃない；けど、軽蔑だけはされずに済む筈—
よそから借りた御題目偉そうに唱える愚者どもを、見抜く本当の賢者に、ね。
英知の高みが無理そうならば、無知の知にこそ活路を開け。
それが出来ねば、ただのセミ。うるさいだけの知恵者気取り。
出来るやつだけ仲間入り、真の賢者の理解の輪。
いずれそのうち賢くなるさ、愚者に背を向け歩けば、ね。

Locusts' Hocus-pocus

In Japan in days gone by, a tremendously talented boy came up with an idea of the meaning of a certain piece of poetry and made it public in front of his schoolfellows. But the teacher, who didn't seem very clever to him, put him down by just saying, "That won't be the essence of the poem; masters of old days preached as follows..." and he read aloud hackneyed arguments arbitrarily taken from some time-honored book, and let them take care of the rest of his explanation. The boy found this just loathsome and was feeling down, when some other one said, "Not quite right, maybe, but certainly interesting to me," which comment encouraged him a little and, urged by his own non-conforming spirit, with his brows jokingly knit, he came up with a jesting song:

    Poems that elude categorical interpretation
    Must be settled with academic rendition.
    Brethren, have no doubt — archenemy of faith;
    'Cause we're fated to tread the scholastic path.

『空蝉説　｜　ぬけがら人間論』

　昔日の日本で、恐るべき才能を持った若者が、ある歌の言わんとすることはこうに違いないと感じてそれを口に出して言ったところ、さほど賢そうにも思われぬ教師が、「それはこの歌の主眼点ではあるまい。学問の道の先人達は・・・と、このように語り伝えて来たということである」とだけ言ってけなして、世間にありふれた本にある論説をただいいかげんに読んで軽く流すばかりなのを、若者はひたすらいやな感じだと思って気が滅入るばかりであったが、別の人が言うに、「歌の真意ではないかもしれないが、興味深い解釈だと思いましたよ」とのことであった。若者は少しばかり心強くなって強情な心根から冗談めかして顔をしかめて口ずさむ歌は、

　　とや斯く(書く)や　詠める(読める)言(事)ども　斯くあれと　掟て(掟／置きて)　惑はじ　此や学生(学匠)の道

『多種多様な解釈が可能な形で表現された言葉や物事を、かくかくしかじか、こうでなければいけない、と断定的に指示して何の迷いもないらしい(だって、そういう約束事なんだから、誰が迷ったりするものか！)(そうして次々物事を法則通りに処理したら子細な検討も加えず放って置いて、あんたら、何か忘れ物した気がしない？・・・らしいね)ああ、これぞまさしく学生サンの、そして学者センセの歩む道(・・・なのかっ？！)』

09)空蝉説：Locusts' Hocus-pocus

『うつせみときごと』

いまはむかしのふさうのくにの、ざえおそろしきをのこ、さるうたのこころかくとこそおぼゆるをうちいづるに、いたうさかしげにもおぼえぬししやう、「そはうたのせんにはあらじ。せんだち、かくとこそつたへしぞかし」とばかりいひくたして、よにふるふみなるときごとなのめによみなすのみなるを、ただうとましうくんじたれど、またのひとのいはく、「ほいにこそあらざらめ、をかしうこそおぼえしか」とぞ。いささかたのもしうなりてこころづよきいぢもてざれことめかしてまゆをひそめてうそぶくは、

とやかくやよめるうたどもかくあれとおきてまどはじこやがくしやうのみち

09) 空蝉説：Locusts' Hocus-pocus

This teacher asserted himself to be proficient in archaic style of poetry, and harshly blamed the contemporary style; he didn't even count as poets all those who sounded admirably novel (which translated to him as "abominably naïve"). Still, there was absolutely no occasion he ever came up with his original poem; when he had to, he resorted to plagiarism — coining totally colorless phrases in the image of some well-known masterpieces — that much would do to the poor sensitivity of this teacher, thought the boy (whose opinion of him had already been awkwardly low even without such copy-cat propensity), which prompted him to sing among his friends a contemptuous anthem of the teacher which ran:

He never sings in his words.
He can't argue without books.
There's nothing more to his words than meets the wearied eyes.
No need to say we'll find no color or beauty there.
Nor could he find any comradely compassion in us.

この教師は、「自分は古風な歌に堪能なのだ」と言って、今様歌（平安末期に流行した新風歌謡。「今様」とも。七五調四句形式のほか、短歌形式や自由不定形式も含む。その集大成が『梁塵秘抄[りやうぢんひせう]』(後白河法皇撰：1169年頃)。仮名文字四七音を全て織り込んだ手習い歌「いろは歌（いろはにほへとちりぬるをわかよたれそつねならむうゐのおくやまけふこえてあさきゆめみしゑひもせず：色は匂へど散りぬるを、我が世誰ぞ常ならむ。有為の奥山今日越えて、浅き夢見じ、酔ひもせず」も今様歌の一つ）をひどくこきおろし、当世風の趣の歌人はみな一様に「未熟だ」と言って一人前扱いしない。かと言って自分自身の歌を詠み上げるかというとそんなことはまるでなく、どうしても歌を詠まねばならぬ場面では、世間で名の通った歌の趣向を変えて、ごくごく無難ながら単調極まる穏当な風体に見えるように適当に詠んで「この程度でどうにかなるだろう」と思っているような有り様なので、ただでさえ中途半端な有り様だと思って軽蔑していたこの人物について、この若者が陰口をたたいて仲間内で吟詠した歌は、

　歌詠まで　うたて説　うらも無し　更にも言はず　艶(縁)も然も無し
『自分自身は和歌を詠むこともせずに、他人からの受け売りの御説を、無心に、何の疑念もなく、遠慮会釈なしに、浅はかにも繰り出す知ったかぶり野郎の、何とまあ疎ましいことよ。こんな奴に底の浅い能書きを付けられてしまった物事には、奥深い心惹かれる美もさほどないのは当然のことだし（‥‥本質的にはあるかもしれないけど、こんな奴の能書きの中からじゃ、奥深い幽玄の美なんて浮かび上がってくるわけないさ‥‥）、こんな浅薄な自称学識者と自分との間には、たいした御縁もありゃしないこともまた、今更言うまでもないことさ。』

09)空蝉説：Locusts' Hocus-pocus

このししやう、われはこだいのうたにたへたりとて、いまやういたうおろし、いまめかしきころばへのうたよみはなべてふかんなりとてかずまへず。さらばみづからうちいだすこともたえてなく、さらぬをりふしはよにあるうたのさまかへすぐれておいらかなるていにてよみなしてさばかりにてあへなむのていたらくなれば、さらぬだにはしたなるさまにあなづりたるこのひとを、このをのこのしりうごちてなかまどちずんずるは、うたよまでうたてときごとうらもなしさらにもいはずえんもさもなし

This song, meant exclusively for his friendly circle, got so much fussed over among them that it drew attention of the teacher when a friend of his had fun singing it aloud, of whom the teacher inquired and found it originated in the boy in question, whom he had thought somewhat out of the ordinary. "How impudent of the boy," the teacher felt nasty and angrily wanted to teach him a lesson. He wanted to criticize and neutralize this smart Aleck even by taking him by surprise with some untimely question and picking out and pecking at some reckless answer he'd make; but, however unexpectedly the teacher asked, the boy politely and smartly responded without ever making a scene, which made his already famous talent look all the more excellent and contributed to the added renown of him as a whiz kid, whom the teacher found to his chagrin to be beyond any possible slander by mean tricks.

The teacher afterwards felt disinclined to ask questions of the boy, apparently desirous of suppressing any sign of action from him as something presumptuous, driven by the fear of being made to look petty in contrast to the brilliance of the student. The boy grew more and more blue and discouraged more than ever over anything; even to questions asked by his friends, he would only make as brief replies as possible, seeming rather nonchalant.

仲間内だけのものだったこの歌を、仲間が大騒ぎをして喜び面白がって吟詠していたのがこの教師の目に留まり、事情を尋ねて明らかにしたところ、最初から一癖あるところが見て取れた例の若者が（この歌の作者だと判明して）、無礼な振る舞いをすることだと気に食わず感じられて、懲らしめてやりたいものだと立腹した教師は、この若者を不利な条件下の問答相手に据えるようなことでもして、せめて軽率な返答だけでも取り上げて非難しその行動を抑え付けようとするのだが、たとえどんな不意打ちの質問をしても、この若者は礼儀正しく好感の持てる態度で返答して、不格好な振る舞いなど微塵もなかったので、ただでさえ見事だと噂のその学才が、今や名高い学識として評判になってしまったために（この教師がいくら躍起になって若者を潰そうとしても）、どうにもならない。

その後この教師は、この若者に質問するのを忌避し、（若者の見事さを前にして）自分自身が人前で相対的に見栄えがしない様子になってしまうことを恐れて、若者が差し出がましく出しゃばろうとする雰囲気があると、「無礼である」として抑え付けようとする様子なので、若者はますます一層不愉快で、以前にもまして万事憂鬱で、仲間が質問しても返答は言葉を省いて簡素なものにし、「別段何ということもないさ」みたいな呆気なさである。

うちうなりけるこのうたを、どちのめでまどひきようにいりてうちいだしたるが、ししやうのめにとまりてあないせるに、もとよりけしきづきたるかのをのこ、すいさんなりとにくうおもはれ、てうぜまほしうはらだちて、びんあしきもんだふのかたきにすえても、そつじなるさしいらへもとらへてさいなみけたむとするも、いかにゆくりかにとひきけども、をのこ、ゐやゐやしうめやすういらへて、ふつつかなるふるまひさらになければ、いとどいたかなるそのざえいまはおとにきくかんのうにきこえつれば、さすがにちからおよばず。そののちこのししやう、このをのこにものとふをいみ、おのれのいでぎえおちて、さしいでむとするけはひをゐやなしとてけたむずるていなれば、をのこいよよものうくありしよりけによろづくんじて、どちこととふともさしいらへことぞともなし。

09) 空蝉説 : Locusts' Hocus-pocus

Come to think of it, what the schoolmates there primarily discussed were just stale old topics which left little room for any more arguments. The way they tried to look smart by somehow referring (often mistakenly) to their freshly acquired theories of others was even more foolish than the shallow-minded teacher; their eloquent, pompous but unimaginably strange arguments for which no word of contempt could possibly suffice went on and on and on, which was more than the boy could ever stand, who sang to himself a stealthy anthem of the silly company:

 Unless you think, however you sing,
 Cicadas, you sink to total nothing.
 However proud of your beautiful voice,
 You cry yourselves out to monotonous void.

 This song well represented his contemptuous squint at his fellows (which even the boy found too shocking to sing aloud before anyone). He felt himself plunging into bottomless dejection. He felt he had to do something to get out of all that, which led him to wish that he could learn from some authentic master of arts, otherwise teach himself with the help of books instead of having someone else teach him. He had now grown disgustingly dissatisfied with this cicada-ridden company.

だいたいにおいて、そこにいる学友が主として論じていたのは、今更あれこれ言うまでもない世間で言い古された事柄ばかりである。既に学習した他人の言説を、聞き間違いを交えつつ、ああだこうだといかにも賢そうに引き合いに出す彼らの姿は、例の教師をも上回る愚か者ぶりであって、騒々しく大袈裟ながら珍妙なる議論、馬鹿馬鹿しいなんて言葉じゃ到底言い足りないような代物が、延々と終ることなく引き続くのに耐えかねて、若者がこっそり人知れず口にした独り言は、

 思はずは　数鳴き暮らす（数無き暗き）　空蝉の　幾許響みて　音（根）は一つなり
『大量のセミが日がな一日鳴き続けていても、その音調はどれも同じで、周囲の空気を振動させるほどに響き渡るその大音声も、結局は単調そのもの。同様に、自ら考え自らの意見を述べるというのでなければ、賑やかに議論をし続けたとて、結局他人の意見の受け売りや付和雷同に終始するだけで、大勢で知恵を出し合っているように見えても実際には一人しかいないのと同じこと。寄ってたかって同じことばかり繰り返しているこんな連中など、無知蒙昧の闇の中で鳴き続ける蝉のような、物の数にもならぬ、抜け殻の人間どもというべきだろうね。』

 片眼を細めて軽蔑しながら仲間を見ている心情が目立ってどきりとする歌なので、さすがに声に出して吟詠することはしなかったが、こんな風にしてすっかり鬱屈した気分に沈み込んでしまうのをみすみす放置してもおけないだろうから、本当に文芸の道に堪能な斯道の先輩にこそ教えを受けたいものだ、そうでなければ、他人にさせられてするのではなく、書物を使って自力で学習できればよいのになあと、物足りず不愉快な気持ちになってしまっていた。

09)空蟬説：Locusts' Hocus-pocus

そも、そこながくりよ、むねとあげつらひたるはさらにもあらぬよにふりぬることのみ。まねбたるひとのときごとひがぎきまじりにとざまかうざまさかしらにひきいづるは、かのししゃうにもまさるしれものぶりにて、かしかましうことごとしきめづらかなるろんのをこがましとはよのつねなるがむごにかねてうちつづくにたへかねて、をのこ、みそかにひとりごつは、おもはずはかずなきくらすうつせみのここだどよみてねはひとつなりすがみあさみてどちみるこころおどろおどろしう、ねにはさすがにいださねど、かくながらくんじはてむこころなほあらじに、まことみちにたへたるせんだちにこそまなばばや、さらずはひとやりならずふみによりてみづからまなばましものをとこころやましうなりにたり。

『ふさうがたり(Fusau Tales)扶桑語り』

『いづるよ、すつるよ』
Prestige or Hermitage
出づる世、捨つる世

類は友を呼び、友は歓を生ず。
共に歓を尽くせる人との輪の中に心の平和を見出す生き様は、有り難い。
金と名は世間を広げ、寄り来る者を増やす。
増えた知人や資産・肩書きの分だけ、人生の質が上がると思う人は、
ためらうことなく世に出るがよろしい；出世は君の背を伸ばす唯一の方策なのだから。
自分が何者か、何が出来るか、何を欲するか、それを自ら知る人と知らぬ人とでは、
住むべき世界が違うのは当然のこと。
他人に一目置かれて初めて自分が見える人にとっては、人の集う世間こそが世界。
自らの世界を持つ人間の場合、自分が存在する場所こそが世界。
みんなの世間には誰でも入れるが、誰かの世界に入れる人は、
そうそうざらには存在しない・・・だからこそ、真の友は、有り難い。
自らが欲する真の価値だけを、同じものが見える真の友共々追いかけることが出来る、
そんな生き様を手に入れた人間に、金だの名だの余計な世間だのは、もはや必要ない。
なればこそ、彼等の友たり得ぬ世間は彼等をこう呼ぶのだ：
「隠者」「変わり者」「引き籠もり人間」・・・
そんな世間のレッテルを、しかし、彼等は歯牙にもかけぬのだ。
そうして、無意味な営みを繰り返す世間に、その営みの無意味さを説いてやるほど
彼等は御節介ですらないのだ・・・彼等には彼等なりの忙しい営みがあるのだから。
だから、饒舌なる隠者の御節介な訓戒は、これまた有り難い・・・
もっとも、その訓戒の真の意味を知ってしまえば、世間以外に世界を持たぬ人間達の
生きるべき場所は、結局、どこにもなくなってしまうのだが・・・
それを感じる知性と優しさがあるだけに、本筋の隠者は、世間に対しては寡黙なのだ。
黙々と自らの世界に没入するのは、自らの世界を持ち得ぬ衆生への慈悲でもあるのだ。
・・・とまあ平然と冗長に語るこの筆者の、何と無慈悲ななま隠者ぶりであることか・・・

新出古語：ABC=43/1500〈2.9%〉 A=17/450〈3.8%〉 B=10/500〈2%〉 C=16/550〈2.9%〉
未履修古語：ABC=638〈42.5%〉 A=126〈28%〉 B=217〈43.4%〉 C=295〈53.6%〉
http://fusau.com/←古歌・古語・古文全般　　大学入試→http://fusaugatari.com/

10) 出づる世、捨つる世 : Prestige or Hermitage

Prestige or Hermitage

In Japan in days gone by, there was a hermit who, rumor had it, was once prosperous. A boy went to visit him at his hut in the mountain. Someone who had been on corresponding terms with the man for years put in a good word for the boy, to whom he had told that, for all the differences in status or age, many things of interest should be derived from this retired man's company. So, in the hope of making substantial conversation, the boy came for a visit away from the town treading the colorful carpets of fallen leaves with the wails of deer forlorn in the background. With the blunt initial greeting of "This is for you," the boy handed over to the recluse a bagful of chestnut at the doorway, who let him in with a smile and discussed leisurely with him the things which had daily weighed heavily on his young mind.

Every experience there was still engrossingly fresh in the boy's recollection, not the least of which was the following episode: on hearing the boy say, "The once celebrated personage you are must sometimes find this secluded life too desolate in contrast to your past prestige," the eremite wrote in response a letter, the passages of which were unexpectedly convincing;

『出づる世、捨つる世 ｜ 出世と遁世』

　今となっては昔の日本に、かつて栄華を極めたらしいが今は世間から隠遁している人がいた。長年この人と文通などしてきた人の紹介で、ある若者が、この人を山奥の隠遁所に訪ねて行った。身分や年齢こそ違うけれども、会えば色々と面白いこともあるだろうとかねてから聞いていたので、民家の集まるあたりを過ぎて、紅葉の落ちた山道を、鹿の鳴き声聞きながら、話を聞いてみようということで訪問しに行ったのだった。栗がぎっしり詰まった携帯用の小さな袋を一つだけ「これ、おみやげです」と言って差し出したところ、この隠者はにっこり笑ってこの若者を迎え入れ、若者が日頃心を悩ませ続けていた事柄などを、ゆっくりじっくり、話し合ったのであった。

　若者は、どれもこれもみな興味深い話だと感じたが、とりわけ思い出される話は、「昔名声を博した身分のあなたにとって、世間から離れた隠遁所での生活をしていると、かつての思い出が浮かんで来て、さぞや物寂しい時などもある筈‥‥ですよね」との質問に答える形でその場でこの隠者が書き記した文書の内容の、意外ながらももっともだと納得のゆくその趣向であった。

10) 出づる世、捨つる世 : Prestige or Hermitage

『いづるよ、すつるよ』

いまはむかしのふさうのくにに、むかしときめききけむよすてびとありけり。としごろこのひととふみかはしなどしけるひとってに、あるをのこ、やまざとのいほりにとぶらひにけり。しな・としこそちがへ、あはばをかしきことあまたあらむとききたれば、ひとざとをすぎてもみちふみこえしかのねききつつ、はなしきかむとぞとぶらひにいきける。くりみちたるきんちゃくばかり、「これなむ、つと」とてさしいだせば、このひとほゑみてむかへいれて、ひごろこころわづらひたることなどゆるらかにかたらひあはせてけり。

ことごとみなをかしくおぼえたるが、なかんづくにおもひいづるは、「かねのきこえめでたききみには、よをかるいほりのいとなみは、むかしおぼえてさこそつれづれなるをりもあるべきよな」ときけるにこたへてやがてしたためつるふみのくだりの、あさましくもげにげにしきさまなりけり。

10) 出づる世、捨つる世：Prestige or Hermitage

he argued as follows: "To climb up the social ladder to success is no better than to creep into a corner of the world. Most people seem to think, quite wrongly, that seclusion would only make for the decrease in your encounter with people and things and for the increasing sense of discouragement. On the contrary, lots of things could be gained from deserting worldly fame and profit. Fanciful ideas keep visiting you in ever increasing number (albeit with no possible listener) to keep you simply busy writing and keep you away from boredom. On the other hand, just ask those who have made the grade what else they could get than money or fame. Things keep passing through their lives without notice, without prepared discretion. They don't know what they're doing, who they really are or what they must keep to keep being themselves. Nothing could be vainer than the vanity of those pitifully larger than life. Even among folks approaching them, few could be found to care anything but their self-interest; the way they try desperately and solely to exploit the celebrated for their own promotion is nasty beyond measure. Living, as I do, in my abode away from the maddening crowd, I have no doubt that those who trouble themselves to travel or write to me have the sincere heart to share something with me.

この隠者が言うには、「出世が隠遁に比べて上ということはない。世捨て人になれば、会えぬ人や物事が多くなり、どうしようもなく張り合いをなくすことになるだろう、と大抵の人は感じているようだが、そうではない。世間の名声や利益を捨ててこそ、かえって得るものも数多かろう。聞いてくる人（別解釈：訪問者）はいなくとも、とりとめもない物事が思い浮かぶ場面も一層増えて、そうした思いを紙面に書き付けるだけでも忙しいので、どうして退屈に過ごしたりなどできるものか。出世してしまった人の手にするものといったら、金銭や名声以外、一体何があるというのか？突拍子もない不意打ちのような出来事を前に、腰の浮いたいい加減な対応に終始する生き様に身を任せているうちに、自分の姿を見失い、無我夢中で時流に乗って栄えたとしても、大切な心も消え果てて傲慢に振る舞うのは、空疎なことである。周りに近寄って来る人々さえ、思いやり・思慮分別・風雅や人情の機微を弁える心を持った人など滅多におらず、有名な人物を利用して自分自身の名を上げようとする魂胆ばかりがやたら威勢よく目につく様子は、他に比べようもないほどに煩わしく不愉快なものだ。今はこうして世間から離れた庵で生活しているので、そんな私をわざわざ訪問したり便りをくれる人がいるとしたら、その人が私のことをいたわる心や風流心のない人であるなどということが、どうしてあろうか。

10) 出づる世、捨つる世：Prestige or Hermitage

このひとのいふやう、「よにいづるはよをすつるにしかず。よをすつればあへぬものどもまさりてわりなくあへなからむとおほかたおぼゆめれども、さにあらず。よのみやうりすててこそかへりてうるものあまたあらむ。とふひとこそなけれ、よしなしごとうかぶをりもいやまさり、かきつくるだにいとまなければ、なんぞつれづれなるべきかは。よにいでつるひとのうるもの、かね・みやうもんならではいづくにやあらむ。ゆくりなきわたらひにわれをわすれ、あれかにもあらでときめくとも、だいじなるこころうせてこころおごりするは、むなし。よりくるひとびとだに、こころあるものけうにして、かうみやうのひとによりておのがかうみやうせむずるこころのみひたぶるにたけくみゆるは、うるさきことたぐひなし。よをかるいほにしあれば、わざとこととはむひとの、やはこころなからむ。

10) 出づる世、捨つる世 : Prestige or Hermitage

Let go the world or the public in it that you find totally irrelevant and useless; just keep thinking of people or things that are irreplaceably precious for you... doesn't this kind of living strike you as something of a rare treat, more engrossing than is commonly expected?"
The world-beater-turned-world-deserter ended his writing with this inquiring counterattack, thereupon the boy improvised a poem and offered it to the writer with the blunt introduction, "This is my answer":

　You gained the world, and gave it a nay.
　I'm new to the world and knew not the day.
　Evil or good, what fame could award
　I'd like to know in the light of the world.

So quick was he singing in return that the man couldn't help asking, "Quick as lightning! Did you by any chance prepare the rhyme in advance, or did you just sing it impromptu?"

くだらぬ世の中やつまらぬ人々のことなど気にせずやり過ごして、なかなか得難い人や物事のことばかり思って暮らすことこそ、そう簡単には手に入らぬ、愉快な、意外なまでに素晴らしい生き方だ、とは思わないかね？」と言って逆に問うて来るやいなや、たちまち「これ、その質問に対する自分なりの返答です」と言って若者が詠んだ歌が、

　　出づるとも（何れとも）　劣り優りの　際暗み　覚えゆかしき　世に出でぬかも
『出世したとてつまらぬこと、とあなたは言うけれど、出世と遁世のいずれが優れ、いずれが劣っているか、その境目が私にはよく見えないので、やはりどんなものか是非知りたく思うその出世というやつを、自分もできぬものかなあ、まだ世に出ていない自分だものなあ、できれば体験してみたいものだなあと思うことですよ。』

　返歌を繰り出すのが実に素早かったので、「何とも素早いことだ。これは、予め用意しておいた歌なのか？それとも準備もなしに口をついて出てきたものなのか？」と尋ねたところ、

10)出づる世、捨つる世：Prestige or Hermitage

えうなきよ・ひとをばおもひすぐし、えうまじきひと・もののみおもひてすぐすこそ、ありがたくもおもしろきこころまさりのいとなみやうとはおぼえずか」とて、かへりてとふや、「これなむ、かへりごと」とてをのこのよめる、

いづるともおとりまさりのきはくらみおぼえゆかしきよにいでぬかも

かへりいだすにいととくあれば、「あなと。こは、いそぎせしうたか、まうけずうちいでつるにか」とたづぬるに、

10) 出づる世、捨つる世 : Prestige or Hermitage

"I drift through the life without haste, without conscious precaution against daily occurrences... I feel as if I was only existent at each particular moment or phase of my life, where songs are fleeting companions that bubble up on the surface of time," was the young man's answer, to which the senior one responded by the following advice: "Your literary proficiency is quite rare to find! With such enormous talent, you shouldn't find any difficulty succeeding in the world. But then again, when you make it, I advise you never, ever forget what I warned you against here."

「慌てることもなく、ゆったり漂うように生きているので、常日頃準備万端整えて、などと気構えをすることもなく、ただその場面場面ごとに自分は存在しているのだという気分で、私の詠む歌などもみな、時の流れの水面に浮かんでは消える泡のごとき突発的なものです。」と応答したところ、「世にも稀なる技芸の持ち主であることよ。これほどまでに素晴らしい才気があれば、出世することなど容易に違いない。だが、世に出るその際には、先ほどの訓戒、決して忘れずにいてくれたまえ。」とのことであった。

10)出づる世、捨つる世：Prestige or Hermitage

「いそがず、ゆくらかにいきたれば、つねのこしらへをばおもはず、ただおのおののをりにのみをるここちにて、うたもみな、ときのみなもにうかぶうたかたのごとし」とこたふれば、「よにもまれなるかんのうかな。かかるおびたたしきかどあらば、よにいづることはたやすかるべし。されどそのをりは、かのいましめ、よもわするまじくさうらへ」とぞ。

『ふさうがたり(Fusau Tales)扶桑語り』

『なましりぐさ』
Say "No" to "You know"
生知り種

知るは力・・・なら、知らぬは恥、か？
さにあらず；力たり得る知と、知るに価値なき無用の知の在るを知るべし；
知るべき事と退けるべき事、それを知り分ける力こそ真の知性・・・と、
それを知らずに「知ってる！」「知ってる？」ばかり繰り返す、
知ったかぶり連中の痴れた冠、恭しく仰ぐ者にとって、
「知る」は「痴れる」の類義語とは見つけたり・・・されど、
無意味なる知に共に酔い痴れる仲間たらずば、加われぬのが世間というもの・・・
ともなれば、さて、
真の知を得て下賤の知己を去るべきか・・・
知の高みを捨てて下々の友に靡くべきか・・・
下卑た無意味な扱い草ほど、仲間を寄せる吸引力は強いもの。
友を求めれば痴に染まり、共に知を求め得る友は、書物の外には滅多にいない。
世を取るか、知を取るか・・・真に知的な者のみが、迫られる苦しき二者択一。
この苦を脱する道は、二つに一つ：
無知蒙昧なる衆生の一人として、真の知の何たるかを知らぬまま一生を終えるか、
痴れた世間の住人達を積極的に知の世界へと導く啓蒙の営みに生涯を費やすか・・・
前者の惨めは後者のみが知るところ；痴れ者の阿呆ぶりは当人の知るところではない。
後者の苦悩は誰も知らずに当人のみが背負うもの；仲間を増やすのに、雑踏の中へと降りて行く
代わりに、雑踏を自分の部屋に誘い入れようとするのだから、世間の目には、わがままな変人と
しか映らないのが啓蒙人種の哀しき道化師人生の構造的宿命。
結局、無知こそは、幸福の類義語とは見つけたり・・・されど・・・
幸福に安住できぬ知恵者も世には在るのが哀しいところ。

新出古語：ABC=84/1500〈5.6%〉 A=23/450〈5.1%〉 B=36/500〈7.2%〉 C=25/550〈4.5%〉
未履修古語：ABC=554〈36.9%〉 A=103〈22.9%〉 B=181〈36.2%〉 C=270〈49.1%〉
http://fusau.com/←古歌・古語・古文全般   大学入試→http://fusaugatari.com/

Say "No" to "You know"

　Let me tell you a nonsense that there was in Japan in days gone by; a story, as I heard, jokingly told by some noble one who used to serve close to the holy Emperor of whom we common people dare not mention.

QUOTE' Well, for these several months, there seems to be no other public topic than that renowned "Somozaemon." What Somozaemon...?... last name indistinct, only the first name prevails in the world. Occupation ambiguous, whereabouts unknown, only the name Somozaemon resounds everywhere to add to the mystique of the story. Though his name is known to everybody, to what he owes his fame is anybody's guess. Some people attribute it to his peerless knowledge as a scholar, some to unheard-of prowess at martial arts, or to his being a monk with incomparably effective holy power, some say, "No, a fortuneteller with clairvoyance," others say, "Nay, a musician whose performance puts to tears even heartless demons", still others sum it up saying, "Whether in military or liberal arts, who could ever rival the great Somozaemon!?" Held by the masses in great respect in respective ways, the actual embodiment of each and every reputation would be too supernatural to be termed as a mere holy reincarnation.

『生知り種　｜　半可通の語り草』

　昔日の日本国の、かつてあった馬鹿げた事を語ろうと思う。口に出して申し上げることさえ畏れ多い天皇の御側近くにお仕え申し上げなさった誰々入道とかいう人が、冗談事めかして次のように語られた話である。

　それにしてもまあ、この数ヶ月来、世間の噂話の種としては、例の「そもざゑもん」以外何もないかのような有り様である。何某の「そもざゑもん」かもわからず、単に「そもざゑもん」という名だけが耳に入ってくる。どんな仕事をしているのかも、どのあたりに住んでいる人かすらもはっきりとはわからず、ただ「そもざゑもん」とかいうその名だけが広く世間に鳴り響くのも異様ですっきりしない。名ばかり評判になって世間に轟き、何が理由の高名かもさっぱりわからない。並ぶ者なき学識者と言う声もあり、比類なき弓矢の達人と言う者もあり、霊験あらたかなることたぐいまれなる聖人（しゃうにん＝高徳の僧）らしい、いやそうではない、相人（さうにん＝手相・人相を見る占い師）らしい、鬼さえ涙に袖を濡らすほどの感動的な琴（さう、あるいは、しゃう＝十三弦の琴）を演奏する、武芸であろうと連歌であろうと「そもざゑもん」に匹敵する者はない、だのと、みんながあれこれ誉めそやして、耳に入る評判の数々をそのまま具備していたとしたら、「何かの化身・神仏が仮に人間の姿となって現れたもの」という形容でさえまだ言葉が足りない、ということになるであろう。

11)生知り種：Say "No" to "You know"

『なましりぐさ』

いまはむかしのふさうのくにのありししれごとかたらむず。かけまくもかしこきすめらみことのおほんそばにつかうまつられけるそれがしにふだうとかや、されことめかしてかくはかたられける。

さて、つきごろよのもてあつかひぐさ、れいのそもざゑもんよりほかなきがごとくなり。なにがしのそもざゑもんともしれず、ただそもざゑもんとのみきこえたり。なにわざすなるか、いづこばかりなるひととなるかもさだかならず、ただそもざゑもんなるそのなのみあまねくひびけるもけしういぶかし。なのみきこえてよをひびかし、なににおふなとももつゆしれず。さうなきいうそくてふもあり、よにしらぬゆみとりてふもあり、しるしよになきしやうにんなり、あらず、さうにんなり、おにもしほたるるさうしらぶ、きゆうばのみちにまれつくばのみちにまれそもざゑもんにしくはなしなど、かたがたもてはやして、きこゆるおぼえさながらぐしたらましかば、へんげのひとなんどもおろかならまし。

11) 生知り種：Say "No" to "You know"

There must be some field in which he is supposedly proficient, but nobody can point to it with any certainty, which ambiguity makes his fame all the more radiant for being the one who can decently perform anything that people will ever talk about.

Since he was too famous to be unknown, the ignorance of the reason for his fame would also have been felt to be shameful; hence the number of fancifully plausible reasons assuredly asserted by so many people, resulting in such a monstrous figure, I suppose. Not only among the lowly and ignoble, this topic was often referred to and wondered at even by high-ranking officials at the imperial court, so much so that the Emperor himself got interested and deigned to ask about it — unusual occasion beyond measure.

"First of all, by what does this renowned Somozaemon exert his influence upon the world?" the holy Emperor had the Chief Councilor of State report to him, to which query he answered, "Re that question, after all, the mere fame of the personage would be the answer, as I consider," in a manner so sober as to be almost impolitely flat.

必ずやある筈の、話に聞く限りでは際立って目立っているらしい得意分野も、一体全体どういうものかはっきりしないので、かえって、およそ人の噂になるぐらいの事は全て、並一通りでなくこなせる人物であるかの如く、はっきりせず気がかりなその名が、逆にまた非常に名高く響くのである。知らぬ者などいるはずもない名なので、「その高名の所以は何故であるか」と聞かれたら、「知らない」というのでは馬鹿みたいな様子なので、いかにも知っているぞという顔をしていい加減に何事かにこじつけたのであろう事柄の数々が、積もり積もってこれほどまでに怪しいことになっているのに違いない。身分賤しき者や宮中出仕者以外の者（別解釈：殿上の間に昇殿を許されぬ下級官人）は言うに及ばず、殿上の間に仕える身分の高い官吏達の間でさえもこの「そもざゑもん」の事を口にし不審がる場面が増えた結果として、こんな得体の知れぬ人物ごときには身分不相応で畏れ多いことながら、天皇の御注意を引き、不審がってお尋ねになる場面さえあった、という段に至っては、その常識外れの異常さたるや、言葉で言い表わせぬほどである。

「そもそも、かの有名なそもざゑもんとは、何を理由に一世を風靡する者か？」と天皇が大納言に返答させなさったのに対して、「その事でございますが、詰まるところ、名高い、というその事のみが理由だと私は思っております」と御返答さしあげなさってしまったのも、思えば真抜けた不作法な仕業に近いものであった。

11）生知り種：Say "No" to "You know"

さだめてあるべきはかばかしかんなるじやうずのすぢも、はたいかなれやいちぢやうならねば、かへりてよろづくちのはにあつかはれむほどのことなのめならずものすべきひとのごと、おぼめかしきそのないとどよにたかし。たそしらざらむなにしあれば、なのゆゑなにゆゑととはるるに、しらずばをこのていなれば、こころえがほにうちつけなりけむかこちよせつもりてかくはくすしかるべし。しづ・ちげはいふにおよばず、くものうへにもこのこととなへいぶかるをりふしかずそひて、おほけなくもいちぢんのみこころにかかりまゐらせとがめさせたまひぬるをりはべりしにいたりては、ひがひがしきこといはむかたなし。

「そも、おとにきこゆるそもざゑもん、なにによりてかはよをなびかす」とだいなごんにさしいらへせさせたまひしに、「されば、しよせんかうみやうのみとぞおもうたまふる」といらへたてまつりたまへりしもびろうのわざににたりけり。

11)生知り種:Say "No" to "You know"

The Emperor must of course have thought likewise, but perhaps feeling there could be more fun to be derived from this occasion, he came up with the opening part of a verse: "A man thrives on none but the name, tremendous or frivolous, we don't know his ways..." and he challenged the noble company to complete the verse in his place. Yet, all the courtly ladies or all the senior officers couldn't put anything to the Emperor's verse. That awkward silence was broken when a man abruptly came sliding forward with his knees on the tatami mat; he courteously said, "Well, then..." and repeated the original phrases by the Emperor for three times, each time on the verge of saying something more of his own making, each hesitant cessation adding to the stagnant mood of suspense to the point of being uncomfortable. All those present were watching for the outcome with respective impatience, some with choking tension, others with nasty intention to see it through to the bitter end. Then came the climax where the man finally completed the verse by singing out:

天皇は(なるほどいかにもそうであるに違いない)と自然そう思われているに違いないのだが、それでもなお、単なる虚名のみの有名人として片付けてしまうよりはもっと面白い興趣があってよい筈の事柄だとお思いだったのであろうか、「名にし負ふ名のみ栄ゆる斜め人(かの有名な、名前ばかりが栄えている並々ならぬと評判のいい加減な人物は・・・)」とお詠みになって、「さぁ、この歌の下の句は、どう付けたらよいか？」とお聞きになるのだが、御側近くに伺候する上級の女官や上達部(三位以上の最高位の官職にある者達)は、誰一人下の句をお付け申し上げることもできずに持て余している、丁度そんな場面で、ある人が急にさっと、座したままにじり出て、「それでは、私が」と申し上げて、上の句をお詠み申し上げること三度ほど、途中まで吟詠しては途中で言うのをやめ、しばらくぐずぐずためらう間合いがいよいよもってばつの悪いものになって行くので、その場に居合わせた人は全員、あるいは気詰まりに感じ、あるいは意地悪い興味を持って、待ち遠しそうにじっと見守っていたのだが、とうとうしまいには、

11）生知り種：Say "No" to "You know"

さもありぬべしとはおぼしめさせたまへるべきほどに、なほきようあるべきことにはおぼされたまへるにや、「なにしおふなのみさかゆるなのめびと」とながめさせたまひて「いづら、すゐやいかに」とはしめたまへりしに、ごぜんにさぶらふごごたち・かんだちめ、ひとりとしてしもつけたてまつるもえせずあつかへるをりから、さるひと、つとゐいでて、「さば」とそうして、もとをえいじたてまつることみたびばかり、ぎんじかけてはいひさし、しばしいさよふあはひけにあしうなりゆくほどに、みなひと、かつはところせく、かつははらあしくきようがりて、まちどほにまもりゐたるに、つひに、

11) 生知り種：Say "No" to "You know"

A man thrives on none but the name,

Tremendous or frivolous, we don't know his ways.

No way to go, his name is here to stain.

How can I sing his glory then?

At that the Emperor smiled and looked totally satisfied. Some commented, "How handsomely he sang! Or rather, he didn't sing!" The man thus graced himself with honor by disgracing the unduly venerated celebrity.

So, the authentically noble ones never allow themselves to get carried away by trivialities, regardless of the number of irresponsible rumors. The only ones that Somozaemon can ever influence, as I understand, are the ignoble ones who are so afraid of being inferior to others as to be incapable of making any logical judgement for themselves, so that they can't help asking for any guidance to lead them out of the darkness of ignorance.

　　名にし負ふ　名のみ栄ゆる　斜め人　何業とてか　末も聞こえむ

『その名も高き、とは言うけれど、名ばかり栄えているだけの、並々ならぬと評判の、そのいい加減な人物は・・・如何なる技芸を以て後々まで世に知られることでしょうか？（名ばかりの虚名は早晩消え失せることでしょう）・・・その高名の所以も知れぬ以上、下の句をお付けすることなど、一体どうしてできましょうか？』と歌を口ずさみ申し上げたのに対して、天皇はにっこりとお笑いになり、（なるほどその通りだ）という感じでいらっしゃった。「いやあ、見事に下の句を付けたものですねえ。あるいは、付けずにおいたものですねえ」などと天皇の御前で申し上げる者もあって、この人は、不審人物の面目をつぶして、自身の面目をほどこしたのであった。

そういうわけだから、真の上流階層の人というものは、いい加減な風説がその数を増したとしても、物の数にもならぬつまらぬ営為に踊らされることなど決してないものなのだ。「そもざゑもん」が服従させる相手とは、自分はひょっとして他人に劣っていないだろうかという不安な心理のために、物事の判断がつけられず、手引き・道標を手に入れたがっている下賤の者だけである、と解った次第である。

11）生知り種：Say "No" to "You know"

なにしおふなのみさかゆるなのめびとなにわざとてかすゑもきこえむとうそぶきたてまつりつれば、うちほほゑませたまひて、げにげにとぞみえさせたまひにき。「めでたくもつけたるは。あるは、つけざりしかは」などきこゆるもありて、このひと、あやしきひとのおもてをふせ、おのがおもてをおこしたり。

されば、まことのじやうらふは、なのめのくちのはかずそふとても、かずならぬしわざにかけてなびかれず。そもざゑもんのなびくるは、われもしひととおくれじやと、うしろめたきこころのやみに、しるべゆかしきしもうどのみとはみつけたり。

11) 生知り種：Say "No" to "You know"

When someone celebrates something, and that something happens to be the thing they themselves have already known, the coincidence gladdens them so much that they come to the instant conclusion that now that the thing they know is seen to be talked about by other people, it goes to show that the thing must be something out of the ordinary, and they try to strengthen this groundless conviction by converting as many people as possible into this farcical confirmation... what a shame! I can't help but sing:

　What they've known must be clear in their worth (ha!?)
　What could be worse than this vulgar guidance?

The number of would-be Somozaemons among the lowly folks never seems to dwindle still now; there are increasing occasions where I see some displeasing ones proudly teasing the world by saying that the Somozaemon was really something they devised to deceive the ignorant public.

他人が褒めそやす噂の種を、自分も知っていたのが嬉しくて、自分も知っているし他人も知っていて話の種にしているということは、なるほどいかにも並一通りでない証拠に違いない、などと語り合うのは、見苦しいというか、お可哀そうにというか、見ている当方まで恥ずかしくなるほど決まりが悪いというか、大笑いしたくなるというか・・・ということで、詠んだ歌は、

　　知りしをば　験（標・印・証／著し）に紛ふ　したり顔　痴れる世界の　導あやなし
『これは自分も見聞きしたことがある、というだけで、思った通りだ、道理でそうなるわけだ・これぞ動かぬ証拠だ・霊験あらたかだ・価値ある事だ、などと決め込んで得意気な表情を浮かべている・・・頭の悪い連中・物好きな連中の集まる世の中の指針というものは、そのような論理的に筋の通らぬ無意味なものであることよ。』

「自分こそは間違いなくそもざゑもんだぞ」ときっぱり言い切る下賤の者の数は今もなお絶えることもなく、「あのそもざゑもんというのは実は世間をだまして馬鹿にする計略の材料として自分が言い出した作り話なのだ」と言って、いかにも賢そうに世間をからかうような辱めを加える得意満面の不愉快な奴らを見る場面も度重なって、

11)生知り種：Say "No" to "You know"

ひともてはやすあつかひぐさを、われもしりたるうれしさに、われしりひとしりあつかふは、うべ、おぼろけならぬしるしなるべしといひしろふこそかたはらいたけれ。さてよめる、

しりしをばしるしにまがふしたりがほしれるせかいのしるべあやなし

われこそはいちぢやうそもざゑもんなるぞといひはなつげすのかず、いまにたゆることなく、かのそもざゑもん、げにはよをばあざむくはからひのれうとてわがいひいでしそらごとなりと、よのなかさかしらにいひはづかしむるわれはがほなるぬすびとのこころづきなきをみることもしきりて、

11)生知り種：Say "No" to "You know"

Now, methinks, when some people are foolish enough to be deluded into confusing what they happened to dubiously overhear with what is certainly true, as well as when some others are wicked enough to pick on this kind of foolish folks with a conscious view to making themselves look smarter by contrast, both these sentiments should be collectively termed as "Somozae(ungrounded wits)." How handsome a name, don't you think? Anyway, it won't be very long before such strange names should cease to resound in the world...' *OFF QUOTE.*

ここで私は思うのだが、なんとなくいいかげんに聞いて知っている事柄を、即座に、確実なことに違いない、と思って事実をねじ曲げてしまう馬鹿馬鹿しさも、それを殊更に取り上げては見下して馬鹿にする出しゃばった利口ぶり根性も、総じて「そも才」と名付けたい。立派な命名ではあるまいか？そうは言っても、いくらなんでもこんなに疑わしい名、「そもざゑもん」とか「そもざえ」とかが、世間に響き渡るであろう期間も、もはやそう長い間でもあるまいが･･･とかいう話だそうである。

11)生知り種：Say "No" to "You know"

われここにおもへらく、ききされにしりたることすなはちいちぢやうなるべしとおもひひがむるをこがましさも、そをことさらあなづるさかしらごころをも、なべてそもざえとはなづくべし。めでたくはつけざりしか。さりとも、かかるあやしきなのとよみわたらむもまたいくばくぞ、とや。

『ふさうがたり(Fusau Tales)扶桑語り』

『こひうるめ、こふるめ』
Winning Love, Whining for Love
恋得る目、恋ふる目

恋を得る目と、焦がれる目...
彼方を見やって心を寄せる？
此方見おこす細工に走る？
不発に終われば惨めな細工、
それでも綺麗な歌にはなるね...
人が見向けば、誉めてくれれば、
それで満足する心、
そんな心は恋には不向き...
人に目を向け、相手を愛でて、
向こうの気持ちで感じる心、
恋する想いは、外向性...
内向性の優等生は、恋に恋して終わり、かな...

12)恋得る目、恋ふる目：Winning Love, Whining for Love

Winning Love, Whining for Love

In Japan in days gone by, there was a poetic composition competition at a certain noble person's residence, where two rivaling songs were exhibited on the theme of "seaside pathos."

On one side(Left) was a song which ran:
  Waves of my thoughts dashed to pieces,
  Waywardly borne and silently gone...
  Will the keeper at Suma notoriously stern
  Wet his sleeve with my broken dreams?

On the other(Right) was a song like this:
  I don't know who he is.
  I don't know where he goes.
  But I do know how he feels,
  Aboard a fishing boat, alone in the ocean.

These two poets were rivals in real life centering around a woman, whom the one on the left had been courting for years, only to end up on intimate terms with the man on the right, which news prompted the noble company to have them compete mano a mano again with poetry.

『恋得る目、恋ふる目　｜　恋を得る目と焦がれる目』

　今は昔の日本国、とあるお方の邸宅で歌合わせを行なった際、「海辺から眺める海の悲しさ、強く身に染みて愛おしいと感じられること」という題目で詠んだ歌が、

左側：　岩で散る　浦の波の音（言はで散る　心の波の音）　聞こゆれば　袖や濡らさん　須磨の関守

『岩に当たって砕け散る入江の波の音が聞こえれば、飛び散る波にその袖も濡れるのだろうか（別解釈：私の口から告白することもないうちに世間に漏れ伝わって騒ぎを引き起こしてしまったこの胸中の思いを、お聞かせ申し上げたならば、涙に袖を濡らしてくれるのだろうか）、あの須磨の関守は。』

右側：　名も知らず　行方も知らず　然りとても　心は知れり　海士の釣舟

『漕ぎ手の名前もわからない、何処へ行くかもわからない･･･なのに気持ちは自然とわかる、去り行く漁師の釣り船よ。』

というものだった。

　左側の歌を詠んだ人が数年来求婚し続けてきた女性と、右側の詠み人が、男と女の関係になって彼女の家に通うようになってしまったことを、人々が伝え聞いたので、このように歌合わせで競わせたのである。

12)恋得る目、恋ふる目：Winning Love, Whining for Love

『こひうるめ、こふるめ』

いまはむかしのふさうのくに、さるかたのたちにてうたあはせもよほして、「うらよりながむるうみのかなしさ」とてよめるうた、

ひだり

いはでちるうらのなみのときこゆればそでやぬらさんすまのせきもり

みぎ

なもしらずゆくへもしらずさりとてもこころはしれりあまのつりぶね

となむ。

ひだりのひとのとしごろよばひわたりたるをんな、みぎのひとのあひみてかよふところとなりつるを、かたがたききおよびてぞかくはあはせたる。

12) 恋得る目、恋ふる目：Winning Love, Whining for Love

Well, the supporters of the left one criticized the song of the right saying, "The ambient atmosphere is not so bad. But the phrase 'Aboard a fishing boat, alone in the ocean' is lacking in substance. It could well be replaced by anything about the same length. How about 'A woodman at work, alone in the mountain,' 'A nobleman at Palace, amid royal company,' or 'A bureaucrat on the ground, never allowed above stairs'?" To which those who took sides with the right counterattacked, "That's the point. When face to face with the sea, mountains or skies, who could ever feel particularly otherwise? Human sentiment in the middle of nature is never different from person to person. But then again, of all the places, things are different high up in the palace, where noblemen with conspicuous names contrive to do only God knows what." Everyone present burst into laughter at the joke and the mood of the company turned friendly.

さてそんな中、左側に味方する組の人が右側の歌の難点を指摘する際に、「歌の全体的な風情はまぁ悪くはない。とは言うものの、海士の釣舟（漁師の漁船）という語句は、非常に軽い。この語句の位置に置くものとしては、山の杣人（山の木こり）・雲の上人（宮中に仕える身分の高い人々）・地下の只人（清涼殿の殿上の間に昇殿を許されない官位の低い人）等々、総じて七文字のものであれば、海士の釣舟と置き換えてしまったところで、何の不都合があろうか？何でもよいことになってしまうではないか」と論じるのに対し、右側の組が反論して言うには、「いや、そのことだが、そうだからこそいいのだ。海・山・空に向かう時の人の心は、誰であれ心持ちが違うなどということがどうしてあろうか。心の動きのありようは万人すべて一緒である。…とは言うものの、宮中というのは、他の場所はともかくとして、別物であって、殿上人（清涼殿の殿上の間に昇ることを許された四位・五位・六位の蔵人）というものは、広く知れ渡ったその名だけは立派なものとして耳に入って来るけれど、その巡らす考え事のほうはどうであろう、さっぱりわからないものである（…容易には窺い知れぬ権謀術策が色々とあるものだ）」と戯れたので、人々はどっと大声で笑い、場の雰囲気は和やかなものになったのだった。

12)恋得る目、恋ふる目：Winning Love, Whining for Love

さて、ひだりのかたうどみぎのうたをなんずるに、「おほかたのこころばへはよろし。はた、あまのつりぶね、いとかろし。そこにおかむに、やまのそまびと・くものうへびと・ちげのただびと、なべてななもじなにかはくるしかるべき」とあげつらふに、みぎかたあらがひていはく、「さればこそ。うみ・やま・そらにむかひてのひとのこころ、たがふこころのなどてある。こころのゆくへはおなじこと。はた、くものうへはいづくはあれどべちのことにて、てんじゃうびと、かくれなきなこそめでたくきこゆれど、こころだくみはいかなれや」とあざるれば、ひとびとわらひとよみてなごみにけり。

12)恋得る目、恋ふる目：Winning Love, Whining for Love

Someone still insisted on contradicting, "Had those waves of thoughts silently gone, it should have been unnecessary to exile him to Suma." Reasonable as it sounds, this is a shallow wisecrack, for the one on the left was senior in rank to the right, which must have enabled him to love any woman without reserve in the face of the right one; this smart aleck seems to have said one word too many in his eagerness to forcibly relate the term "Suma" to the legendary Hikaru Genji's exile (on the pretext of secretly having affairs with a mistress of someone of higher social status). All those present should have felt strange about the phrase "silently gone," for the man was reputed to have spent several years in earnest courtship, yet no one was straightforward enough to point it out. Or did they think it better to leave the point untouched to establish the song as a romantic elegy?

While supporters of each side loudly argued about this matter or that, the rivals in love didn't seem eager to contest against each other; it seemed as if they were sitting still in mutual recognition of the superb poetic performance of the other.

さらにまた、「口に出して言わずに終わりになってしまった恋愛ならば、(『源氏物語』の中で、帝の愛人の朧月夜との不義密通の結果として都落ちして須磨に流れた光源氏のように)どうして須磨に流刑になるものだろうか」などと言う者もいたが、これはこれでまたいかにも賢そうな余計な出しゃばりというもので、左側の人は右側の人よりも身分が上なのだから、遠慮すべき理由など全然ないというのに、これは「須磨」という名を源氏の君に無理矢理関係付けて利口ぶった人が口にした無用な言葉であるようだ。「この左側の人が、何年もの間、例の女性に求愛してきたその有り様は並一通りではなかっただろうに、恋愛感情を口に出さずに失恋する、とはいかがなものか」などと、その場に居合わせた人々は全員思ったであろうが、遠慮して一言も口に出したりしない。或いは、しみじみとした哀感を漂わせるべき恋の歌としては、そのままにしておくのがよさそうだと思ったのであろうか。

このように味方の人達がめいめいあれこれと言い争いながら騒いでいる間、恋敵どうしの彼らの間には張り合う様子はそれほどなく、お互いに相手がとても立派な歌を詠まれたものだと評価しつつ、晴れがましい気分で並んで座っている様子に見える。

12)恋得る目、恋ふる目：Winning Love, Whining for Love

なほ、「いはでやみにこひならば、すまにながるるみやはある」などいふもあれど、これはたさかしらにて、ひだりのひとはみぎのひとよりじやうずにて、つつむすぢしもなきものを、こはげんじのきみにことさらによそへてさかしだてるひとのいたづらごとなめり。「このひとのとしごろひよりけむことひとかたならさらむに、いはでちる、とはいかなれや」などみなひとおもひけむも、ところをおきてはたいはず。あるは、あはれなるべきこひのうたとてはさてありぬべしとやおもひけむ。かうてかたうどたちとかくあらがひつつののしるあひだ、こひのかたきどちはあらそふけしきいとしもなく、かたみにはづかしきうたよまれたりとゆるしつつおもだたしうぞゐなみためる。

12) 恋得る目、恋ふる目：Winning Love, Whining for Love

The judge of the competition soberly noted in his review: "Each side, though not without shortcomings, left not much room for criticism. They sang excellently, both of them. While not substantially superior or inferior, as the poem on the right was not necessarily seaside-specific, the winner of the contest should be the poet on the left." There was not a speck of grudge on the face of the right; little air of honor radiated from the left.

Now, although I have no intention of consciously contesting the judgement thus made or trying to take sides with this side or that, if I had my say, it should be noted that, while the basic attitude of the poem on the right is the extrovert perspective which turns one's eye from here to there, the left one is introvert trying to draw attention from there to here; their emotional outlooks are totally opposite. Though I don't mean to say which is the better, since it is one of the effects of love to leave behind one's narrow confines and see a world more wide and generous, it should be self-evident which of the two songs was born of a poet who was successful in winning love.

判者(作品の優劣を判定する審判員)が、生真面目にその歌の批評の中で言うことには、「左の歌も右の歌も、欠点がないとは言わないが、あれこれと言うほどのことではなく、感動的に詠んでいる。同じことならば、右側は格別に海辺から眺める海の歌には限定されないことに鑑みて、左側を勝ちとするべきである」ということであった。右側の人には不満そうな素振りはまるでなく、左側の人にも光栄そうな様子はあまりなかった。

こうして行なわれた判定にわざわざ逆らうわけでも、どちらか一方に肩入れするというわけでもないけれど、強いて言うならば、右側の歌の性質は、こちら側からあちら側へと視線を遠くに広げて向けるものであるのに対し、左側のそれは、離れたあちら側からこちら側へと視線を向けさせようとする歌を詠んでいて、その眼差しは逆である。どちらが優れているというわけではないけれど、狭い境地を脱して広い世界を知るのも恋愛の効用なのだから、恋心の成就した詠み人の歌がどちらであるかは、自然と明白であるはずだ。

12)恋得る目、恋ふる目：Winning Love, Whining for Love

はんじや、まめまめしくそのはんしにいはく、「さう、とがなしとはせざるも、とかういふかぎりにあらず、あはれによめり。ことならば、みぎはわきてうらよりながむるうみのうたとはかぎらざるによりて、ひだりをかちとすべし」とぞ。みぎのひと、ゑんずるいろつやつやなく、ひだりのひと、はえばえしきけはひさしもなかりけり。

かくてありけるはんにふりはへあらそふにも、いづれかたひくにもあらねども、しひていはば、みぎのうたのこころばせ、こなたよりかなたをみやるものなるに、ひだりのはかなたよりこなたをみておこさむずるものにて、そのまみさかさまなり。いづれぞまされるとにはあらねど、せばきをいてひろきをしるもこひのかひなれば、おもひとげたるよみびとのうたのいづれかは、おのづからあきらかなるべし。

12) 恋得る目、恋ふる目：Winning Love, Whining for Love

The world as seen in the eyes of a weeper reflects back his whining heart. Complaining about the heartless world with a frown, seeking emotional outlet in pensively looking afar or rhyming out one's moods — these are the direction of the heart unsuitable for the action of loving people or things the way they are; though poets love them, they are irrelevant to real love affairs and are lacking in amorous contents. It stands to reason that the one who sang a poem like that should have ended up broken-hearted. Or should I say a song like that should only come out as a result of unrequited love? Anyway, love might as well be won as lost, a woman should be more attractive beside you in the flesh than inside your dewy dreams. Tasteful as it sounds when decorated in a song, unrewarded love is not so welcome.

涙で濡れた袖を絞りながら見る世の中は、自分の内心を投影するものである。恨めしそうな顔つきで薄情な世間や冷淡な異性に溜息ついて、不快な気分を追いやるための気晴らしとして物思いに耽って過ごすのは、人や物事をそのあるがままの姿で見守って愛おしいと思う境地には似付かわしくない見苦しい欠点のある心の向け方であって、和歌を詠む人はこれを深く愛するけれども、この心持ちは恋愛には無縁であり、恋情として劣っている。こういう歌を詠んだ人が、女性を我がものにできずに終わってしまったのは、当然と言えるであろう。或いは、虚しく終わった恋の果てにこそこういうような歌が出て来るのであろう。とにもかくにも、恋愛は成就したいもの、異性とはしっかりと甘い関係を結びたいものだ。歌は優雅に響くけれど、薄情な恋は、避けたいものである。

12)恋得る目、恋ふる目：Winning Love, Whining for Love

そでをしぼりてみるよのなかは、おのがこころをうつすもの。かこちがほにてつれもなきよをなげき、こころやりにながめすぐすは、ひと・ものさなからまもりてかなしぶににげなきかたはのこころむけにて、うたびとこれををしめども、こひによしなく、なさけおくれたり。かかるうたよみけるひとの、をんなえずなりはつるはことわりなるべし。あるは、かひなきこひぢのはてにこそこれがようなるうたのいでくらめ。とまれかくまれ、こひはえてしが、あひにしが。うたはやさしくひびけども、つれなきこひはよきにしがな。

『えしはな』
Drawn as a Flower, Left as a Leaflet
得し花

絵を描く力は夢見る力。
夢に見るほど素敵な女、
数多在るほど世は広からず。
数多描くほど増す夢力、
絵に描く女はますます綺麗、
世に在る女はいよいよ興醒め。
色恋重ね、風雅を極め、
意中の人は遠ざかる。
自分で自分の首締めながら、
醒めて付き合う相手の数が、
虚しく増えて行くにつれ、
またまた上がる腕と名を、
今日は何処で揮うのか...
極めるほどに醒めて行く、
色を好むは胡乱の業。

13) 得し花：Drawn as a Flower, Left as a Leaflet

Drawn as a Flower, Left as a Leaflet

In Japan in days gone by, there was a painter who was extraordinary (in several ways, I mean). Though not having been born to a family of painters, his talent opened up for him an artistic path; he started up his career as a servant at a noble family, when his faculty in that direction showed itself rather accidentally. For years he had spent his leisure time painting (and leaving) pictures in a casual manner, without thinking much of them himself; but the wife of the noble landlord made so much of those pictures that he painted her as a youthfully beautiful lady, at which she rejoiced beyond measure. That experience alone was not enough for him to be instantly proud of his painting skill; from then on, however, the lady took every opportunity, casual or formal, to have him paint and reward him for his works, which made this painting servant an instant fortune.

『得し花　｜　手中の花』

　昔、日本国に、優れた絵師がいた。絵画を家業とする家柄の生まれではなかったものの、画才があったためにその道に入った者で、元々は奉公人であった人が、ある貴族の家に仕えていた時に、絵画の方面の才能が思いがけず発現したのであった。数年来やることもない暇な時に特に目的もなく無造作に描いてはきたものの、たいしたこともないだろうとこれまでは思っていた絵のあれこれを、貴人の奥方がたいそう感心して誉めたので、彼女をたいそう若くみずみずしい様子に仕立てて絵に描いたところ、その喜ぶことといったら並大抵ではなかった。にわかには（なるほど、自分の絵には人を大喜びさせる力があるようだ）と誇らしく思ったわけでもなかったのだが、この件があって以後、日常的な場面・晴れがましい場面の如何を問わず、この奥方はむやみやたらと男を呼び寄せて絵を描かせては褒美の品を与えたので、男はたちまち金持ちになってしまった。

13) 得し花：Drawn as a Flower, Left as a Leaflet

『えしはな』

いまはむかしのふさうのくにに、いみじきゑしありけり。そのみちのいへにうまれざりけるものから、のうによりてみちにいりたりけるものの、もとはとねりたりけるが、さるあてびとのいへにつかへけるをり、さるかたのざえふといでにけり。としごろつれづれとなにとなくすてかきたりつるもさしたることにもあらじとおもへりけるゑのかずかずを、きたのかたのいたくいたがりければ、いとなまめきたるさまにかきなしたるに、よろこぶことひとかたならざりけり。ふとしもさなりとおのがゑにおもひあがるにはあらざりつるも、これよりさき、け・はれわかたずすずろにめしてかかせてはれうもつあたへければ、をとこ、とみににぎはひにけり。

13) 得し花 : Drawn as a Flower, Left as a Leaflet

Such generosity of the lady might end up in quite a sum, the landlord got anxious; even without the pecuniary apprehension, this man servant was too womanishly handsome — so much so that the master suspected some stealthy reason for the profuse gift from his wife to the man. So, the master said to him, "My dear fellow, your special talent is quite hard to find among others. You have the potential to be a great master in the field. How can I employ such one for unimportant daily affairs? You could, no, should, make a name for yourself as a painter. Come on, that's the way for you to go! Well then, what you should do first and foremost is, leave this residence straightaway." With that, the landlord rewarded the servant with unparalleled gifts; his scheme was successful, for it encouraged the man into thinking... (That's it! I expected as much: my pictures have always been that much excellent. I was not unaware of that, but my circumstances put restraint on my brushes; if I paint at all, however, I'd like to spend the whole day painting to my heart's content!) He thankfully bade farewell to the master and took up painting as his earnest profession.

家の主人は、ずっとこのままでいると積もり積もって思いがけない出費になってしまうだろうと不安がり、そうでなくてさえこの奉公人の男は女性的な感じの美形だったので、妻がこの男に大いに恩恵を与えるのには、何かそうすべき事情もあるようだ（…実は妻がこの男と浮気しているとか…）と心配して、「君の得意の芸事は、本当に滅多にない素晴らしいものだ。その道の達人にも必ずやなるであろう人を、大したこともない雑用にどうして使ったりできようか。君ならきっと絵画で名を残せるだろう、いや、そうすべき人だよ君は。さあさあ、ではいざ、絵画道に入るにつけては、何よりもまずこの屋敷を出てしまうのがよいと思うよ」などと言って最高の引き出物を与えたところ、男はこの発言に強く同意して、（おお、その通り、思った通りだ、なるほどまさに私は絵描き上手だったのだよなあ、そうと知りつつ遠慮しながら描き続けてきた絵の数々だけれども、どうせ描こうとするからには、一日中描きまくって過ごしたいものだ、それでこそ私の絵画道というものだよ）と喜んでお礼と共にいとまごいをして、本格的な芸の道に入ってしまった。

13) 得し花：Drawn as a Flower, Left as a Leaflet

あるじ、ありありてあらぬれうにもつもりなむずとこころもとなく、さらでもをんなびたるかたちびとなりければ、つまのそこばうるほすはさるやうあめりとうしろめたければ、「あそんのえもの、げにありがたし。みちのあるじにもなりぬべきひとを、さらぬさふじになどつかはむ。ゑにてなをばのこしなむ。いささらば、さるままには、まづたちいでななむ」などいひて、になきろくをあたへければ、さることあり、さればよ、さぞなたくみなりけるわがゑぞや、しるしるはばかりてかきたるを、かくべくはかきくらしことはかきなむわがゑかなと、よろこびまうしていとままうしてわざとのみちにいりにけり。

13) 得し花：Drawn as a Flower, Left as a Leaflet

He painted pictures in much the same way as the mirror reflected people and things in the minutest detail. Specks on men's casual suits, luster on women's jet hair, even the soft wavy feel of clothing were vividly represented in his pictures. From the royal palace to rural places, courtly ladies with pride in their beauty to divine masters with no hair on their heads, practically everyone with the desire to have their image survive into future (and something to reward the painter with) would send for him, whose dwelling was regularly teemed with such messengers. He spent the whole day busily visiting and drawing pictures after pictures here and there, thereby making himself increasingly affluent.

Besides his artistic bents, however, as evident in the following rhyme:

　　Making love after love, and money in between,
　　Gaining profit for fun, women sought and won.
　　Live, and love — I may be a born ladies' man.

...this man was second to none in his romantic enthusiasm. Making no distinction between ripe adult women and juvenile girls, single or married notwithstanding, he would paint wonderful pictures for his prospective sweethearts; virtually no woman was immune to his picturesque trick.

　男の描く絵の趣は、人物も風物も、全部残らず完璧に描き写す鏡のようで、狩衣（平安時代の貴族の平服。元来は狩猟時の服装だが、中世以後は少し改まった公家の衣服となり、武家の礼服としても用いられた）に着いた染みも、黒髪の色つやも、衣装の柔らかな感触までも、はっきりとわかるように描いたので、高貴なる宮中から辺鄙な場所まで、自分は美しいと自惚れている女房から、剃髪した高僧に至るまで、誰であれ後世に自分自身の姿を残そうと望む人はみんな、この絵師に与えることができる褒美があれば、使いの者を派遣して、男の家の周辺はたいていざわざわと騒々しく、あちらこちらに参上して回って終日大忙しで絵を描きまくっていたこの男は、ますます一層金持ちになって行った。

　しかしながらこの男は、

　　所得も　恋の間の　戯れ種　懸想せむとや　我生まれけむ

『金儲けも、所詮は恋愛の合間の冗談のようなもの。自分という人間は、異性に恋するためにこそ生まれてきたのかなあ。』
などと歌を詠んで、恋愛に夢中になることといったら尋常一様ではない。成人した女性であろうと年端もゆかぬ少女であろうとお構いなし、独り身・人妻の区別も付けずに、思いを懸けた女に対しては、美麗に描き上げた絵を惜しみなく与えたので、およそこの男の意に従わぬ女はいなかった。

13）得し花：Drawn as a Flower, Left as a Leaflet

をとこのゑのさま、ひと・もの、ことごとくまなくうつすかがみのやうにて、かりぎぬのしみもくろかみのつやも、さうぞくのなよよかなるまでけざやかにかきければ、くものうへよりくもゐのよそまで、かたちありとおもひあがりたるにようばうから、かしらおろせるひじりまで、たれもたれものうちのよにかたちのこさばやとおもふひと、あたふべきろくあらばつかひおこして、をとこのいへのほとりおほかたかまびすしく、そこかしこまうでまはりてひねもすおほわらはとなりてかきにかきたるこのをとこ、いとどゆたかになりゆきにけり。

されどこのをとこ、
せうとくもこひのあはひのあざれぐさけさうせむとやわれうまれけむなどよみて、いろこのむことひとかたならざりけり。をうな・わらはめといはず、やもめ・ひとづまをきらはず、けさうするをんなにはうるはしくかきなせるゑをしまずえさせければ、おほよそなびかぬをんななかりけり。

13) 得し花 : Drawn as a Flower, Left as a Leaflet

The world may be full of love-hunters intent on winning women with their self-assured attainments, but when it comes to drawing women's attention, however exquisite a poem by however excellent a poet is no match for an amorous picture with a dull poem on it. Could letters on books appealing via ears to the mind be so effective as colorfully catchy pictorial affection appealing directly from heart to heart?

So, no sooner had this man caught a glimpse of a cherished young daughter of someone somewhere growing into fresh womanhood than he presented her with a poem:

Ripe is the spring, relaxed is the sun.
Crowds of clouds cuddle up to flowers.
Who but the senseless censures their sensuality?

... along with the lines he drew a picture featuring a nakedly erotic couple, thereupon inviting the girl out to the field, finding some cot to sleep with her in, and made it.

熟練の技芸をもって女をものにしようとする好色な人物は世の中に多数いるだろうが、見事な歌人がたとえいかに文章に彩を加えて自分の気持ちを表わして相手の気を引こうとしたとて、平凡な歌に色っぽい絵を描き添えたものに、どうして匹敵し得ようか？文章の体裁を取り、耳から入って、相手の精神に訴えようとするよりも、色彩豊かに思いを表わし、相手をはっとさせて注意を引いて、こちらの恋情を伝えるほうが、勝っているであろう。

こうして、この男は、あちらの人が大切に養育している娘で若くみずみずしい子を垣根越しに覗き見るや否やたちまち、

　　春を深み　日も伸びらかに　転び合ふ　花に群雲　えやは恥づべき

『春も深まり、日も伸びて、ゆったりくつろいだ気分になります。こんな陽気の中だもの、ころころ転がって覆いかぶさるように花に擦り寄り、添い寝する雲があったとて、それはごく自然なこと。どうして人目をはばかる必要があるでしょうか？』

とかいう歌を書き記して、露骨に親密な恋人の男女の絵を描き添えて贈ると、あっという間にこの娘を野原に誘い出してはそのまま粗末な小屋に連れ込んで共寝してしまった。

13) 得し花 : Drawn as a Flower, Left as a Leaflet

えたるわざもてをんなえむずるすきものはよにあまたあらめど、はづかしきうたよみのいかにふみをいろへてけしきばむとても、なのめなるうたにいろめかしきゑかきそへたるにいかでむかはめや。しかじ、ふみにあらはれみみよりいりてこころにうたへむことの、いろにいでめをおどろかしあはれしらしめむには。

かくてこのをとこ、かしこのひとのかしづきたるむすめのなまめきたるをかいまみるほどこそあれ、はるをふかみひものびらかにまろびあふはなにむらくもえやははづべきなるうたしたため、あらはにむつましきいもせのゑかきそへてやれば、たちまちのべにいざなひてやがてとまやにゐてねにけり。

13) 得し花：Drawn as a Flower, Left as a Leaflet

At someone's house supposedly auspicious (according to Onmyoudou) to stay on the eve of his departure to some other sinister destination, the sight of a youngish wife of the host would prompt him into singing:

Why should I miss the cherry-pink coat?
Underneath the limbs are rich green leaves.
A robe is a feast to the eye; a rosebud to the flesh.

And he incorporated the contents of the song into a sensual kind of picture; the next morning, he started out from the house wearing a woman's underwear beneath his clothes.

Was it that he didn't fear divine wrath, occasion or opinion had no influence on his love affairs; he didn't feel very anxious about going in religiously sinister directions Onmyoudou warned him against, if there happened to be waiting a woman he loved to meet; there was even a rumor about him visiting a woman shutting herself up in a house with an explicit signboard against any social contact for religious reason.

方違へ（外出時に災いをもたらすとされる方角を避けるため、前夜、別の方角の家に泊まり、翌日、そこから方角を変えて目的地に向かった。その家ではもてなしをするのが習慣であった）でもてなしをさせている最中の家の奥方で、若い女のように相手の気を引く色っぽい振る舞いをしているように見える者がいれば、

　　花衣　敢へて惜しまぬ　下つ枝の　撓に秘めぬる　若葉ゆかしも

『晴れ着のような美しい桜の花が散ってしまったとて全然残念とは思いません。花の衣を脱いだ木の下の方の枝にはきっと、たわわに実る若々しい緑葉が隠されているはずだから。そんな若葉を目にする期待に胸がときめくように、あなたの着飾ったその衣裳の下に隠されているであろう若々しい豊満な肢体を、拝みたいものですねえ。』

というような歌の風情を好色っぽい絵に描いて贈っては、翌日には直垂（もとは庶民の服。後には公家・武家も用い、室町以後は武家の礼服となった）の下には女の袙（女性が汗衫[かざみ]の下に着た下着）を着込んで出立してしまった。

　神仏をも畏れなかったのであろうか、恋愛をするのに他人の批判をおもんばかることもせず（別解釈：時機を選ばず）、方塞がり（陰陽道で、縁起が悪いためにその方角には行けない状態）になっている前方にでも、お気に入りの女がいれば、大して不吉にも感じずに会いに行き、物忌みの札（陰陽道に基づき一定期間家に閉じこもっていることを示す標識）を下げた家に心身を清めてじっととどまっている女さえ訪問したとの噂もある。

13) 得し花：Drawn as a Flower, Left as a Leaflet

かたがへのあるじまうけさせたるいへのめのなまめきてみゆるあらば、はなごろもあへてをしまぬしもつえのたわにひめぬるわかばゆかしもなるうたのこころばへみだりがはしくゑにかきやりて、あしたにはひたたれのしたにをんなのあこめおびてたちにけり。しんぶつをもおぢざりけるにや、けさうずるにきげんをはからず、かたふたがりたるさきにもこころにかけたるをんなあらば、さしもものしくおぼえでたづねみて、ものいみのふだつけたるいへにいみてゐるをんなまでおとなひけるのきこえもあり。

13) 得し花：Drawn as a Flower, Left as a Leaflet

　Time was when he cherished amorous feelings for a noble lady whose husband had just passed away. He and the couple had been on friendly terms for years, and their residence was full of the pictures he painted at the request of the late husband. The widow wanted to get rid of them as sorrowful reminders of bygone days, but the man warned her against it saying, "The departure to the other side of the world has been predestined beyond our outcry. The one who's gone can no longer draw any picture, any attention. The precious relic to recollect him by should remain in your collection, never to be deserted." He went even so far as to disguise himself in rags towards the impatiently awaited evening to pay an intimate night call on the fresh widow in mourning at her bedroom, where she should be wetting her pillow in restless solitude. Her heart stood still at the weird feel of something creeping up, whose fright found expression in a mutter "Who's this?" to which the man in disguise answered with a song:

　いつの頃だったか、亡夫に死に後れた貴人の奥方にこの絵師の男が恋したことがあった。何年もの間親密に慣れ親しんできた人の家なので、死んでしまった主人が描かせた絵も多かった。女は、昔のことを思い出すことになるのも辛かったので、絵を捨てようとしたところ、男は「死出の旅路は前世からの宿命なので、どうしようもない。亡くなってしまった人では、今となってはもはや絵も描けまい（別解釈：死んだ人のことは、今さら気に懸けるべきではない）。折角故人を思い出せるきっかけになるものを、決して壊したり取り払ったりしてはいけません」と忠告しては、さらにまた、首を長くして夜を待ち、落ち着かぬ心持ちで涙に枕を浮かしているであろう女と共寝してしまおうと思って、亡夫の死後の法要も未だ終わらずに喪服を着て座っているこの女の寝室に、目立たぬよう身なりを変えてこっそり移動して行った。不気味な気配がして不意に胸がどきどきと不安に高鳴った女が「そこにいるのは誰？」と小声で言うのに対して、

13）得し花：Drawn as a Flower, Left as a Leaflet

いつぞやはかなくなりけるあるじにおくれつるきたのかたにけさうずることありけり。としごろむつましくおもなれたるひとのいへなりければ、むなしくなりつるあるじのかかせたるゑもおほかりけり。をんな、むかしおぼえむもやさしければ、すてむとするに、「かぎりあるみちはすくせなればいかがはせむ。ともかくもなりつるひとは、いまさらにゑもかくまじ。おもひいづべきあらよすがをゆめこほちたまひそ」といさめては、さらに、くるるやおそきとよさりつかた、しづごころなくまくらうきぬべきをんなとまくらかはしぬべく、のちのこともはてずあらはしごろもきてゐたるねやにやつしてしのびわたれり。むくつけなきけはひにきとむねつぶれて「こはたそ」とうちつぶやけるをんなに、

13) 得し花：Drawn as a Flower, Left as a Leaflet

A room of melancholy full of old familiar pictures.
How else should it look if someone praised it so?
How do you feel if someone deserts you not?

... and he raised the curtain as he sang it. The lady who felt so suspicious as to be doubtful who she herself was, terrified as if she had been assaulted by some evil spirit, fell unconscious then and there. He turned a little cold at the scene, but uneventful departure would leave too much to be desired; he shook her back to consciousness; when she came to herself, however, the painter's disguise misled her into recognizing him as some goblin, the ghostly image of the late husband returning from the other side of the grave − the distorted reality painted by guilty conscience horrified her so much that she shouted out, "Horror! Horror! I plead with you to kindly go to Heaven!"

憂しとこそ　見つる（憂し床ぞ　満つる）誼（好しみ）の　絵も然らで（えも避らで／えも去らで）　てふ人（訪ふ人／問ふ人）あらば　如何見ゆべき

『嫌なものだと見ていたあの人にまつわる絵（別解釈：親しく交わったこの私の描いた絵）も、そうではないよ、良い絵だよ、と言う人がいれば、どんな風に見えるだろうか。絵より他に共寝してくれるものもなくて憂鬱に感じていたこの部屋も、貴女のことをどうにも避けられずに訪ねてくる人がいたら、どう感じるだろうか。貴女の元を去り難い事情があって、あれこれ物を尋ねてくる人がいたら、どう感じるだろうか。』

と歌を詠みかけながら格子を上にさしあげたところ、心細くて自分自身が誰なのかもわからぬほどに茫然としていた女は、恐ろしい妖怪変化の類に襲われる夢を見てうなされるような気分に陥り、たちまち気絶してしまった。男は少々白けてしまったが、気絶した女を残してこのまま退散するのも物足りなかったので、強引に女の目を覚まさせたところ、息を吹き返した途端、男の変装した姿が異様だったので、絵師の男とは思わずに、これは死霊のようだ、死んだ大殿があの世への道から帰って来てしまったものらしいと、物事全てが疑わしく思われる不安な心理のために事実とは異なる様子に見間違いをして、ああ恐ろしい、どうぞ往生（この世を去って仏のいるあの世の極楽浄土に生まれ変わること／死ぬこと／あきらめること）してくださいませ、と大声を出して騒いだので、

13) 得し花 : Drawn as a Flower, Left as a Leaflet

うしとこそみつるよしみのゑもさらでとふひとあらばいかがみゆべきといひかけつつみかうしまゐれば、おぼつかなくてあれかのここちのをんな、ものにおそはるるここちに、すなはちたえいりにけり。をとこ、ややさめたれど、やがてまかでむもこころもとなきほどに、おしておどろかしつるこのをんな、いきいづるすなはち、やつれすがたのあやしきに、ゑしのをとことはおもはで、こはもののけごさんなれ、あさましくなりしおとどのよみぢよりかへりきつめりと、こころのおににあらぬさまにひがめして、やれおそろしや、わうじやうとげたうべとののしりさわげば、

13) 得し花：Drawn as a Flower, Left as a Leaflet

He tried to calm her down in vain; hearing people in the house coming up to this scene of fiasco, he went off the stage helter-skelter... into the miniature waterway in the garden, out of water for dear life, coming back home almost on all fours, and came back to life to sit still and ponder: Wow! What an ending... a typical laughingstock, that's what it is. Leave it as it is, and I won't know where and how to live! So, the man devised another scheme:

　I'll paint my way through every calendar day.
　Intimate ties on the way at the end of the day
　Colorfully pave the way by my brush and pen.
　— Picturesquely gone I was... Beautifully go I will... at least in pictures:

男は「しっ、しっ、静かに！」と制止したのだけれども効き目はなくて、屋敷の中の人々が寄って来る気配がしたので、前後も顧みず大慌てですっ飛んで逃げて、遣り水（寝殿造りなどで、庭園に水を引き入れて流れるようにしたもの）に落っこちて、やっとのことで這い出して、ほうほうの体で自分の家に帰って来てようやく正気に返ると、いやまったく、風情もない幕切れとなってしまったなあ、これでは全くもって世間での評判も悪いというものだろう、このまま放っておいたのでは、何の面目あってこの世に生きていられようか、と工夫をめぐらしたこの男は、

　絵と添ひて（干支添へて）　我直行かむ　道行きの　絆す縁も（絵にしも）　懸かる（斯かる）（描かるる）ものかは

『絵画に寄り添い、私は絵師の道を行きましょう。芸の道の途上で出会った女性との縁ごときに、この道を究めんとする私がどうして熱を上げたりするものですか。』

　あるいはまた：

『貴女に贈った様々な絵の最後に、干支の絵を付け加えて、私はひたすら我が道を行きましょう・・・と言いつつも行き去り難い気にさせる貴女との縁ではあるのですが・・・そんな後ろ髪引かれる思いさえも、何とまあ見事に絵に描けてしまうのだから、私の絵心も呆れたものではありませんか。（別解釈：断ち切り難く思っていた貴女との縁も、なんとまぁこの程度のものだったとは意外ではありませんか。）（別解釈：貴女と私の断ち難い心情的なつながりが、この程度のものだなんてことが、あるでしょうか？そんな筈はないと思う私なのですが・・・）』

　絵師としての我が人生の去り際は、何とか見事に消えたいものです。
　あるいはまた：
　このあいだの夜の私は、貴女の前から何とも見事に（無様に）消えてしまったものでしたねえ。
　・・・が、せめて絵だけは、残しておきましょう。
　あるいはまた：
　・・・せめて絵だけは、格好良く決めましょう。

13) 得し花：Drawn as a Flower, Left as a Leaflet

あなかまととどむれどもかひなくて、ひとびとよりくるけはひにさうなくとびのきて、やりみづにおちいりてけうにしてはひいでて、はふはふかへりきたりてやうやうひととなれば、やれ、なさけなくもはてにけるかな、これはいかにもひとぎきわろからむ、さておきて、なんのおもてありてかよにあらましとたばかりたりけるこのをとこ、ゑとそひてわれひたゆかむみちゆきのほだすえにしもかかるものかはうつくしうこそきえにしか。ゑだにも

13) 得し花：Drawn as a Flower, Left as a Leaflet

... That's what he wrote on a letter, along with which he sent her house a barrel of sake as the new year's gift, on which was also a poem which ran thus:

　So sorry to have gone without saying good-by to you.
　Cry your heart out over this farewell gift of sake.

... hidden in the message were the twelve zodiac signs of Chinese astrology: SARU(monkey)tonakuI(boar)/INU(dog)ruMI(snake)moU(rabbit)/USHI(bull)TATSU(dragon)TORI(bird)noTORA(tiger)suUMA(horse)sakeHITSU(sheep)ru sodenoNE(mouse), all of which animals he incorporated into a picture on the sake barrel. The widow felt shockingly surprised at the message, for she gradually realized that the ghastly figure on that terrible night the year before was this painter, not her late husband. Thus sizing up the situation, both parties restored their respective peace of mind, but the woman was nevertheless suffering from the pangs of conscience, which made the man look repulsive in her eyes; she lost no time in having her head shaved to renounce the world and become a nun. The only thing left behind in the secular world was the barrel with pictures nicknamed "a barrel with barren ties" − a deplorable consequence in retrospect.

という手紙を添えて、御酒（神や貴人に捧げる神聖な酒）の樽に、
　去ると無く　往ぬる身も憂し（見まうし）　立つ鳥の　取らす旨酒　漬つる袖の音
　さる（申）となく　ゐ（亥）／いぬ（戌）るみ（巳）もう（卯）／うし（丑）　たつ（辰）とり（酉）の　とら（寅）すうま（午）酒　ひつ（羊）る　そでのね（子）

『きちんとさよならを言うこともなくあんな形で貴女の元を去ってしまい、私は辛いのです（別解釈：貴女に合わす顔もありません）。去り行く私からの贈り物のこの酒に、貴女の袖が濡れるのは、お酒がこぼれたせいでしょうか、袖に隠れてすすり泣く貴女の涙のせいでしょうか。』

と、干支を全部読み込んだ滑稽な歌を作って絵の形にしつらえて、翌年の初めに女の家に贈ってやったところ、女は「ああ呆れたことだわ、ということは、去年の例の夜の不気味な人影は、死んだ大殿ではなくてこの絵師だったのだわ」とようやく気付いたのであった。こうして当人どうし得心して心が落ち着いたものの、女は、考えてみるとやはり気が咎めて、良心の呵責にかられてこの男を疎ましい存在と思い込んでしまい、すぐに髪を剃って仏門に入ってしまったのであった。例の干支を描き添えた御酒の樽だけが「絵に描きたる（干支を絵に描きこんだ樽）／縁欠きの樽（縁を断たれた男女の樽）」として俗世に残っていたのも、考えてみれば嘆かわしい成り行きであった。

13) 得し花：Drawn as a Flower, Left as a Leaflet

なるふみそへて、みきのたるに、

さるとなくいぬるみもうしたつとりのとらすうまさけひつるそでのね

と、えとことごとくよみこめるをかしきうたつくりてゑにかきなして、かへるとしのはじめにをん

なのいへにおくりてやりければ、あさましう、さては、こぞのかのよのあやしきかげは、いたづらに

なりしおとどならで、このゑしなりけりとやうやうおどろきにけり。かくおのがどちこころえて

おちゐりたるも、をんな、さすがにうしろめたなくて、こころのおににこのをとこをけうとくもお

もひなして、やがてかざりをおろしてけり。かのえとかきそへたるみきたるひとつ、「えにかきのた

る」とてよにのこりたりけるも、おもへばあさましきしだいなりけり。

13) 得し花 : Drawn as a Flower, Left as a Leaflet

Such an event should have taught one a lesson never to be forgotten; in fact, the fact that the pictures alone remained in the world the lady herself had left behind must have come home to them as something exquisitely lonesome beyond expression, beautiful women felt attracted to the painting man in ever increasing number, and the man, apparently unaffected by the fiasco, got all the more enthusiastic about pursuing women, love and pleasure (sensual and artistic). What should I say but there is no accounting for the custom, nature or fate of those bent on following the path of romantic art?

There was nothing to compare with this man's intensity before conquering a woman of his choice; pictures dedicated were peerlessly wonderful, the way he sang out the accompanying poems was more than dramatic. But he was also in the habit of suddenly growing uncomfortable, unwilling and utterly uninterested, at the sight of a woman coming to take things for granted once he and she had carnal knowledge of each other. "It's good endearing you to me; no good enduring you or me" was the pet phrase of this flirt, for whom anyone, anything accustomed enough was too boring to love or too much to live with.

こんな事件があれば、色恋沙汰はもうとことん懲り懲りだ、とでもなって当然だろうに、例の女性は俗世を去って出家して絵だけが後に残っているという状況が、かえって逆にしみじみと物寂しく儚い風情があるとでも感じられてしまったのであろう、美しい女性達が今までにもまして寄って来て、性懲りもなく色事・風流の方面に志すひたむきな心がますます盛んになったというのは、いやはやなんとも、恋愛・風雅を好む連中の持って生まれた性分・宿命・習慣というものは、呆れるというか何というか、何とも言いようがない。

この男は、男女関係を結ぶまでは無類の生真面目さで、たぐいまれな絵を描き添えて和歌を詠んで捧げる様子はたいそう仰々しいのに、肉体関係を持ってしまって後に女がだんだんと馴れ馴れしくなって行く様子を見ると、突然不愉快で面倒くさくなって興味が失せ果ててしまい、「関係を結ぶのは素晴らしいことだが、我慢して関係を持ち続けるのは感心しないことだ」などと言っては、ただ居ることに慣れてしまうのを嫌って、女のもとに通うこともなくなってゆく、気持ちの変わりやすい浮気者だったのである。

13）得し花：Drawn as a Flower, Left as a Leaflet

かかることあらばこりともこりぬべきを、ひとのよをはなれゐのみのこれるしもしのにこころぼそくもおもはれぬめり、うるはしきをんなどもいとどよりつきて、こりずまにいろにおもむくひたぶるごころすさびけるは、いかに、いろこのみたるものどものさがあさましともいふばかりなし。このをとこ、あひみるまではよににずまめまめしく、よになきゑかきそへてうたよみささぐるさまけしうこちたきに、あひみてのちのをんなのおもなれゆくさまみれば、たちまちうたてよだけくあれはてて、あふはよけれどあふるはわろしなどて、ありならふをにくみてすまずなりゆくあだびとなりけり。

13) 得し花：Drawn as a Flower, Left as a Leaflet

Good-by is the spice to the next delicious rendezvous.
The less we meet, honey, the more we want to meet again.

Why should I stand being tied-up for ever more?
When I know the joy of missing you in the morn?

Tonight's rapture might be tomorrow's rupture.
No matter what, let time take care of our affair.

…These were the songs he jokingly sent off to women already in his hands –
without any pictures, of course.

　然れば（去れば）こそ　又の逢瀬ぞ　あはれなれ　多からぬこそ　おほけなからむ
『別れが悲しいとあなたは言うが、なればこそ、次の逢い引きがしみじみと心惹かれるというものです。あまり頻繁に会い過ぎないからこそ、身に余るほどの有り難みを感じるのでしょうよ。』

　相結び　堪へて（絶えて）開かずに　過ぐすより　飽かぬ別れを　強ひて重ねむ
『結婚の約束を交わして結ばれ合って我慢しながらべったり離れることなく暮らしたり、時を置かずにのべつまくなし逢い引きを重ねたりするよりも、名残惜しさが尽きぬ切ない別れを、無理してでも重ねるような関係でいましょうよ。』

　良かりとも　明日の行方は　露知らず　良かれ（夜離れ）悪しかれ　時の随に
『今宵の愛の営みがたとえいかに良かったとしても、明日の成り行きはまるでわからぬものです。愛情が冷めて共にもう夜を過ごせなくなってしまうのはとても嫌なことですが、まぁ、良くも悪くも、恋愛の成り行きは、時の流れのままに任せて漂うしかないですからねぇ。』

など、詠んで送った薄情な冗談めいた歌には、無論、描き添えた絵の一つすらもないのだった。

13) 得し花：Drawn as a Flower, Left as a Leaflet

さればこそまたのあふせぞあはれなれおほからぬこそおほけなからむ

あひむすびたへてあかずにすぐすよりあかぬわかれをしひてかさねむ

よかりともあすのゆくへはつゆしらずよかれあしかれときのまにまに

など、よみてやりけるつれなきされうたには、ろなう、そへたるゑのひとつだになかりけり。

13) 得し花 : Drawn as a Flower, Left as a Leaflet

　Although all the pictures this painter created have already gone, a song especially characteristic of his nature survived into future:
　　A flower attractive on the branch of a tree
　　Fail me in my hand as a bland inanimate toy.
　　Fragrant mystique I felt before I drew…
　　Fatal mistake, that I drew it at all?
　　'Twixt me and a flower there is no tie;
　　Love her on the branch, or let her die.
　This song may sound disgusting to some, but seems sincere to his real nature. How can a master of art intent on pursuing beauty to the extremity of or even *beyond* reality ever be satisfied with anyone belonging to the ordinary world?

　この絵師の描いた絵は全て消失してしまったけれども、特にこの人に似つかわしい和歌が後世まで残った。

　　枝に（絵に／縁）あらば　こよなからむに　得し（絵師）花の　何ぞや斯くまで（描くまで）　つれもなきかな

『枝の上に咲いていればその美しさも格別だろうに、手元に折り取ってしまった花は、何でこんなにも殺風景なのだろうか？絵の上に描かれていれば格別だろうに、生身の存在として我がものにしてしまった花のような美女の、なんでこんなにも味気ないことか･･･この絵師にとって、花の謎めいた美しさは絵に描くまでの束の間の幻･･･それを過ぎれば何とも冷ややかなものなのである。』

　あるいはまた：

『本物の縁があれば、私への思いも格別な筈だろうに、我がものにしてしまった花のような女性が、何でこんなにも私に対して冷淡なのだろうか？』

　腹立たしい歌ではあるが、いかにもこの絵師の本心はそうであるに違いない。素のままの生活の様態ではないような（別解釈：正気の沙汰とは思えぬほどの）華やかで深みのある妖艶なる美を極めようとするその道の達人にとっては、生身の人間相手に満足することなど、どうしてあり得ようか。

13）得し花：Drawn as a Flower, Left as a Leaflet

このゑしのかきけるゑはすでにうせにたれども、すぐれてつきづきしきうたなむのちのよまでものこりにける。

えにあらばこよなからむにえしはなのなぞやかくまでつれもなきかな

うれたきうたなれど、さもありぬべし。うつしざまにもあらぬえんきはめむずるみちのあるじには、うつつのひとのいかでかほいあるべき。

『ふさうがたり(Fusau Tales)扶桑語り』

『やどりゑ』
Haunting Image
宿り絵

人生はかなし、芸術に墓なし。
・・・斯くもゆゆしき心理なし。
人は永久には生きられぬ、古典は永遠に死にはせぬ:
だから、久遠の命を得んと、芸術極める生き様は、
実は、外道の離れ業。生きて死んでる非人生。
不朽の名作世に出したなら、我が身朽ちても悔いなしと、
生活削って芸術三昧、人生軽んじ、作品重んじ、
我が身死すとも我が作死なず、と、
あの世見つめて生きる者は、この世の人の異邦人。
我が人生は芸のため・・・他の人生は、何のため？
普通の人には生活のため；大事な人や物のため。
芸術家にはそうじゃない；この世の全ては芸のため。
愛して捨てて死なれても、絵に描き残せば、相手は不滅。
不滅の生命を与えた相手、たとえ死んでも悼みはしない。
死んでる人でも構いはしない、存在せずとも構いはしない、
作品世界に結実すれば、そこから始まる生命もある。
死を乗り越える不滅の魔法を、芸術世界に求める者は、
この世とあの世の境界線を、消し去ることで不死を得る;
この世にあるべき生身の営み、同時に消してしまうけど・・・
死後もなお世に生きたい者は、生前、既に、死んでいる。
芸を通して生きる者に、生身の人生は、実は、ない。
それを覚悟で貫く者に、宿る絵こそが、永遠の花。

新出古語：ABC=62/1500〈4.1%〉 A=12/450〈2.7%〉 B=20/500〈4%〉 C=30/550〈5.5%〉
未履修古語：ABC=328〈21.9%〉 A=63〈14%〉 B=109〈21.8%〉 C=156〈28.4%〉
http://fusau.com/←古歌・古語・古文全般　　大学入試→http://fusaugatari.com/

Haunting Image

Let me take you back in time to Japan in days gone by, where a painter notoriously amorous as well as fickle, who has never frequented the same woman's bedroom after having carnal knowledge of her, has been paying unusually regular visits to the same place recently — a place inhabited solely by women — a mansion a woman was left by her former husband (allegedly divorced not so long ago, whose name was something like Sir So-And-So... a noble one at least... that's about the size of the story he heard), where the woman in question dwells with her younger sister. These sisters are beautiful, both of them — the elder's voluptuous appeal should put peony to the extremity of blush, while the younger's charm is falteringly inviting like wisteria — of whom the man is being captivated by the elder in a chain of carnal bondage. Is it that she is still uncertain of his infamous whims:

> By the time this whispering intercourse overnight
> Fades out as dewdrops into lethe in the daylight,
> I wonder where my moon wanders off without me,
> Faint beam of hope for his grace deserts me.

grieves the woman, whom he greets with:

『宿り絵　｜　人に宿る絵』

　今は、昔の日本である。恋愛の情趣や風雅に通じた人として有名な際立って秀れた（別解釈：風変わりな）絵師がいて、浮気者なので、肉体関係を持った後は同じ女のところに度重ねて通うこともなかったのだが、先頃から、いつもと違って同じ場所に通い続けている。女ばかりが住んでいる場所で、そう遠くない昔に離別したとかいう人で「なんたらかんたら朝臣（五位以上の官位の人の名に付ける敬称）」とかいうような御大臣様が下さったという貴人の邸宅に、妹と一緒に暮らしている。姉には牡丹の花のような艶やかで官能的な美がある一方で、妹は揺れ動く藤の趣、両方とも美人だけれども、男は年長の女のほうと男女関係を結んでいる。変わりやすい男の心が気がかりなのか、

　暁の　露の託言の　乾る間（昼間）には　空に揺蕩ふ　蔭の付き無し（影の月無し）

『夜明け前の薄暗い時分までの儚い命である露の如く、儚い契りを結んだ私と貴方ですが、別れを惜しんで涙に濡れる私の袖が乾く頃には、昼間の空にぼんやりとした月影の漂うことがないように、上の空で当てにならない揺れ動く貴方の私への恩恵も、頼りなく取り付くしまもないもの。』

と女が嘆息すると、

14) 宿り絵：Haunting Image

『やどりゑ』

いまはむかしのふさうのくに。いろごのみとてよにきこゆるけやけきゑし、あだびとなれば、あひみてのちはおなじきをんなのもとにしげくかよふことなかりけるに、さいつころより、れいならずひとつところにかよひわたれり。をんなどころにて、なかごろはなれけむひとのなにがしくれがしあそんなどいふやうなるおとどのたまひけるなるたちに、おとうとどもくらしをり。あねはぼたんのえんあれば、おとはたゆたふふぢのはな、いづれもかたちびとなれど、をとこ、このかみのをんなとちぎれり。あだしきこころおぼめかしきにや、

あかつきのつゆのかごとのひるまにはそらにたゆたふかげのつきなし

となげけば、

14) 宿り絵 : Haunting Image

Our nightly ties so deep into the morn,

Why mourn, I won't forget you all day.

To his sheer dissatisfaction, however, their love affairs will end up in anticlimax before dawn, when she slowly slides off the scene on her knees, without so much as respectively ruefully shrouding themselves back into daily clothes, into separate daily lives.

Whenever he goes there, he will depart towards the evening on foot without ever riding a carriage, and come back at daybreak, leaving no hint what corner of the world he has been to for the night. But this man has been gradually ailing day by day, growing less and less enthusiastic at his daily business of painting... to the suspicion of a certain woman — once beloved of this capricious man — who employs one of her servants for investigating the situation. Starting at night and walking towards the mountains, (... to what cottage of a lumberjack or rustic?...) leaving behind the wondering trailer, the man disappears into an unexpectedly venerable residence; on confirming this consequence, the private eye breaks off his search to come back home.

斯く深く　結ぶ縁の　夜もすがら　四方(夜も)白むとも　よもや忘れじ

『こんなにも深く夜通し結ばれた私達の縁なのですよ、朝になって周囲が白々と明けたとて、まさか忘れるものですか。』

と男は返歌をするが、女は夜明けを待たずにおもむろに膝をついたまますーっと去って姿を隠してしまい、共寝した男女が名残惜しげに翌朝各々の着物を着て去って行く「後朝」の場面もまるでないのが、男にとってははなはだ物足りない。

　その場所に行くのに、男は、夜になる頃、輿(肩に担ぎ上げたり手で腰のあたりに支えたりして運ぶ貴人用の乗り物)を使うこともせずに自分の足で歩いて参上して、ほのぼのと夜が明ける頃に退出するので、どんな人目に付かぬ片田舎に行っているのかも誰一人知らない。しかし、この男が日増しに朝寝坊で体もだるくなってきて、絵描きの仕事も怠るようになって行くのを、この男のかつての愛人が不審がって、召使いを使って調べさせたのだった。夜中に出立して、山の辺りを目指して歩いて行くのを、どんな木こりあるいは田舎者の住む粗末な家に行くのだろうかと不審がっていたのだが、意外にも由緒ありげな貴人の邸宅に入ってしまったので、これを見届けてそのまま帰って来たのだった。

14)宿り絵：Haunting Image

かくふかくむすぶよすがのよもすがらよもしらむともよもやわすれじ

とかへすも、よのあくるをまたでやをらゐさりかくれてきぬぎぬのをりもたえてなきこそいかにもくちをしけれ。

そこにわたるに、よさりこしもつかはでかちよりまかりて、あさぼらけにまかづれば、いかなるくまにまゐれるかともひとしれず。されど、このをとこのひにけにいぎたなくなやましくなりゆきて、ゑかきのわざもたゆみもていくを、むかしのうたかたびとのいぶかしがりて、ひとをしてたづねさせぬ。よはにたち、やまべをさしてかちからゆくを、いかなるそま・えびすのやまがつにやものすらむとあやしべるに、あさましくゆゑゆゑしきたちにいりにければ、これをみおきてやがてかへりきたり。

14) 宿り絵：Haunting Image

The next day, however, when this investigator comes back with his woman master to search the vicinity for the noble mansion in question, what did they find but a shabby, ancient nunnery?! "How scandalous! Is the man having furtive affairs with a nun who has renounced the world?" she stands aghast at first; but then again, she reflects, "Even he couldn't be that much outlandish, there must be some reason for his strange behavior." So, she seeks someone to inquire of in an attempt to size up the situation, when she realizes that, though there are houses here and there, there is no sign of anyone alive in the neighborhood. On top of that, the thick ominous air threatens a fog, adding to the eerie atmosphere of the scene. The woman and the servant are about to leave, when a nun comes back to enter the nunnery. She dares to explain to the nun the circumstances, complicated as they are, and the nun leads her to the back of the temple, where there is writing on the wall, which she recognizes as the man's handwriting. Aside from obscure specks of India ink, there is nothing around recognizable as a picture. "What's behind all this?" she is naturally curious; but the solution to the mystery would require her to stay up at this uncanny place, too unearthly an ordeal for a secular woman she is... she entrusts the detective task to the nun and leaves for home before it gets too foggy to trace her way back.

　ところが翌日、この（絵師の行く先を見届けた）人と（調査を依頼した）女が二人して、（先夜に絵師が入った）貴人屋敷が当然あるはずの界隈を探訪してみたところ、そのあたりには古びて荒れ果てている尼寺の他には家もない。女は、（あらまぁこれは大変なことだわ、あの人は髪を剃って仏門に入った尼君との内緒の恋愛にでも関わっているのかしら）と驚き呆れてしまったが、（考えてみれば、いくら何でもそこまで常識外れなことはないでしょう、何か事情があるに違いないわ）と思って、人に聞こうとするのだが、あちこちに家屋はあるが人間の居そうな気配はまるでなく、今更ながら人里離れた気分になっている上に、さらにまた、霧が一面に立ちこめそうな気配まであるのでますます一層薄気味悪くなったため、立ち去ろうとしていたちょうどその時、尼様が一人帰って来て寺に入ろうとしている。事情が複雑だけれども思い切って内情を明らかにすると、尼様は女を寺の後方に連れて行き、伽藍の板に書き残した筆の文字を見ると、例の男の筆跡なのだった。そばには墨をこぼした跡があるが、絵らしいものは全くない。女は、どんな事情があるのだろうかと知りたかったのだけれども、出家もせずに俗世にある身で、こんなにも恐ろしい場所で夜明かしするのかと思うと気味悪かったので、事の成り行きを解明する役柄は尼様に託して、濃霧で帰り道が見えなくなる前に帰って来てしまった。

14）宿り絵：Haunting Image

さるに、またのひに、このひととをんなふたりしてたちのあるべかしきわたりをとぶらふに、そこもとにはさびたるあまでらよりほかにいへもなし。あないみじ、かのひとはみぐしおろししあまぎみとみそかごともやかまひたるとあさみたれど、さすがにさまでひがひがしくはあらじ、あるやうあべかめりとおもひて、ひとにきかむとするも、をこちいへゐはあれどひとげのさらになく、いまさらさとぼなれたるここちせるに、さらにきりみちぬるけはひあれば、いとどむくむくしきもののゆゑにさらむとせるなへに、あまごぜひとりかへりきたりててらへいりなむとす。わづらはしきもののあへてあないすれば、あまごぜ、をんなをてらのしりへにゐていきて、がらんのいたにかきのこせるみづくきのあとみれば、れいのをとこのてなりけり。かたへにはすみこぼせるあとあれど、ゑめきたるもののたえてなし。いかなるゆゑやあらむとゆかしけれども、かたちをかへでよにあるみで、かくもおどろおどろしきところでよをあかさむもいぶせければ、しだいあきらむるはあまごぜにいひつけて、かへさのきりふたがらぬさきにかへりきぬ。

14) 宿り絵：Haunting Image

The next morning, the woman returns to ask the nun about the development of the night before; what she finds out is — the man came again to make love with an evil spirit all night. Though not unexpected, it is not to be left as it is either. So, she elucidates the haunted situation to the man himself, asks a high-ranking priest of her acquaintance with great occult power to exorcize the spirit out of him, but to little avail; he is still in the habit of being attracted unconscious to the temple every night to sleep with the phantom woman, coming back in the morning to his chronic, accumulated weariness.

The woman, unable to refrain from tears, asks the man from under her wet sleeve, "How I hate her! How come this evil spirit torments you so much? Did some vindictive woman abandoned by you kick the bucket and haunt you as a bogy?" Her tearful query has him recall from his memory and reproduce in a picture the details of the features and contours of the female apparition. Though the painting is exquisite beyond comparison, he is still unable to bring her back from amorous memoirs of his actual life. "How could I have forgotten such a beautiful woman if I had really known her in the flesh?" To hear him murmur in puzzlement is a deplorable, yet also reassuring, experience for her – the picture is so beautiful that the woman hangs it on the wall of the nunnery.

翌朝、女が尼様に事情を尋ねたところ、例の男は昨夜もまた来て夜通し妖怪と情を交わしていた、とのことであった。予想しなかったことではないけれど、そのまま放っておくこともできないので、男に事の成り行きをはっきりさせた上で、知り合いの霊験ある僧都（僧正[そうじょう]に次ぐ高い位の僧官）を頼って加持祈祷をさせているのだが、あまり効き目はなく、男は相変わらず我を忘れたようになって、例によって、夜ごと尼寺の伽藍に通って実体のない幻の女と共寝して帰宅しては、疲れてだるく病気がちな状態が続いている。

女は耐え切れずに、「憎いわ、何でこの怨霊は、貴方をこんなにも苦しめるのかしら。薄情にされたか何かの末に死んだ女が、物の怪となって取り憑いているのかしら」と涙でびしょ濡れになった袖を絞るようにして尋ねたところ、男は、幻の女の顔立ちと体つきを、よくよく思い出して絵に描き表わした。世にも稀なる最高の美を帯びた容姿に描き上げたけれども、まるで記憶にない女である。「こんなにも美しい女と自分が関係を持っていたならば、絶対に忘れたりするまいに」と、どうにも処置なしで困り果てている男の様子も、女としては不愉快だが、なるほど実にもっともだと言えるほどの美女に描き上げたので、この絵を寺の伽藍の壁に懸けてやった。

14)宿り絵：Haunting Image

つとめて、あまごぜにあないまうすに、かのひとときぞまたきたりてよすがらもののけとまじはりつるとぞ。おもはではあらぬことなれど、さてしもすぐすべからざれば、をとこにしだいあきらめて、しるべなるげんあるそうづたのみてかぢまゐらせたれども、しるしさしもなく、なほものもおぼえず、れいのよなよなあまでらのがらんにわたりてまぼろしのをんなとねてかへりきては、たゆくなやみわたれり。

をんな、せきあへず、にくしや、などかはこのをんりやう、ひとをかくくるしむるや。つれなくせられていふかひなくなりけむをんなのもののけとなりてとりつきたるにや、とそでをしぼりてとふに、をとこ、まぼろしのをんなのすがたかたち、つやつやおもひおこしてゑにかきあらはしぬ。よにしらずきよらなるさまにかきなしつるも、つゆもおぼえぬをんななり。かくもうつくしきをんなをしりたらましかばいかにもわすれざらましとしわびたるも、うたてあれどもげにことわりなるかたちびとにかきつれば、このゑをてらのがらんのかべにかけてやりぬ。

14) 宿り絵：Haunting Image

Meanwhile, to the delightful surprise of the parties, the evil spirit has ceased to possess the man. "In retrospect, that ghost must have been the embodiment of some dead woman's obsession, unable to leave this world without imprinting her sojourn in life, if only as a figure in a picture; I was possessed by her as a kind of medium," he reassures himself thus and allows himself a good night's sleep at long last. But never again did he visit the earthly woman who had cared so much and made arrangements for his recovery.

Some time after that, when the woman paid homage to the nunnery in question, besides the picture of the above-mentioned unworldly woman, there was a surprising addition of a sensually depicted picture of an unseen, meek-looking woman. She asked the nun who helped her last time what had happened in the interval, and was told that the man had also been making love to the younger sister's apparition, saying he would give benefit to her too. "A pair of flowers that must have been buried in the dust of the past, one of which I have represented as such, must be painted in full, never to be left half-finished; how can I afford to ignore the remaining half?" His astonishing words frightened the nun so much that she advised him against such audacious attempts, to which he replied in a poem:

　そうこうするうちに、意外にも喜ばしいことに、取り憑いていた物の怪は落ちて、男の病気が治ってしまったではないか。男は、「ということは、例の女は、この世を去ってしまった自分の体つきや顔立ちを、せめて絵にでも描かせて世に遺そうと思って、霊魂となってこの世に現われて自分に取り憑いたものらしい」と、事態が収束に向かったことで心が落ち着いて、ようやく自分の家で心穏やかに眠りをとったのであった。しかしながら、男のことを心配して世話をしてきた現世の女のもとには全然通わなかった。

　その女が、しばらく時を経てから前述の尼寺に参上したところ、例の女の絵に加えて目を驚かせたものは、若々しく描き上げた、見慣れぬか弱い女性の絵であった。例の尼様に事情を尋ねたところ、「妹の怨霊にも供養を施そうとして、例の男が情交を持った」とのことであった。「せめてこうした機会でもなければきっと世に出ず埋もれてしまっていたであろう一組の花、その一方を幻の姿に忠実に見事な絵として描き上げた以上、もう一方を描き終えずにそのままにしておくのは中途半端な所業というものだよ」と言って、尼様からはひどく危ないと思って引き止められたのだけれども、

14)宿り絵：Haunting Image

さるほどに、もののけ、おもほえずめでたくおちぬるものかは。をとこ、さてはかのをんなは、いふかひなくなりしおのがすがたかたちゑにだにかかせてよにのこさむとてげんじてわれにとりつきしものなゝなりとおちゐりて、やうやういへにてやすいをねにけり。されど、こゝろぐるしくもてあつかひたるこのよのをんなのもとにはつゆかよはざりけり。

そのをんな、ほどへてくだんのあまでらにまうづるに、かのをんながゐにそへてめをおどろかしたるは、なまめかしくかきなしたるみなれぬたをやめがなりけり。れいのあまごぜによしたりつぬるに、おとうとのをんりやうにもくやうほどこさむとてかのひとのまじはりつるとぞ。かゝるをりもあるまじくはよにうもれてけむはなひとつがひ、ひとつさゝるものにかきなしてば、いまひとつかきやらでなほあるはかたはのわざぞよと、あまごぜにあさましくあやぶまれていさめらるゝを、

14) 宿り絵：Haunting Image

    Come back if I can, embrace I will too.
    Phantasmal ties of pitch-dark nights
    Too good not to draw, not to be drowned in.

He shut himself up five days in the temple; when at last he came out on the sixth morning with the finished picture, he was as thin as an ogre, life force apparently concentrated in goggling eyes. The nun felt uneasy at the horrible sight and gave him considerate advice to take more care of himself; but the man snapped back, "You're mistaken, your indolence in the practice of Buddhism is clear to see in your comment. An authentic ascetic should have told me something convincing. Flowers fragrant only temporarily, or their pictures remaining after they've gone — which do you think is superior? To be ailing is nothing to leaving your desire unfulfilled. Is my physical existence so much valuable as my artistic accomplishment as you say it is?" and he went on to declare his determination in the following poem:

    同ならば　見てしを止まむ　射干玉の　夢の縁にても　斯くは（欠くは）畏し（夢の絵にても　描くは賢し）

『どうせなら、妹のほうとも男女の契りを結んでしまってから、この一連の出来事にけりをつけ、この病を癒したい、と思うのですよ。漆黒の闇の中、夢の中での儚い縁ではあるにせよ、これほどの美女をなおざりにするのは勿体ないというか恐ろしいことだし、そうしてしっかり心に刻んだ彼女の姿を世に残すことは、たとえ儚い絵の中とはいえ、素晴らしいことなのだから。』

などと歌を詠んで、五日間も御堂に籠もり続けて、とうとう描き上げた朝にはまるで餓鬼（地獄の底で飢えた亡者）のように痩せてぐったりとなって眼光だけがひときわぎらぎらと輝く姿の恐ろしさも不安なので、「お体を大事になさい」と言う尼様の心遣いに対して、「いや、それは思い違いです。これは仏道の修行が足りないというものですよ。もし貴女が然るべき修行を積んだ仏法者なら、その口からはきちんと納得できる話が聞ける筈でしょうに。生の輝きに満ちていてもやがては散ってしまう生身の花と、花が散って後も残っているであろう絵と、どちらの方が優れているでしょうか。志す道で本懐を遂げることができぬのに比べたら、肉体的な辛さなど物の数でもありますまい。貴女がおっしゃるほど、我が身へのいたわりが、志す画業に匹敵するほどに大事、ということもないでしょうに」と言って詠んだのは、

ことならばみてしをやまむぬばたまのゆめのえにてもかくはかしこし などうたよみて、いつかもだうにこもりゐて、つひにかきあげつるあさにはがきのごとくやせなえ てまなこばかりてりまさるすがたのおそろしきもやすからず、おんみいたつかれよとのいたはりに、 さもさうず、こはけだいなり、さりぬべきだうしゃにはさることききつべけむ。いろはにほへどちり ぬるはなと、はなはちりてものこれらむゑと、いづれかまされる。みちのほいとげざらむよりはな やましきはものかは。みのゑにさやはしかめやもとてなほよめるは、

14) 宿り絵：Haunting Image

Things crying out for expression in artistic forms,
Come in, and through this soul, out into the world.
Choose me, if you will, as your temporary haunt.
Live through me, and I through you, nothing daunted.

 This poem, along with the rumor that he even embodied unworldly sisters into exquisite pictures, added to his reputation as a great artistic master. But he was reluctant to paint any ordinary ones against his will; he grew more and more tired of the world at large, and less and less enthusiastic about pursuing women and beauty. He hated nothing more vehemently than the way wealthy mediocrities chasing nothing but worldly profits insisted on having their pictures painted by him at all costs. He would often say, "Nothing but people and things that would naturally inspire me into artistic creation could ever draw me near or have me draw pictures." He naturally became misanthropic and came to stand aloof from the crowd, with the number of visitors eventually dwindling, his reputation as somebody falling into oblivion, till in the end, rumor has it, he died a hermit's death in his last dwelling at the beach of Dannoura... possibly drawn by the vengeful spirits of the Heike warriors.

 我をして　世にやは出でぬ　事どもの　仮の宿りの　身をや惜しまむ
『さぁこの私を通してどうぞ世の中に出てきておくれ、と、芸術家の魂を奮わせて願う様々な物事が、一時的に宿る場所、それがこの我が身なのだから、芸術的生命を燃やし尽くすためには、我が身を惜しんでなどいられるものか。』

 このような歌を詠んで、この世のものではない、世にも稀なる素晴らしい姉妹の絵まで描いたというこの男の、その道の達人としての名声はますます大きくなって行ったけれども、平凡な人の絵をしぶしぶ描くようなことはするつもりもないという感じで、世間に対する倦怠感が次第に強くなって、色恋への熱中も次第に衰えていった。現世的欲求の充足に執着して平凡な繁栄をひたすらむさぼる凡庸な人物が、無理強いしてでもこの男に自分の絵を描かさずにはおくものかとするのを疎ましく迷惑に感じて、「絵を描きたいという芸術的衝動が自然に宿りそうな人や物以外には心が向かう筈もないし、そんな連中の意に従って訪問したりなど、この私がどうしてするものか。」と言って、俗世間を厭わしく思い、世俗から離れて日々を暮らしていたので、いつの間にやら人の往来も途絶えて、一人前の存在として扱うべき身分の者とも思われぬように零落していって、最後には世捨人としてこの世を去ってしまったと聞いている。壇ノ浦の海辺に生涯最後の住居を構えたらしいのだが、それは（この地で滅亡した）平家の怨霊に誘われたためであろうか？

14)宿り絵：Haunting Image

われをしてよにやはいでぬことどものかりのやどりのみをやをしまむかやうなるうたよみて、よになきをんなはらからのゑまでかきけむこのをとこの、みちのあるじのきこえいとどまさりゆきけれど、なまなまになべてのひとのゑもかくまじく、よにうむけはひやうやうまさりて、いろこのむこともつひえもていきけり。よをむさぼりてなのめにひたさかゆるなみなみのひとの、おしたてもゑかかさでおくまじとするをけうとくいたみて、おのれとゑもやどりぬべきほどのひと・ものならではいかでかはおもむくべきとて、よをうみ、そむきてわたりたれば、いつしかとひとめもかれて、ひとめかすべきほどのものともおもはれずおちゆきて、はてはよすてびとにていふかひなくなりつるとぞきこえしか。だんのうらのうみべにつひのすみかかまへけむは、へいけのをんりやうにいざなはれけむか。

14) 宿り絵：Haunting Image

How did this man perish? Some say he vanished into the waves drawn by some ghost, others say he died of some epidemic disease, but nothing is known for sure.

 Evanescent existence ever lived for love, rhymes and beauty
 Evaporates by the sea by disease ─ this is (is this?) artistic death.

A song like this is all that remains to this day as the relic of this painter; was it his swan song or his funeral oration... no one knows it any more.

この人がいったいどういう風にして死出の旅路を辿ったことやら、妖怪が波間に引き連れて消え果てたという話もあり、悪性の流行病で息絶えたという噂もあるが、はっきりとはわからない。

 色に生き　歌以て渡る　露の世を　江（疫／絵）にて果つるも　怪しからずとや

『風流・色事・絵画の色彩を追究して生き、詩歌を詠んで過ごして来た儚いこの人生を、最期は入り江で／疫病にかかって／絵と心中する形で終えるというのは、異様で良くないことだというべきか、見上げた死に方だというべき・・・というお話だとさ。』

という歌が、絵師にまつわるものとして残っているだけである。（この絵師自身が詠んだ）辞世の句なのか、（この絵師の死を他人が追悼して詠んだ）哀傷歌なのか、今となっては知る人は誰もいない。

14)宿り絵:Haunting Image

このひとのいかさまにかつひにゆくみちをものしけむか、もののけのなみにひきいれてきえはてつるてふもあり、えやみでたえぬのきこえもあれども、さだかならず。いろにいきうたもてわたるつゆのよをえにてはつるもけしからずとやなるうたなむ、ゑしのゆかりにのこれるのみ。じせいともあいしやうとも、いまはしるひとのたえてなし。

『ふさうがたり(Fusau Tales)扶桑語り』

『あぢさゐごひ』
Hide and Seek with Hydrangea
紫陽花恋

地位に伴う魅力もあれば、地位が邪魔する恋もある。
好いて好かれて結ばれて、晴れてめでたき世間の恋じゃ、
じらしは女の恋の駆け引き、じらされるのもまた楽し。
・・・そうもいかない雲の上、思惑絡む舞台裏、
心一つじゃ動けぬ立場、わきまえ振る舞う女が一人、
心一途に求める男、地位ゆえ際立つひたぶる心、
世間の耳目が集まる中で、我が身の振りよう決めかねて、
咲くか枯れるか、燃えるか否か、迷う女の恋模様、
まさに紫陽花、七変化・・・
咲くやこの花、雲居の上に？・・・貴方任せの恋の果て。

15)紫陽花恋:Hide and Seek with Hydrangea

Hide and Seek with Hydrangea

　In Japan in days gone by, when our reigning emperor was still crown prince, he cherished a tender feeling toward a woman, a relative of his nursing mother. He had intimately associated with her since she was a cuddlesome small baby: on ceremonial occasions in the court he would come visit her with souvenirs and gladly see her childishly cute, unrestricted delight in what he gave her; later, with admonition against such untamed mannerless behavior to the noble one, she would grow into a little modest graceful beauty, and he felt attracted to her all the more for such reticence. Her parents, however, were afraid lest such favor he bestowed on her should bring the young naïve prince the bad name as a frivolous womanizer, whose understandable diffidence affected her attitude toward him, who would serve near him without acting too much familiar, but without making her felt too distant either, with the result that this young prince grew more and more affectionate toward her.

　After he was officially qualified as the crown prince, he came to visit her toward the end of May; she only offered words of congratulations with ceremonial reverence from behind the bamboo blind and was about to withdraw; this formal reaction must have been felt too reserved between them, the crown prince wrote out his dissatisfaction in the following poem and gave it to her:

『紫陽花恋　｜　紫陽花の恋、紫陽花への恋』

　時は昔の日本国。今の天皇が未だ皇太子でいらっしゃった当時、乳母の方の親類筋にあたる女性に恋をなさった。彼女がたまらなくかわいい幼児だった頃から仲良くなさって、皇子が宮中での宴会の折りにお与えになったもの（食べ物・衣類）などを何の遠慮もなく無心に喜んでいる様子も可愛らしかったその女の子が、皇子に対する打ち解けすぎて度を超して無作法な振る舞いを（周りの人に）注意されたりなどして、少しばかり遠慮しつつしとやかに成長していよいよ美人になっていったので、皇子はますます一層慕わしく思われたのであった。しかし、まだ年少で世間知らずでいらっしゃる皇子に、恋愛の噂話など立ってはいけないと懸念している親の遠慮を理解して、この少女は、よそよそしくはないけれどもいい気になって馴れ馴れしく媚びるようなこともなく（御側に）いたので、彼女への皇子の御寵愛はいよいよ強まったのだった。

　皇子が皇太子になることが確定なさって後、旧暦五月の末日頃に彼女の元を訪問なさったところ、女は簾の向こう側から祝辞を申し上しただけですぐに退出申し上げようとしたので、皇子は、よそよそしいと感じられたのであろうか、

15)紫陽花恋：Hide and Seek with Hydrangea

『あぢさゐごひ』

いまはむかしのふさうのくに。いまのうへのいまだとうぐうにていますがりしとき、おんめのとのゆかりなるをんなにけさうしたまひけり。いたいけなるちごなりしころよりむつびたまひて、せちゑのをりにたうべるものなどうらなうよろこべるさまもうつくしげなりしが、ねんごろにらうがはしきふるまひいましめられなどして、いささかところおきつつたをやかにねびまされるしも、いとどむつましうおもほされけり。されど、いまだわかくよなれずますみこにあだなもぞたつあやぶめるおやのかしこまりこころえて、よそよそしからずもあまえではべりたれば、おほんおぼえいやまさりけり。
ばうにさだまりたまひてのち、さつきのつごもりばかりにおとなひたまひしに、みすのかげよりよろこびけいしてやがてまかでんとすれば、けけしうもおもほされけるにや、

15)紫陽花恋：Hide and Seek with Hydrangea

What overshadows this cloudless crown
But that overcautious reserve you wear?
Can rain in May long persist?
Reign could I but you assist?

— How can I endure a state like this? How painful it is to leave you untouched, to leave our relationship the way it is.
To which she replied:

Rain without clouds, joy without pain,
Reign without heavy crown, love without any cease...
Some things are possible only after the impossible.
Nothing ever shines but it partly darkens.

The crown prince grew still more impatient and urged:

　晴れ行かん　心ならずも　五月雨て（然乱れて）　雲居の余所に　君な隠れそ
『晴れがましい皇太子としての日々を歩んで行こうとするのだから、明るい晴れ晴れとした心持ちの筈なのに、心ならずも外は五月の雨。誰よりも共に祝ってほしい愛しい貴女も、簾の向こうからよそよそしくお祝いをくださるばかりで、私の心はこんなにも乱れています。将来私が天皇として宮中に入った時には、貴女はどうぞ遙か遠くへ去ったりなさらないでくださいね。』
　どうして我慢できましょうか（別解釈：こんな状態でよいなどとどうして言えましょうか）。お会いできずに去る（別解釈：このような状態で過ごす）私の身は辛いものです。
という歌を書いて送られたところ、女は次のような返歌を返した。
　雲（苦も）無くば　雨が滴る（天が下足る）　文もなく　花の心も　如何に空しき
『空に雲がなければ雨が落ちてくる道理もなく、乾いた大地には花の風情もなく、どんなにか空しい情景になってしまうことでしょうか。心にもやもやと雲がかかり、逢瀬に障害があればこそ、この世に生きる満足もあるのです。何の苦もなく叶う恋からは、満ち足りた思いを味わえる道理もなく、愛しい人の前で綺麗に咲いていたいと願う花の想いもまた、いつも眼前に咲いていて当然の見飽きた存在とみなされてしまい、やがては心移り、などのはかない結末が待っていることでしょう。』
皇子は、どうにも我慢できぬ心持ちでいらっしゃって、

15)紫陽花恋:Hide and Seek with Hydrangea

はれゆかんこころならずもさみだれてくもゐのよそにきみなかくれそ

いかであへなん。あはでさるみのくるしうこそとかきやりたまへば、をんな、かへし、

くもなくばあめめがしたたるあやもなくはなのこころもいかにむなしき

みこ、えおはしまさで、

15) 紫陽花恋：Hide and Seek with Hydrangea

 Heartless is the last thing I know you to be.
 My heart is an open book for you to read.
 Read aloud again, this time, from the heart.
And the woman, stepping out of her usual constraint, sang her heart out in the following poem:
 At the apex of beauty hydrangea deceases,
 Life dried out in a colorless desert.
 Love untamed will end up likewise.
 You know it; still, you urge me to burn out?
 — if only I could follow in the footsteps of Lady Fujitsubo (… who flourished by unparalleled favor of the Emperor).
Was it that this woman was too quick-witted, she didn't say "lest I should follow in the footsteps of Lady Kiritsubo (… who perished for being persecuted by other ladies in the court who were envious of the favor of the Emperor bestowed upon her)" – an offensively audacious comment, or an enviously enticing one?

 心無う　あらじ御許の　知らず詠み　更にもがもな　心疾く（心解く）こそ
『情緒を解さぬ人、相手を思いやる心のない人であるはずもない貴女なのに、どうして私の想いを、本当は知っているくせに知らぬかのような素振りの歌を詠まれるのですか。新たにもう一度、今度は、さっきの歌とは違って勘のよい、私の心を敏感に察知した歌を、心を許して打ち解けた感じで、詠んでほしいものです。』
と真剣になって求めたところ、さしも遠慮がちに振る舞おうと心がけていた女も、さすがに心のうちを言葉に出して思いありげな素振りを見せた歌は、

 目もあやに　燃（萌）ゆれば果つる　紫陽花の　恋も淡きを　君の責むらん
『目も眩むほどの鮮やかな色で萌え出す頃にはもう、盛りを過ぎて枯れて行くしかない紫陽花の花の色が、あまり濃くない淡いままで咲き続けようとするように、あなたへの燃えるような想いを表に出してしまえば、見るに堪えぬほどひどい有り様となって、この恋も終わってしまうのではないかという不安に、恋心も傍目には淡いまま内に秘めている私の想いを、それでも貴方は、もっと燃え上がれと何故せき立てるのでしょうか。』

（『源氏物語』の中で、帝の寵愛を得て時めいた）藤壺の女御のような前例にあやかれるというのでしたらともかく、そうもいかないでしょうから。
というものだった。この女は、先走る精神傾向でもあるのか、「（帝の寵愛を得ながらも、後宮の他の女官達の嫉妬を一身に浴びて悲惨な最期を遂げた）桐壷の更衣の前例もありますから」とも言わないところが、嫌味なまでに気にかかるところである。

15)紫陽花恋：Hide and Seek with Hydrangea

こころのうあらじおもとのしらずよみさらにもがもなこころとくこそ

とせめたまふに、をんな、さすがにけしきばみよりて、

めもあやにもゆればはつるあぢさゐのこひもあはきをきみのせむらん

ふぢつぼのにようごのためしあらばこそ

とぞ。このをんな、いちはやきこころぐせあれや、きりつぼのかういのためしあればこそ、ともいは

ざるこそねたきまでこころにくけれ。

15) 紫陽花恋：Hide and Seek with Hydrangea

She likens herself to the frail beauty of a hydrangea, the flowers of speech and the atmospheric composition of the poem are pleasantly beautiful, but the song is sung in front of the Emperor-to-be, along with a predicted image of herself as a future wife of his — her latent desire looms all the more dangerously through such strange contrast, don't you think? But the prince was solely delighted to have happily confirmed the woman's affection:

　I don't know what color hydrangea wears now.
　I don't even know what's the right thing to do.
　One thing I know is that I'm deep in love,
　And that I won't know how to live without you.

… He sang out his emotion (deep in love) in poetical connection with an autumnal flower called Lepisorus thunbergiana (Shinobugusa), though the season was early summer, which goes to show how madly in love with her the crown prince was then.

皇太子の御前で、将来自分が皇妃となっている姿を予想した言葉を添えつつ、か弱い花に自らを例えて詠んだこの歌は、風体がとてもすっきりと華やかに美しいだけに、一層甚だしく勿体ぶって、（将来の皇太子妃、さらには国母たらんとする女の内心が表出して）剣呑なものになっていはすまいか？しかしながら、皇子としては（やった！彼女の気持ちを確認したぞ！）と、ただひたすら浮ついた心持ちでいらっしゃって、

　紫陽花の　綾目（文目）も知らず　忍ぶ草（偲ぶ種）　軒端無くして（退き場失くして）　何処行か（生か）まし

『ころころと色を変える紫陽花の花が、今どんな色をしているのか、私は知りません。貴女を慕う思いに身を焦がしている私には、自分自身の心さえもう何が何だかよくわかりません。古い家の軒端に生える忍ぶ草は、軒端がなければ何処に生息してよいものかわからないでしょうが、退くに退けない私の恋心も、無理矢理引っ込めてしまえば、私は一体どこへ行けばよいのでしょうか、どうやって生きていけばよいのでしょうか？』

と、秋でもないのに道理に合わぬ歌を作ってしまうほど、無性に我慢ならぬ思いを詠まれたのであった。（＊「忍ぶ草」は秋の季語で、旧暦五月には不似合い）

15) 紫陽花恋：Hide and Seek with Hydrangea

まうけのきみのおんまへにて、みやすどころたらんさきのみのかねごとそへて、はかなきはなにな
ぞらへてよめるこのうたは、そのていいときよくえんなればこそ、けにけしきだちてからしからず
やは。されどみこには、えたり、をんなのけしきとりたりとてひたぶるにうかれいまして、
あぢさゐのあやめもしらずしのぶぐさのきばなくしていづくいかまし
と、あきならずしてわりなうしのびがたきおもひをよみたまひけり。

15) 紫陽花恋: Hide and Seek with Hydrangea

After that, no matter when he came to see her, he was unreasonably committed to bringing her along to the court, but she would respond to such invitation with a song like:

To sleep in a dream in the shadow of full moon;
To stay up with a dream of embraces by the moon —
I'd rather be graced by the latter kind of boon.

And she still kept serving him without officially presenting herself to the court. One day, there was a royal visit by the Emperor along with the crown prince, and she was summoned up to the courtly company enjoying poetic performance in a relaxed mood, where the Emperor deigned to say in a jest, "This is the noble lady whom our Prince is dying to get, but rumor has it that she is not available unless he presents her with the fur coat of a fire rat (a betrothal condition alleged by the legendary Kaguyahime). I'm thinking of sending people out to China or India for its acquisition." It was a comment too august even as a joke, which awed her into singing in a trembling voice:

　その後も、皇子が女のところにお出かけになる機会などに、そのまま宮中に連れて行きたいと一途にお誘いになるのだけれども、

　　望月の　隈無き影に　寝を寝より　傍目もせで　明かす夜(世)をがな

『一点の陰りもない満月のような広い愛情に包まれて(宮中で)眠るよりも、他の事・人には一切わき目もふらずに、(我が家にあって)大事な人のことばかり思い明かす夜を過ごす関係のほうが、よいのです。』

などと詠んで、そのままの状態で宮中には参上せずに(御側でお仕え申し上げる立場で)いたのだが、ある機会に帝のお出ましがあって、くつろいだ気分で歌を詠んで遊興なさる御前にお呼び出しを受けて、帝がもったいなくもおっしゃることには、「皇太子がどうにかしてこの姫君を我がものにしたいと思うのだけれども、(かぐや姫が求婚者に出した無理難題の一つである)火鼠の皮衣を手に入れなくては思い通りにならない、とのことだ。中国・インドにでも臣下を派遣して探し求めさせよう」などと、冗談でおっしゃっただけだとしても畏れ多いことだったので、女は震える声で、

そののちも、わたりおはしますをりにつけても、やがてゐておはしまさんとあながちにいざな

ひたまひても、

もちづきのくまなきかげにいをぬよりあからめもせであかすよをがな

などよみて、なほみやにはのぼらでぺりたるを、さるをり、みゆきはべりて、しどけなうたひ

あそばさるおんまへにめされて、おほけなくもみかどののたまはするは、「みこのいかでこのひめを

えてしかなとおもへども、ひねずみのかはごろもえずはかなはずとなん。もろこし・てんぢくにも

ひとやりてもとめさせん」など、たはぶれあそばすだにもかしこきに、わななひて、

15) 紫陽花恋 : Hide and Seek with Hydrangea

  My lord high up in the court
  Might feel there's something in it:
  Hydrangea's watery tint,
  Too rustic for royal escort.

Though her delicate beauty stood out in the way she faintly whispered out the rhyme, there was no hint of hydrangea in the field. All the company felt naturally bewildered − with the sole exception of the crown prince, to whom their amazement was an added delight to his understanding − an esoteric recognition he shared only with her. He sang in harmony with her song:

  No water around to dive in, but I know whom to lie with.
  No matter what, no matter how long, it takes,
  Court hydrangea I will; burn herself she will.

Leaving behind the people who were taken aghast at the song, the crown prince suddenly went out of the scene with the woman alongside him.

  我が君は　雲居に座せば　紫陽花の　鄙び潮垂る（る）　色やゆかしき

『私のあの御方は、空の彼方（華やかな宮中）におありになるので、紫陽花の田舎びて水の滴るような色合いに心惹かれるのでしょうか。』
と、やっとの思いで細々とつぶやく様子はとてもかよわく頼りなげであるが、野原には紫陽花の花などまるでなく、（この女は何で紫陽花の歌を詠んだのかと）不審がる人々を御覧になると、皇子は（女が自分と彼女にしか解らぬ秘密の歌を詠んだことが）一層嬉しいとお思いになって、

  被きても（数来ても）　見ずはあらじと（潜きても　水はあらじと）　草枕　度重ねては　花も得ぬらん（花萌えぬらん）

『火鼠の皮衣だろうが何だろうが、たとえどんな御褒美を与えてでも結ばれずにおくものかとの強い思いで、何度も何度も足を運んだその末には、私は美しい花をきっと手にしていることだろう。今はまだ艶やかに咲き誇るのを慎み、恋の炎の燃え盛るのを隠そうとしている彼女も、いずれはその気になって燃えてくれていることだろう。（もっともこの場所には、潜ろうにも水などない。「水」と「紫陽花」は、彼女と自分だけにわかる符丁なのだ）』
と（「紫陽花の水に濡れた色合い」という女の歌の風体に）歌の調子を合わせて詠まれて、（またまた意味が解らずに）驚いてざわめいている人々を後に残されて、皇子はその場でたちまちこの女を引き連れてどこかに消えてしまわれたのであった。

15)紫陽花恋：Hide and Seek with Hydrangea

わがきみはくもゐにませばあぢさゐのひなびしほたるいろやゆかしき

とからうじてうちつぶやくさまいとあえかなれども、のべにはあぢさゐのはなつゆもなく、いぶか

るひとびとごらんずるに、みこ、いとどうれしとおもほして、

かづきてもみづはあらじとくさまくらたびかさねてばはなもえぬらん

とあはせたまひて、あさみとよみたるひとびとをみすてたまひて、やにはにこのをんなをゐてかく

れたまひにけり。

『ふさうがたり(Fusau Tales)扶桑語り』

『みしゆめ』
Dreams Away
見し夢

夢に終わった悲しい恋は、
恋々とはせず思い出にする．．．
それができれば恋の達人、
できねばただのしつこい人。
すっぱり終わった関係だけが、
永久に忘れぬ思い出の恋。
終わりがどこだかわからぬ恋は、
切るに切れない未練糸。
過去から続くしがらみを、
相手はとうに忘れたものを、
自分ひとりで追っている、
どうせ未来もないものを．．．
追えば相手はますます逃げる、
それでも追わずにいられない；
「さよなら」言わねば切れぬから、
断ち切る場への立ち会いだけを
求めて、惨めに、相手にすがる。
今さら切っても、詮なきことと、
わかっているのに、追いかける．．．
そんな哀れな失恋処理人、
演じる道化になりたくなければ、
恋の終わりはきちんと、ね、
二人一緒に、せーの、「さよなら」。
そして、もちろん、「ありがとう」。

16)見し夢：Dreams Away

Dreams Away

In Japan in days gone by, there was a lucky woman beloved by some very noble one. For what reasons we don't know, however, she didn't present herself to the court; still, the noble man deigned to disguise himself and come to pay her an affectionate visit in a humble carriage at intervals of no more than seven days apart. Despite (or, possibly because of) his vehement affection toward her, the public reputation was so much against this affair, that his visits to her gradually dwindled — just another example of the harsh ways of the world, it seems.

At vacant nights when she slept alone on her own wet sleeve;
  Soon, soon, the wind seems to growl.
  Come visit today before the tears of rain
  Wash away the fresh pinkish veil of spring.

  Night is late, so is the spring.
  Alone in bed without my nightly knight,
  Flirting in empty hands with the tactile spring air,
  Fall asleep I shall away from this mateless night.

『見し夢　｜　かつて見た夢』
　今や昔の話だが、日本国に、さる高貴な御方の寵愛を一身に受ける幸福な女性がいた。どういう経緯があったのか、宮中に住むこともせずに暮らしていたのを、その高貴なお方は世を忍ぶ下賤の者の姿に変装なさって、網代車（公卿が略式の折りに使う牛車）などにお乗りになって七日と間隔を置かずに女の元においでになるほどに、熱烈に身にしみて愛おしくお思いになっていらっしゃったらしいのだが、世間がこの女性との仲をとやかく悪く言うので、次第に女の元に恋人として通うのも滞りがちになってしまわれたらしいのは、残酷な俗世の常のことと見える。

　女は、衣服の片袖を敷いて独り寝をする夜が増えてゆく哀しさに、
　　今日今日と　風逸るなる　山桜　訪はん人もが　長雨もぞ降る（古る）
『今日咲くか明日咲くかと風も心がはやっているような音が聞こえるあの山桜を、一緒に見ようと訪ねてくれる人がいればなあ。長雨が降って花見にも行けぬ間に散ってしまうといけないし、早くやって来てくれないと、物思いにひたりつつこの私もまた年老いてしまうかもしれないというのに。』

　　宵深み　春掌に　掬びつつ　闇の黙に　独りかも寝ん
『更けゆく夜の闇が、奥深く、色濃く、香り立つように感じられるので、まるで水を手のひらですくうように、春の息吹をこの手の中に何度となく握りしめながら、ひっそりと音もない寝室の中、わたしは一人きりで寝ることになるのかしら。愛しいあなたの手をこの手に握りしめながら、二人で寝ることはできないのかしら。』

16）見し夢：Dreams Away

『みしゆめ』

いまはむかしのふさうのくにに、やごとなきわたりのさいはひびとありけり。いかなるよしありけん、うちずみもせでありけるを、あやしうやつしたまひてあじろなどめしてなぬかにあげずおはしますまで、ねんごろにかなしとおもほされたりけんに、よのひとなやみてやうやうかよひなやみたまふめりつるぞ、からきうきよのならひなめる。

をんな、そでかたしきてひとりぬるよのまさりゆくかなしさに、

けふけふとかぜはやるなるやまざくらとはんひともがながめもぞふる

よひふかみはるてのひらにむすびつつねやのしじまにひとりかもねん

16) 見し夢：Dreams Away

Fragrant breeze of May — distant voice from the past —
Calls me up to the night his scent reigned through this room.

So many nights spent together in vain,
Hapless days forlornly weighing on me.
Deservedly so? I often ponder alone,
Deserted here I am, my nights are painfully long.

Were you by any chance just flirting with me?
Am I a flower already too old to be attractive?
Would that you came again, if only to tell me why.

... songs like these came to be her sole, desolate, constant companion. Moonlit nights would make her unreasonably impatient; she couldn't help her heart suddenly beating wild with anticipation at faint hints of something coming through the dark; she eventually grew too prone to wake up to enjoy a good undisturbed (if unaccompanied) sleep.

　　　風薫る　皐月の宵の　闇の音(戸)に　仄うち覚ゆ　人の香を聞く
『吹く風が花の香りを運んでくる五月の宵闇、その薄暗くてよく見えない部屋の入り口の方に、何か感じるものがあって、何だろうと思ってじっくり五感を研ぎ澄まして向かえば、ほんのり浮かんで来るのは、懐かしいあの人の香り。』

　　　重ね来し(岸)　寄る(夜)年波(並み)の　幸もなく(泣く)　長雨降る夜(眺め経る世)を　一人過ぐしつつ
『これまで重ねて来た年月に相応の幸せもなく、長々降り続く雨のように泣き濡れて、これまでの二人の人生を物思いに耽りながら思い出す日々を、私は一人、ずっと重ねながら生きています。』

　　　心やは　淡かりけんや　我は早　古りにし花か　君よ何れや
『貴方が私を訪ねてくださらないのは、もしかして貴方の愛情は薄いものだったということなのでしょうか、あるいは私はもうすでに古びて魅力の失せた花でしかないということなのでしょうか、あぁ貴方、いったいどちらなのですか？』

などといった感じの和歌を詠んではひたすらに寂しい思いで過ごし続けて、月の出ている夕方には無闇に待ち遠しく、月明かりもない闇夜の中でもちょっとした気配を感じれば急にわけもわからぬ胸騒ぎがして、ひどく目が覚めやすくなってしまって、

16)見し夢：Dreams Away

かぜかをるさつきのよひのやみのとにほのうちおぼゆひとのかをきく

かさねきしよるとしなみのさちもなくながめふるよをひとりすぐしつつ

こころやはあはかりけんやわれははやふりにしはなかきみよいづれや

などやうのうたよみさびわたりて、ゆふづくよにはあいなうおぼつかなく、やみのなかにもはかな

きけはひにつとわりなうむねはしりて、いみじういさとくなりゆきて、

16) 見し夢:Dreams Away

With the futile hope of one more dreamy boon,
What do I see but this sad, soundless void?

The same old sigh, same old way,
Sleeve always wet with same old tears.
May I ask you, darling, if only in a dream,
How it's gonna be between us two?

Let me see this through, be it a spring night's dream.
What tomorrow to miss, should I have it dreamt away?

... These were the vain offsprings of her sleepless nights; as if to naturally compensate for them, the next morning would usually find her asleep. She would spend the rest of the day in a sick dull stasis, getting tired of doing anything but draining her wet sleeves, drowning herself in tearful elegies.

　見し夢の　又寝の幸も　あらばこそ　醒めて見る夜（冷めて見る世）の　静寂哀しも
『夢を見て、目が覚めて、もう一度眠って同じ夢を見られる幸運があればよいけれど、それも無理な話・・・あぁ、醒めた目で見る夜の静寂の、なんと哀しいことか。あの夢のような日々ももはや過去のこと、愛情も冷え切ってしまった貴方が再び私と共寝してくれる幸せも期待できず、貴方に見限られてしまった今、夜の私を包むのは、ただ哀しい静寂ばかり。』

　侘び濡れて　有りの荒びの　夢合はせ（夢逢はせ）　夜に借る（世に離るる）人ぞ　闇の寝（音）に聞く
『気力も失せて、涙に暮れて、ただ存在しているだけの虚しさに慣れっこになってしまっている今の私は、現実の世界に望みがないものだから、眠りの世界で見る夢の吉凶を占ってみたりするのです。実生活では遠く離れてしまった愛しい人を、せめて夜の闇の中から借り出して来て会いたい、その声を聞きたい、そんなことにしか望みをつなげない今の私なのです。』

　春の夜の　夢にしあらば　果ても見ん　惜しむ朝も　無くとこそ（泣く床ぞ）知れ
『もしもこれが春の夜の夢のように儚い出来事だとしたら、せめてその結末だけでも、見果てるところまで見尽くしてしまいましょう。どうせ、夢から覚めて戻って行く翌朝の現実の世界も、夢にうつつを抜かして幻のように過ごしてしまった時が惜しまれるほどに素晴らしいものではないのだ、目を覚ましてもただ涙に泣き濡れた寝床で茫然自失の私でしかないのだ、とわかっているのだから。』

などと詠んでは、その翌朝は当然ながらぐっすり寝込んでなかなか起きず、体調もすぐれず心もぼんやりと日々を過ごしては、涙でぐっしょり濡れた袖を絞りながら、和歌に耽り涙にむせぶこと以外は、何をするのも億劫になってしまった。

16) 見し夢:Dreams Away

みしゆめのまたねのさちもあらばこそさめてみるよのしじまかなしも

わびぬれてありのすさびのゆめあはせよにかるひとぞやみのねにきく

はるのよのゆめにしあらばはてもみんをしむあしたもなくとこそしれ

などよみては、あしたにはことわりにいぎたなう、なやましうたゆくすぐしては、ひつるそでしぼりつつうたとなみだにおぼほるほかは、よろづよだけくなりにけり。

16) 見し夢 : Dreams Away

Her guardian, matriarch of the family she stayed with, happened to be the nursing mother of the noble man in question; she took the situation so seriously that she dared to inform him of the plight of the woman in her custody, it seems.

In the meantime, there came the occasion never to be avoided — official announcement of the royal betrothal between the man and some other woman. The day was drawing near when the noble lady of destiny was to officially present herself in the court as the prospective empress. What could she do about it now? Could she ever see him again? A fat chance!... she was trying to get him out of her mind, when she received an unexpected message that he would like to pay her a visit. Suspicious as she was, her heart was naturally brightened; still, she would find it lethally devastating to see a thin thread of hope betray her at the end of this very last desperate rendezvous:

My sleeve is still wet with my lonesome parting tears.

How dare!... sincere?... it's here — your letter is same as ever.

She sat waiting singing to herself in suspense, and before long, how gracious of him to actually appear before her!

女の後見人であるその家の女主人の方は、例の高貴な御方の乳母だったので、ひどく思い詰め、心を痛めて、思い切って無理を承知でこうした事情を例の高貴な御方に申し上げてしまったらしい。

　そうこうしているうちに、例の高貴な御方には当然なくてはならない（中宮をお迎えになる）儀式があって、あの御方の正妻になることが定まったれっきとした人が宮中に入内なさることになっている予定日も間近に迫ってしまったので、こうした状況となってしまったからにはもう今更どうしようもないだろう、もうあの御方に二度と逢えはすまいと思い、無理にも忘れようとしているそんな折も折、意外にも例の御方からの御訪問の取り次ぎがあったのである。女は（なんでこの時期に、と）不思議に思いながらも、そうは言ってもやはり嬉しい、有り難いとは思ったが、事ここに至ってなお空しい期待に望みを賭けるのは嫌だと思ったのであろうか、

　　終はりしや　惑ふ袖すら　干さぬ間に　来ぬる便りの　頼り無さかな

『もうあの人との恋愛は終わってしまったのかしら、と心乱れて思い悩み、袖を涙に濡らす私。なのに、その涙さえも乾かぬうちに、あの人から便りがやって来る。でも、だからといって、それは私への思いがまだ続いていることの証と見ることなどできそうにもない、頼りがいのないもの。』

などと独り言を言いながらじっと待ち続けていたところ、間もなく、もったいなくも例の高貴な御方がいらっしゃったではないか！

16)見し夢：Dreams Away

をんなのよせなるとじのきみ、かのかしこきかたのおんめのとなりければ、いたうおもひいりなやみてあへてそのよしきこえたてまつりぬらし。

さるほどに、さらぬぎはべりて、さるべきかたのじゅだいしたまふべきひちかづきぬれば、かかるしだいになりなむにはいまさらにいかがはせん、またあはめやもと、おもひけたんとせるほどに、おもほえずみせうそこありけり。をんな、あやしがりながらさすがにうれしとおもへども、このごにおよびてそらだのめもうとましうとか、

をはりしやまどふそですらほさぬまにきぬるたよりのたよりなさかな

などひとりごちながらまちゐたるに、ほどなうして、かたじけなうもいましけるはや。

16)見し夢:Dreams Away

Since the woman was quite certain that this was definitely the last time she would ever see him, she dressed herself up quite beautifully and was acting as elegantly as if she were performing some sacred rites; nevertheless, the thought of inevitable separation would have affected her senses, as if to drain out all emotions about their past and future, in a state of mind where sanity was no use and sleep had no place, defying the darkness after the lantern had died out, they made it throughout the abnormally ecstatic night.

At the dawn of the sleepless night, the woman was found looking vacantly (and vengefully) at the sixteenth moon, as if facing a nemesis forcing them to dress back into their respective clothes for separate lives; the sight of which moved the noble one into singing:

　Intent not to miss a remnant of fiery scent,
　Hydrangea flaming all night burns on in the morning light.

This remark must have sounded too indifferently cool to her ears, for she sang out in a tearful tone a covetous message as follows:

女は、これが永遠のお別れだと思いを巡らしたので、端正に衣装を着込み、心身を清めて神事を行なうかのように優雅にお控え申し上げていたのだが、そうは言ってもやはり、避けようのないお別れに正常心を欠いたのであろうか、これまでの経緯と今後の行く末を思う感情のありったけを出し尽くそうとするような勢いで、何かに心を奪われたような心地のまま、眠ることもせず、灯火の燃え尽きているのも忘れて、神秘的なまでにぞくぞくするほど素晴らしい一夜を明かしたのであった。

　高貴な御方は、お眠りになることもせずに、ほのぼのと夜が明ける頃、女が、十六夜の月(陰暦各月十六日頃の月)を、まるでまだ満ち足りていないというのに早くも後朝の別れ(男女が一夜を明かした翌朝、各自の服を着て別れ行くこと)を強要する憎い敵であるかの如く恨めしそうにじっと見ている姿をご覧になって、

　　残り香も　惜しや狂ほし　この花は　えも萌(燃)え止まぬ　朝の四葩か

『散った後に残る花の香りさえ残すのが惜しいとでもいうように、一切の余力も残さず咲き切ろうとするかのごとく、狂おしいまでに燃えて咲き乱れるのをやめようとせぬこの花···見ているこちらまで居ても立ってもいられぬ気になってくる···朝の紫陽花、か。』

と歌を詠まれたのを、女は、薄情だと思ったのであろうか、涙ぐむような感じで、

16)見し夢:Dreams Away

をんな、つひのわかれとおもひなして、いつくしうさうぞいていはふがごとくなまめいてはべりたるも、しかすがに、さらぬわかれのものぐるほしさにや、こしかたゆくすゑのおもひのかぎりをつくさんばかりに、ものにゑひたるここちに、いをもねず、おほとなぶらつきたるもわすれて、くしきまですごきよをぞあかしける。おほとのごもらで、あさぼらけ、いさよひのつきを、あかなくにきぬぎぬしふるあたのごと、うらめしげにながむるをごらんじて、のこりがもをしやくるほしこのはなはえももえやまぬあさのよひらかとよみたまへるを、つれもなしとやおもひけん、しぐれごこちに、

16)見し夢:Dreams Away

 In memory of the night not so mutually plaintive,
 Long last these remnants of your scents on my sleeve.
He felt so compassionate toward her that he exchanged his clothes with hers. The fresh sunlight was breaking in through the upper window, telling him he couldn't stay there any longer; but the underwear of the woman which now bound him around the waist might have acted like a chain to bind him there, his heart and body defied his will to depart:
 No amount of hesitation could bring us new morn; yet,
 Can there be a good time to say good-night for good?
He sighed aloud, and the woman reverently sang back:

 互には(形見には)　絞らぬ袖の　残り香に　この夜(世)の名残　せめて留めん
『別れの涙に濡れた袖を絞るのは私だけ・・・貴方の袖は、私との別れを惜しんで濡れることもない・・・でしょうけど、思い出の品として、貴方の香りの残るその衣服を、私にください。貴方が去った後で、この夜の、私達の愛の関係の、私の生きたこの人生の面影を、せめてその残り香のうちにとどめておきたいから。』
と声に出して言ったところ、高貴な御方はしみじみとした感慨を催されて、その御衣服を女の衣服と交換なさったのであった。蔀(格子の裏に板を張り、採光・通風の便をはかった戸で、現在の窓の役割に近いもの)には早朝の光が射し込んで、いつまでもこのまま女の元に留まっておられてよい状況でもなかったのだが、身に付けなさった女の袙(汗衫[かざみ]の下に着る女性用の下着)が、足にまつわりついて去り行こうとするのを押しとどめてしまったのであろうか、立ち去ることができずにためらっていらっしゃって、

 いざよひて　明くる朝も　無きものを　などか躊躇ふ　宵(酔ひ)切りの声
『ぐずぐずといつまでも居座ったとて、夜を過ごして後に共に迎える明日という日はもう私達にはないというのに、さあ、今宵はもうこれで終わり、もう十分酔ったのだから切り上げるには良い頃合い、と一声言うのに、どうしてこうもためらわれるものか。』
と歌を詠まれると、女は、

16）見し夢：Dreams Away

かたみにはしぼらぬそでののこりがにこのよのなごりせめてとどめんとうちいだせば、あはれにおもほしておほんぞかへたまへり。しとみにはあけぼののかげさしいりて、さてのみおはさるべきならねど、おびたまへるをんなのあこめのしがらみとなりつるにや、いでがてにやすらひたまひて、

　いさよひてあくるあしたもなきものをなどかためらふよひきりのこゑ

とながめたまへば、

16)見し夢：Dreams Away

 My soul goes out with you underneath your clothes.
 Wishing your warmth stayed here with me for ever.
This song finally made him smile and depart at long last.
 The woman spent the whole day lying in bed, without ever waking up for food or drink; no need, either, it seemed, to wake up for the morning-after letter from him which she had vaguely hoped might come for her consolation. She had still been lying in bed when the next day broke in the dim shadow of the moon, hearing the forlorn sound of raindrops tapping the face of the pond outside. With nothing especial on her mind to wake up so early for, she persisted in lying still, relying faintly on the power of dreams for some comfort, while the songs of birds flying in the sky cheerfully invaded the sullen cell... possibly, then, it was already noon. Although kind words from him seemed hopeless, the teardrops from the heavens should at least keep raining on... without regard to her wayward wishes, the sun was sure to shine high up above, chasing away the compassionate rain from the sky.

 玉の緒の　括る指貫　手向けして　玉の御座の　永久にとぞもふ
『儚く短い時間でしたが、その指貫（の下にある、貴方との思い出の限りを込めた我が袖）を、私からの御餞別代わりとして、旅立つ貴方の行く末に幸多かれと祈ります（・・・本当はこの寝所を、貴方の玉座として永遠に暖めていただければ、とも思うのですが・・・無理ですものね）』
と歌を詠んでお捧げ申し上げたので、高貴な御方は最後には微笑まれて、ようやくお立ち去りになったのであった。
 女は、その日は一日中、物も食べずにひたすら眠りに眠って過ごしている。無理とは思いつつも来てくれないかなあとぼんやり期待して待ち続けていたにちがいない後朝の文（男が逢瀬の翌日に女に送る手紙）も来なさそうである。翌朝、月の光もぼんやり霞む中、遣り水（庭園に水を引き入れて流れるようにしたもの）の上にぽつりぽつりと落ちる雨音も無常に響き、早朝から寝床を出て起き上がってやるべきことも思い浮かばないので、そのまま寝床で横たわってせめて夢の中だけでもいいから心を晴らしてしまおうかしらと迷っているうちに、飛び交う鳥たちの鳴き声がどんどん大きく明朗にすぐ近くで聞こえてくるので、もう早くも昼になってしまったらしいわね。御手紙がないのは我慢するにしても、それがないならせめて名残の雨だけでもずっと降り続けてくれないものかしらと寂しい思いでじっとしている私をよそに、太陽は高く上がり雨も上がって空はきっと晴れ渡るんだわ・・・

16)見し夢：Dreams Away

たまのをのくくるさしぬきたむけしてたまのおましのとわにとぞもふとうたひまゐらすれば、つひにゑみたまひて、やうやうたちさりたまひにけり。をんな、そのひはひひとひ、ものもはまでいをのみねくらしにたり。きこせせぬかもとこころもとなうたのみつらんきぬぎぬのふみもこざるらし。つとめて、つきかげもおぼろに、やりみづにつぶつぶとおつるあまおともむなしう、つとにおきいでてせんこともうかばねば、さながらにふしゐてゆめにだもなぐさみてましとせるほどに、とびかふとりどものこゑふうたたほがらかにみみぢかきに、はやひるになりにけん。おんふみこそなからめ、さらではなごりのあめもやふりわたりてんやとさびゐるほどに、ひたかくさしのぼりあめもあがりてそらはれわたりつべし。

16)見し夢：Dreams Away

Nameless sadness soddened her eyes, and she tried to wipe it off with yet another elegy:

    Mourning rain on hydrangea still wet on her coat,
    Keep dripping sadly under the dry cloudless sky.

She wrote it down on a note and entrusted it with the matriarch, as a prospective (however futile) reply to a royal messenger from the court who might come with his song (who knows?) to console her at any moment. After a while, quite unexpectedly, the housekeeping lady came with that coveted morning-after song:

    Too tame in summer without any color,
    Who cares to whet the dry hydrangea?

was the message.

女は理由もなく悲しくなり、涙で視界も霞む中、無理をして、

    紫陽花の　傘にそぼ降る　朝の雨　雲居消ぬとも　乾る(昼)袖の無し

『傘のように開いた紫陽花の花の上に、しめやかに降る朝の雨。たとえ雨雲が消え去っても(別解釈：あの御方はもう雲の上に消えてしまったのに)私の気持ちは晴れることなく、涙に濡れた袖の乾く暇もない。』

と紙に書き付けて、そんなことはあり得ないだろうと思いつつも、「もしも今日明日中にでもあの御方からの後朝の文を持って参上する使者がおいでになったならば(この歌を渡してください)」と、家の女主人に言付けておいた。

しばらくしてから、女主人が、意外にも、後朝の歌を持って来た。それを見ると、

    夏来ては(懐きては)　色も失せにし　紫陽花の　水(見ず)はあるとも　然て如何せん

『夏が来て色褪せてしまった紫陽花に今さら水を与えたところでどうにもなるまい。慣れ親しみすぎて恋愛感情もなくなってしまった昔の恋人に、会うこともなく没交渉のままだからとて、だからどうだというのか？もはや終わった恋なのだから、今更会ってもどうにもなるまい。』

という内容であった。

16）見し夢：Dreams Away

をんな、わりなうかなしう、めもきりふたがるをおして、

あぢさゐのかさにそぼふるあさのあめくもゐけぬともひるそでのなし

とかきつけて、さしもやはとはおもへども、「もしけふあすにもきぬぎぬのつかひおおはしまいなば」

ととじにことづけたり。

とばかりありて、とじ、おもほえずきぬぎぬのうたもてきたり。みれば、

なつきてはいろもうせにしあぢさゐのみづはあるともさていかがせん

とぞ。

16) 見し夢 : Dreams Away

She almost started to her feet in amazement. My goodness, did I see him only in a dream yesterday!? She was as shocked as if struck by lightning. Much as she felt like complaining like anything, she felt like walking on the verge of stupor: as soon I'd die as live in such disgrace, or else be a nun to see no more of this world, anyway I will cry myself out through this miserable night... yet, she was so downhearted that she ended up in a sound sleep. But then again, this woman was of a rather mild temperament; she woke up the next morning to reflect that she was to blame on the night for being too coquettish to the point of looking scandalous in his eyes. Her initial bitterness relaxed in time into shameful regret, and she even thanked him for pointing out the severe truth. There seems to be another version of the story: the heartless morning-after message was not authentic, but must have been a scheme devised by the matriarch — the noble one's nursing-mother — who was afraid of tainting him (and her) with graceless gossip... it seems quite possible, and if the message was really a fake, she played a very dangerous but awfully clever trick with tremendous success.

女は飛び跳ねるほど驚いて、あぁ、情けない、昨日の逢い引きは幻だったのかしらと、まるで殴られたかの如く理性を失うほどびっくりして、猛烈に愚痴を言いたい気がする一方で、自分は今にも頭が呆けてしまうに違いないという気もして、「あぁ、私はこのまま死んでしまおう、そうでなければ仏門に入ろう、ええい、もうどうにでもなれ、今宵は夜通し泣き明かそう」と思ったのだけれども、気持ちに張り合いがなくて、ぐっすりと熟睡してしまったのだった。しかしこの女は、感情的に尖らず穏健な性格だったので、翌朝には、「よくよく思い出してみれば、私もみっともなかったのだわ、あの夜はひどく馴れ馴れしく媚びて体裁が悪かったのでしょうね」などと思うと、いつの間にか気分は鎮まり、あの御方は（冷たい後朝の歌の中で「馴れ馴れしすぎる古い恋人などどうしようもない」と）よくぞおっしゃってくれた、まさにその通りだわ、とまで反省して、逆に自分の方が照れ臭くさえなってしまったのだった。事実はそうではなくて、無慈悲な後朝の歌は、世間でのみっともない評判が立ってしまっては大変だと心配していた例の貴人の乳母が企んだ処置だろう、との噂話もあるらしいが、なるほどそうかもしれない。もしそうだとしたら、びっくりするほど危険ながら、実に気の利いた処置をしたものではないか。

16) 見し夢：Dreams Away

をんな、はねつばかりにおどろいて、あさましう、きぞのあふせはまぼろしにやと、ちやうぜられたるがごとくきもつぶれて、かついちはやうかこたまほしう、かつほとほとほけぬべきここちして、やがてみまからん、さらずはにふだうせん、さもあれこよひはよもすがらなきあかさんとおもへども、あへなうてうまいをねにけり。されどこのをんな、こころばせおいらかにて、つとめて、つらつらおもへばわれもわろしぞかし、あのよはあまりにあまえてひとわろかりけんなどおもへば、いつしかここちのどみ、さもいはれたりとまでおもひかへして、かへりておもはゆうもなりてけり。げにはさもあらず、むげなるきぬぎぬのうたは、みぐるしきみやうもんもこそたてとあんじたるおんめのとのたくみけるさたならしのきこえもあなれども、さもや。さらんには、あさましきまでさがしうもまことさかしうしおきたりけりな。

16) 見し夢 : Dreams Away

After that incident, other family members also took this occasion or that for entertaining guests in varieties of events, where they would see to it that people of good reputation gather around her to make it very hard for her to sink down into solitary gloom. As for her famed association with the noble one, it must have been felt more venerably attractive than awfully forbidding, judging by the number of celebrated lovers of art and beauty who flocked to the house. Eventually, it seems, she convinced herself that the ill-fated love affair with him must have been predestined as such:

 Affection/Dejection of the days are total strangers to me.
 Gone is my love... And how?... I think I know it now.

This song was reportedly sung only one year after she parted with the noble one.

 This woman afterwards came to be known to the world as a master at poetry and romantic involvement; yet she is reputed to have ended up without any man intimate enough to be her better half. And she consistently kept herself away from the imperial court throughout her life, they say.

 それから、あれこれと理由を付けては、一家の人達も様々にもてなしの用意をして、立派な方々が集まり群がって、女が寂しく心満たされぬ思いに落胆して沈み込んでいられる暇もあまりないよう取り計らっていたので、高貴な御方との関係があったことも、障害ではなく由緒あることと感じられたからこそに違いない、名だたる風流人が大勢集まって、女は、思い通りにならずに何という事もなく終わってしまったあの御方との恋愛関係も、そうなるべくしてそうなった前世からの運命だったのであろうと思うと心が落ち着いたのであろう、

 愛し（悲し）とも　絶えて（耐へて）思はず　なりぬれば　去り（然り）とこそ知る　思ひなりけれ

『あなたに会えない悲しさも、耐えているうちにもう感じなくなりました。あなたへの愛しさも、もうまるで感じなくなってしまいました。そうなってみると、ああ、この恋も終わったのだなあ、所詮その程度の恋だったのだなあ、と、思い知らされることですよ。』

などという歌を、（例の貴人との破局の）翌年には早くも詠んでいたのだそうだ。

 その後、この女性は、和歌と恋愛の方面で評判が立って世人に認められつつも、「妻」（妻から夫を／夫から妻を呼ぶ言い回し）と親しげに呼ぶ人は、最後まで一人もいなかったそうである。宮中にも距離を置いて最後まで隔たったままだったということである。

16)見し夢：Dreams Away

さては、ささしていへのひとびともさまざまにまうけして、さるべきかたがたつどひすだきて、をんなのさうざうしうわびしづむべきいとまさもなきやうにみおきたれば、あてなるゆかりもほだしならでゆゑゆゑしうおもはるればなるべし、なだたるいろごのみあまたあつまりて、つれなうはてにしよのなかもさるべきにやとおちゐりたるやらん、かなしともたえておもはずなりぬればさりとこそしるおもひなりけれなど、はやうかへるとしにはよみけるなり。

そののちこのひと、うた・すきごとのなたちてよにあるも、つまとよびなるるひとぞつひにあらざなりける。うちわたりにもつひにけどほくはべりにけるとよ。

16) 見し夢：Dreams Away

　At the end of love that's already a past,
　What do I want but the days without you?
　What do I miss but the days I missed you so much?
This song should tell us what she felt at bottom. Casual rumor about someone who was once so dear to you can be hurtful enough; just imagine how it could be if that someone happened to be the one with the crown on his head to reign over the country.

　So many years afterwards, rumor has it, there was one occasion when she presented herself at a party of which the noble one (after he retired from the throne) presented himself as the honored guest, where she sang, as the story goes, on the theme of "my past lover's whereabouts":
　I can still see him vow to love forever:
　Gone are the days, but fresh is my memory.
　Could I ever see him without such flashbacks?
　How dare you ask me to find him outside my heart!
　　敢へ無うて　果つる恋路の　彼方には　会はで過ぐせる　日日ぞゆかしき
『思いが実ることもなく、空しく終わってしまった恋のその果てには、恋しい人に会わずに過ごしてやるせなかったあの日々が、懐かしく思い出されてなりません。そしてまた、哀しく果てた恋路の向こうに消えた幻の恋人には、なまじ会えば胸が痛むから、顔を合わせず過ごす日々の生活をこそ、むしろ望んでいる今の私です。』という和歌からも、女の（かつての恋人がいらっしゃる宮中を敬遠した）心情を思い浮かべることができそうである。比翼連理の鳥のつがいのように愛情細やかに寄り添ったことのある昔の恋人の事情を、たまたま何かのついでに耳にするだけでも辛いというのに、それが、世の中を統治なさる御方に関する事柄ともなれば、一体どういう心持ちがするものであろうか。

　長い年月を経て後に、上皇が賓客としてお出でになった集いに、一度客人として列席したことがある、とかいう話がある。「昔の恋人は、今どこに」とかいう題目で、この女が詠んだとされる歌、
　　永久を　誓ひける日の　あの人を　心の外に　何処訪ねん（何時か尋ねん）
『私達の愛は永遠に変わらないと、あの日誓ったあの人を、そうした思い出を気にも留めずに、ただの昔馴染みとして懐かしく探すことなどできますまい。時を経た今、昔日の恋人を追い求めてみたとて、永遠に変わらぬかつての姿のままの彼は、この私の心の中以外のどこを探しても見つけることはできますまい。』
　あるいはまた：
『かつて永遠の愛を誓ったあの人もきっと混じっている筈のこの場所で、そんな経緯にお構いなしに「昔の恋人は、今どこに？」なんて意地悪な質問が、よくもできたものですねえ。』

16) 見し夢：Dreams Away

あへなうてはつるこひぢのあなたにはあはですぐせるひびぞゆかしきなるうたにてもそのこころみおよびつべし。はねうちかはせるむかしびとのたよりにきくだにからきに、よをきこしめすひとにとりてはいかなれや。あまたふりぬるとしつきのはてに、ゐんのまらうとさねとておはしたまへるつどひに、ひとたびまらうととてゐなむことありけるとか。「いにしへのおもひびと、いまいづこ」なるだいにて、このひとのよみけんうた、

とこしへをちかひけるひのあのひとをこころのほかにいづくたづねん

16)見し夢:Dreams Away

... yet nothing is known for certain, in fact, about when and for whom she composed this particular poem.

After the death of the ex-emperor, it is said, she deserted the world and devoted herself wholeheartedly to the Buddhist practice until she died.

> Our ties here only as dense as the mourning,
> Heavy heart clad in light-grey clothing,
> Praying for your soul to rest in peace, and then,
> Let me join you again in our next, securer link.

A poem like this was sung in those days in commemoration of the "Lady Hydrangea."

というのも、実際にはいつの歌なのか、誰に関係のある歌だったのかもはっきりしない。

上皇がお亡くなりになって後は、女は出家してただ一心に仏道修行に専心し続けて生涯を終えた、と聞いている。

> 浅かりし　前の縁の　薄墨の（失す住み）の　後の世こそは　濃くもあらなん

『前世での私達の因縁は浅いものだったのですね。なればこそ、ああして貴方が私の元に恋人として通うこともなくなってしまい、今またこうして私は一人、貴方に死に後れて薄墨色の喪服を着ているのでしょう。せめて次の世に生まれて来る時には、私達の縁がもっと深いものでありますように。』

という歌が一首、「紫陽花の尼君」を偲ぶ形見として、その当時の人々の間で広く口ずさまれていた。

16)見し夢：Dreams Away

も、げにはいつのものにか、なにびとのゆかりなりけんかもさだかならず。

ゐんのくもがくれたまひにけるのちは、よをそむきておこなひすましはてつるとこそきこえしか。

あさかりしさきのえにしのうすずみののちのよこそはこくもあらなんなるうたひとつ、あぢさゐのあまぎみのかたみとて、そのかみのひとのくちにありけり。

『ふさうがたり(Fusau Tales)扶桑語り』

『えせふがたり』
Factually False, Fictionally True
似非風語り

「嘘」は「悪」なり、「真」は「善」なり—その思い込みで見たならば、
古来伝わる「良い話」など、全て「真」と見るしかないが、
まことは単なる嘘っぱち、作り話が多いもの。
そもそも嘘が悪いのは、人を騙して我が身の利得せしめるための技だから。
人を酔わせて楽しますため、嘘で固めた話の中に、輝く何かがあったなら、
誰もその嘘、責めたりせずに、誉められ、時越え、古典となって、
誉められついでに「真」となる：「嘘」のままだと「悪」だから、と、
「善」なる古典は「真」となる･･･なんと馬鹿げたクソリアリズム！
真実・事実がそんなに偉いか？！現実、そんなに楽しいか？
偉く楽しいわけがない！････
････だから、昔の「良い話」—「真」にあった（！？）輝く何か—は、
やたらと眩しく映るのさ、「今」に不満が多いから、反動的に光るのさ。
そんなの信じちゃ、いけないよ。「善」＝「真」じゃないんだから。
だけどけなしちゃ、いけないよ。「嘘」＝「悪」じゃないんだから。
くだらんものでも「真」は、偉い；「事実」は安易な免罪符。
「事実」を書くから偉いのだ、と、「真」頼みの現実主義を、
きれいさっぱり捨て去って、それでも「良い」と言われるほどの、
見事な「嘘」を付きおおせるか？素敵な「嘘」を楽しめるか？
自分に問うてごらんなさい････
「嘘」の偉さが、わかるかな？「真」の傲りが、見えるかな？
････わからんようなら、見るがよい；読んでよくよく学ぶがよい—
うつつならでもまことしき、えせふがたりのまことのひかり。
「事実」に頼らぬ「虚構」の力、「嘘」に「真」を見る力。

新出古語：ABC=43/1500〈2.9%〉 A=11/450〈2.4%〉 B=11/500〈2.2%〉 C=21/550〈3.8%〉
未履修古語：ABC=149〈9.9%〉 A=28〈6.2%〉 B=51〈10.2%〉 C=70〈12.7%〉
http://fusau.com/←古歌・古語・古文全般　　　大学入試→http://fusaugatari.com/

Factually False, Fictionally True

Now as of old in Japan, there could be nothing so irritating as the knowing looks of those crooked ones who try to look smart by talking against the present-day world; they cite stories of olden times as beautiful canons of human behavior and the ideal way the world should be, in comparison with which, they argue, how definitely inferior is the world as it is. In their biased eyes the ancient days look invariably better than our days; they lament the absence from the current world of good things in the past whose existence used to be so sure-footed (as they believe) in antiquity.

First of all, the perverted minds of those who cannot succeed in the world and consequently come to be envious, discontented and cynical, time-honored as they are, won't bear any direct appreciation — they are too ugly to watch if displayed straight from the shoulder, with incomparably absurd assertions growing into something for which "grotesque" would be an understatement. Even if they are not altogether bad or false, there are not a few topics which even such dissidents dare not argue point-blank for fear of wrathful reactions from people with authority.

『似非風語り　｜　偽物仕立ての物語』

　これは今も昔も変わらぬことながら、日本国に於いて、過ぎ去った昔日の話を引用して、立派な世の中のお手本や理想的な世間の有り様とはまさしくこうしたものであろう、それに引き替え、確実に劣っている現在の世の中であることよ、といった調子で物事の是非を論じ、時代が昔に遡れば後の時代よりも優れている、というねじくれた物の見方でもって、大昔には確実に安定して存在した素晴らしい物事が、ああ嫌だ、消えてなくなってしまったらしい悲しき現世であることよ、と、世の中を悪く言うひねくれた連中の、得意気な顔つきほど忌々しいものはない。

　だいたいにおいて、時勢に適合して羽振り良く栄えることのできない者が、他者に嫉妬し、腹を立てて文句を言い、見下して小馬鹿にするひねくれ根性は、いつの時代も変わらぬ世の常ではあるが、そんな思いをそのまま口に出して語ってしまえば、見るに堪えぬほどひどい有り様で、これよりひどいものはないと言えるほどの大袈裟な馬鹿げた話が積み重なって、異様だの不都合だのと言った形容では到底足りぬほどの、言語に絶する有り様となる。たとえそうした思いが道理に合わぬ間違いとは全面的には言い切れないとしても、高貴な方々のことを憚れ慎んで、遠慮して言わずにおいた方がよいことも少なくない。

『えせふがたり』

いまもむかしもふさうのくにに、ありしむかしのはなしをひきて、めでたきよのためし・あらまほしきせかいのかたちはかくこそあらめ、くらぶるにいかさまおとれるいまのよよとあげつらひ、あがりたるよはくだれるよにまされりのひがめもて、こだいにはいちぢやうなりしよきことの、あう、いぬめるうきよかなと、よのなかくたすひがものどものしたりがほばかりうれたきはなし。そもそも、よにあはざるもののそねみむつかりあなづるひがごころは、つねのよのならひなれども、さながらさしいづればめもあやに、むげにこちたきしれごとつもりて、けしからずなどもおろかなり。よしひたぶるにひがことならずとも、かしこきわたりはばかりてつつむべきことすくなからず。

17) 似非風語り：Factually False, Fictionally True

Therefore, grumbling or wishful writings of those dissatisfied with the actual world, if unsuitable for straightforward publication, had best be recounted as stories of old days, jestingly relating the present to the past. There are no limitations to what can be told in those stories; they constitute a universe ruled solely by the authors' imagination, where the impossible is possible, the extraordinary is ordinary, which fanciful freedom must be the source of the desirability of fictional worlds.

In the same way, the ways of the world as depicted by those lucky enough to flourish in it does not do factual justice to the realities of the time; consideration for the feelings of their superiors affects their interpretations of the world. They keep their silence about shortcomings of the authorities; those persons whom they deem as good are simply too good to compare, making all the rest look all the more nasty, thoughtless and inconsiderate, almost to the point of being meaningless in their existence. A world like this is not made in the image of what it really is; it is a decorated declaration of the goodness of the institution which happens to be so benevolent to the authors themselves.

それゆえ、現在の世の中を、とても住めたものではないひどい世の中であると堅く信じ込んでいる人の、世間に対して差し障りのある不平不満だの、こうあってほしいという理想像だのに類するものは、「今となっては昔の物語だが」という形式で、冗談めかして遠い昔にかこつけて語られることこそがふさわしい。忌み慎むべき事情などは一切なく、本来ならあり得ないような無茶な事や困難な事すらも、格別たいしたこともないかのごとく、思う存分さらさらと気楽に書いてある偽物の世界であるからこそ、理想的な様子に感じられるのに違いない。

また、時流に乗って繁栄する人の書き残した当世事情は、身分・地位の高い人から自分が賜わった信望のことをあれこれと考慮した上で、政治を執る公的権力の具合の悪いことについては押し黙って言わず、優れた人物は徹底的に良くて匹敵する人すらもいないほどで、それに引き替えそれほどでもない一連の人物は、ますますいっそう思慮・思いやりに欠ける意地悪で取るに足らない見苦しい者であって存在しているのかいないのかわからぬような様子なので、そんな書き物は、主君の治世をいかにも良いようにわざと書いて（自分を出世させてくれたことへの）祝辞・御礼を申し上げているのも同然であって、世の中をありのままに後世に語り継ぐものではない。

17) 似非風語り：Factually False, Fictionally True

されば、いまのよをあられぬよとおもひなせるひとの、さはるよしあるかごと・あらましごとのたぐひは、いまはむかしのものがたりとて、されことめかしていにしへによそへてかたらるるこそつきづきしけれ。いまいましきことさらになく、いはれぬこと・ありがたきこともいとしもなきがごとおもふさまかきながせるえせもののよなれ ばこそ、あらまほしげにはおぼゆべけれ。

また、ときをえてさかゆるひとのかきとどめたるよのさまは、うへのおほんおぼえおもひはかりて、おほやけのあしきことはもだしていはず、よきひとはひたぶるによくてなずらふひともなく、さならぬつらのものはいとどおもひぐまなくさがなくていふかひなくてあるかなきかのていなれば、きみがよよさまにかきなしてよろこびまうすににたりて、よのなかさながらつたふるものにはあらず。

17)似非風語り:Factually False, Fictionally True

To say nothing of the wildly supernatural events in Taketori-Monogatari ('The Tale of the Bamboo-Cutter' featuring the legendary Princess Kaguya), how can the plausible accounts in such works as Eiga-Monogatari ('The Tales of Glory' of the Fujiwaras) or Ookagami ('The Magnificent Mirror' reflecting Japanese kingdom centering around the Fujiwara families) be ascertained as factually true?

Now you can see, then, if you come across ancient tales of frail young women being inexpressibly beautiful, sturdy young soldiers being austerely wild, the world being peacefully stable, and people at large being faultless in their temperament, compassion and accomplishments, you can reasonably doubt that they are authentic accounts of the reality of the times; instead, you'd be well-advised to regard them as products of pure fancy — not the world as it is, but the world as it should be (in the form of a world that could be), admirably portrayed by minds yearning to inhabit in such a Utopia.

　　Bright were the princess or soldiers in tales of old,
　　Beautifully reflecting the 'reality' of a different world.

『竹取(の翁の)物語』の摩訶不思議な思いがけぬ出来事は言うまでもなく、『栄花物語』・『大鏡』等のいかにも実話めいた事の次第も、実際には真実なのか否か、どうして識別できようか。

　そんなわけで、太古のか弱き女性はたいそう清らかに美しく、立派に成長した男子(別解釈:兵士)はとても威厳があって荒々しく、世の中は平和に安定して、世間の人々の性質・心遣い・思慮深さ・たしなみも完全無欠であった、などという話を聞いたなら、変だぞ、実際にはそうでなかっただろうに、これは嘘で固めた作り話ではないのか、と感じるのが当然である。過ぎ去った昔をありのままに語り伝えるものではなく、現実にあり得る世間の様態にかこつけて、世の中はこうであってほしい、こんな世界に暮らしたい、と思って、現実の世界に身を置く肉体を離れてふらふらさまよう心が、比べようもないくらい素晴らしいものとして作為的に書いた理想の姿である、と判断するがよい。

　　古の　姫・兵の　輝きは　現事なる(現異なる)　似非風なりけり
『大昔の物語の中に描かれた美しい姫君や勇敢な兵士の放つ輝きは、虚構的現実とも言うべき、非現実的な作り物の様式美の上に成り立つものだったのだなあ。』

17)非風語り：Factually False, Fictionally True

たけとりのおきなのものがたりのあやしきうちつけごとはさらにもいはず、えいぐわものがたり・おほかがみごときのまことしきわざも、じちはありやなしや、なじかはおもひわくべき。

さてこそ、いにしへのたわやめのいみじうけうらに、ますらをのけしういかめしく、よのなかたひらかにさだまりて、ひとのこころばせもくまなかりきなどきけば、けしう、げにはさらずもありけむものから、えせものがたりにやあらむとはおぼゆべし。ありしよさながらつたふるものにはあらで、あらるよのさまによそへて、かかるせかいにもあらましとあくがるるこころの、さうなくかきなせるあらましごととはことわるべし。

いにしへのひめつはもののかぐやきはうつつことなるえせふなりけり

17) 似非風語り：Factually False, Fictionally True

Be that as it may, there can be room for truth in such otherworldly tales. Because they are trifles of an imaginary world, it does not necessarily mean that they are wrong or harmful. Time-honored stories are precious to the extent that they make people believe that such things could be, or even should be. The attraction of fiction must lie in their supposed possibility or desirability. If they are seen through to be poor replicas of the reality as a makeshift stage on which to play the improbable or undesirable, they will simply make everyone scornful and resentful, never to survive. Stories that have stood the test of time into our days are all the more gorgeous for feeling true while being factually false. Never have I known anyone, anything, perfect enough to bear aesthetic scrutiny the way they are, without any dramatization. The vulgar herd talk only about such stuff as scandalous affairs, trivialities or invectives too embarrassing to hear.

　それはそうとして、しかし、そのような偽物の作り話の中にも、真実が含まれていないわけでもない。現実世界の外にある戯れ事だとはいえ、必ずしも間違い・悪事と決まっている筈がない。世間で語り古されている物語は、なるほど、そうしたこともあったのだろうなあ、そんな風であってほしいなあ、と人に思わせる作品こそが価値が高い。現実に起こり得ること・あってほしいことを語るからこそ、人の話は聞き手の心を引きつけるのに違いない。あり得ぬこと・あってはならぬことを、申し訳程度に現実めかしてわざとらしく書いていることだなあ、としっかり見抜いてしまったならば、人はみな軽蔑し不愉快に思って、そんな物語が時代を越えて後世に伝わるはずがあるまい。世間で良いものとして認められ、現存している物語は、「現実」ではないのに「真実」であるからこそ、華々しく輝くものである。日常の姿そのままで人を感動させることができるほどに完璧な人や物事が、世の中に存在する例を私は知らない。身分・品性下劣なる者どもの話題は、ことごとくみな不埒で取るに足らぬ話や恋愛沙汰・他人の陰口の類ばかりであって、耳にするだけでも気恥ずかしくてきまりの悪いものである。

17)非風語り:Factually False, Fictionally True

さはれ、かかるえせものがたりのうちにも、まことなきにしもあらず。うつつのほかなるまさなごとなりといへども、かならずひがことなるべからず。よにふれるものがたりは、むべ、かかることもありけむ、かくもあらなむとぞひとにおもはするがたふとき。あらること・あらましごともすによりて、ひとのはなしはこころひくものなるべし。あられぬこと、かごとばかりうつつよそひてかきなせるよとみおほせば、ひとみなあさみむつかりて、えやのこるべき。よにあるものがたりは、うつつならでまことしきこそはえばえしけれ。うつしざまさながらこころうごかすべきほどのまほなるひと・ものの、よにあるをしらず。いやしきものどものあつかひぐさは、さながらきくわいなるあだこと・しりうごとのたぐひにて、きくだにかたはらいたし。

17) 似非風語り:Factually False, Fictionally True

What is truly beautiful or elegant only comes home to you through recognition of the ugliness of actual people and things, which will incline you to appreciate the radiant charm of what is factually not true but fictionally real and to enjoy such surreal and super-real company.

　Where in sober reality does it ever shine?

　In fable thrives beauty; in fact it only slumbers

現実世界の人間や物事には忌み避けるべき汚らわしいものが多いことを認識し、現実に似せて作った偽物のまぶしいまでの威光を賞美しつつ非現実世界の人との関わり合いを楽しむ情趣があってこそ、真実の風雅は理解できるというものである。

　似非ならで　真の光　何処在る　忠実なる雅び　古来稀なり

『嘘でもない現実を描くことで真に光り輝くものなど、一体どこにあるというのか。嘘のまるでない生真面目な風雅などというものは、昔から滅多にあるものではない。』

17) 非風語り：Factually False, Fictionally True

うつつのひと・ことのけがれおほきをしり、えせもののまばゆきひかりめでつつうつつのほかのなからひにあそぶこころありてこそ、まことのみやびはおもひしらるれ。

えせならでまことのひかりいづくあるまめなるみやびこらいまれなり

『ふさうがたり(Fusau Tales)扶桑語り』

『こたいのすさび』
Classical Novelty, or No Verity as Classics
古体の遊び

とかく不如意なこの世の中で、今を嘆くは人の常。
嘆く思いのはけ口は、常に過去へと向かうもの。
過去を讃える筆の冴えは、今を罵る心の叫び。
今より優れた世の姿、恨みを込めて描いた過去は、
　当時の人には絵空事—現実、あまりに違うから；真っ赤な嘘とわかるから。
今の我々、違いを知らぬ；残っているのは紙切ればかり、
　書物に残る過去だけが、いつの間にやら事実となって、
過去の凄さを見せつけて、今のひどさを責めつける…
黄金時代は常に過去；そんなの信じちゃ、泣きを見る。
今を必死に生きるため、
よすがにできる過去だけが、
立派な未来を招くのだから、
げにあさましきは古代のすさび。

Classical Novelty, or No Verity as Classics

In Japan that's gone so crazy now, there often comes about classical rampancy. Obsolete stuff currently unfamiliar and intangible, especially embroidered in venerable old fashion, pretentiously cited by self-styled intellectuals for the latent but perceptibly assumptive motive of appearing to be cultured and sophisticated, attracts the public merely by its novelty, repeatedly remarked to be universally well-known to the point of being almost sensational — action in conscious neglect of which might appear to be all the more artificial... annoyance lasting not so long before the craze falls flat all of a sudden, without ever reviving on the lips of people.

Firstly, inquiry into the past should have essentially been motivated by will to analyze and interpret the present and reasonably speculate the course of the future by reflection of the mirror of past examples. And yet, these strangely rampant revivals of the past owe their popularity solely to their oldness, not a bit to their relevancy to the present.

『古体の遊び　│　旧風の猛威』
　今や不思議の国となっている日本国に、時折り発生するのが、古風な物事を勝手気ままにもてあそぶ流行である。今の時代には見聞きすることもない（別解釈：訳のわからぬ）昔の話で、いかにもわざとらしく古風なものを、学識をひけらかす人が勿体をつけて口に出して言い、いかにも教養・風流心があるように振る舞い、たしなみのある人物風に見せようとする意識がその態度に見え隠れしてわざとらしくて嫌味なのだが、これを、世間の連中が専らその風変わりな点だけを面白いと感じて繰り返し騒ぎ立てるので、その評判がわずらわしいまでに膨大に世間に流布しまくり、流行病が蔓延して世情騒乱となっているかの如き感覚にまでなってしまって、知らん顔して気に留めずやり過ごすのもかえってその流行を特別に意識して背を向けているようでわざとらしく見えてしまうだろうなあ、と困惑しているうちに、突如その勢いが衰えて、二度と再び人々の話の種となることもない。
　そもそも、故事を探訪するのは、現代という時代を解明し、未来の道案内にしようとする意図があるからこそその筈だ。であるというのに、このように珍妙なる気紛れな言葉遊びは、それがただひたすら古臭くなってしまった点を大騒ぎしているだけで、現代に関与するところなどこれっぽっちもないのである。

18)古代の遊び：Classical Novelty, or No Verity as Classics

『こたいのすさび』

いまはあやしきふさうのくににに、をりをりおこるはこたいのすさび。いまのよにきこえぬふること のわざわざしうふるめかしきを、さえがるひとのよしぼみてうちいだし、ゆゑだちよしづきたる けしきせむとするころほのめきてうるさきを、よのひともはらそのことやうなるをのみをかし とみてかへしののしるあひだ、くちのはこちたくひびきわたり、よのなかさわがしうまでおぼえて、 しらずがほにおもひすぐすもなかなかわざとがましからむとこうずるほどに、はたとたゆみて、 たえてまたひとのくちずさびとなることなし。

それ、ふるきをとぶらふは、いまをことわりさきのしるべたらしめむこころあればこそなるべし。 さるに、かかるあやしきすさびごとは、そのひとへにふりぬるをもてさわぎて、いまにあづかるこ とつゆもなし。

18) 古代の遊び：Classical Novelty, or No Verity as Classics

Anything with some truth in it at all, however old, should have ever been constant in their popularity, establishing in time their timeless reputation, thriving ageless despite temporal obsolescence. It is possible to argue, therefore, that if something old is cited and sounds as novel as if it had never been heard before, its novelty can be attributed to its lack of contemporary or permanent truth, making it substantially valueless after all. The way it feels oddly new may be found attractive by some people, but since reciting it in an age when its spirit has long gone brings us no substantial benefit, it's an act too futile to pursue in earnest. No amount of old mantra recited in a time when its life-force is non-existent could bring it back the way it used to be. A word thrives as long as its spirit survives; what spirit could we ever find in a word that is not spoken in earnest?

I may remind you here how greedy people nowadays are for anything new. Things of abnormal nature that have been too wretched to be publicly approved occasionally pop up in our days and enjoy fleeting popularity, only to sink back into obscurity again... unstable and restless like flowers in spring, flirtatiously flowing like clouds in the fall sky.

そもそも、何がしかの真理を含むような物事や故事は、古来その評判が絶え果てることは決してなく、永遠の隆盛を手にし、永代に続いて、現代風だの古風だのといった特定の時代の制約に縛られるものではない。であるから、古い話を切り出した際に、全く新しく口に出して言った初物のような雰囲気があるとしたらそれは、現代に通じる真実を備えていないのであるから、つまりは無益な物事であると論じるのが妥当である。奇妙に新鮮に感じる様子だけを面白がって、中核的精神が既に朽ち果ててしまった物事や話を今改めて口から出まかせに言ってみたとて、霊験あらたかな効用など全くなく、実もなく、つまらぬことである。今となっては消え失せてしまったその本質は、古い出来事や文物をどれだけたくさん唱えてみたとて、その当時の世と同様のものになり得る筈もない。言葉というものは、言霊が宿ってこそ世の中に永続することができるものであるというのに、その言葉を口に出す人間の魂魄がこもっていない言葉に、宿る言霊がどうしてあるものか。

それにしても、現代の人々が、目新しい物事を飽きもせず探し求める有り様には、極めて異常なものがある。不都合・見苦しい・卑劣であるといった理由で、これまで見聞きすることが全くなかった異様な物事の数々が、世間の耳目を驚嘆させたかと思うとまた消え去り、その突発的なことといったら春の桜の花のようであり、その移り気な風情たるや秋の空に漂う浮き雲の如きである。

そも、まことあらむほどのことは、いにしへよりきこえはつることゆめゆめあらずして、とこしへのときをえ、ちよにこけむしてすでにときのほだすところにあらず。されば、ふることうちいでていまさらにいひいでたるうひごとのけはひあるは、いまのよのまことぐせざるによりて、すなはちえうなきものとはあげつらふべし。けにあたらしうおぼゆるていのみきようがりて、こころすでにくちつることいまさらにくちずさぶとも、あらたなるしるしさらになくして、あだあだしういふかひなし。いまはうせにしそのこころ、ふることこらとなふれども、すなはちのよににるべうもあらず。ことのははことだまやどりてなむよにながらふべきものから、となふるひとのこころだましひこもらぬことのはに、やどれることだまのなにかある。
さても、いまのよのひとびとの、めづらしきことどももあかずもとむるさまはいとうたたあり。そのまさなきがゆゑにみきくことのたえてあらざりつるけしかることども、かつよをおどろかせてはかつきえ、そのゆくりなきことはるのはなのごとく、あだあだしきこころばへあきのうきぐものごとし。

18) 古代の遊び：Classical Novelty, or No Verity as Classics

Methinks such unfaithful covetousness must have its root in the modern way of our lives: nothing is ever stable, everything flows adrift, the current ways of doing things never give us sense of security in anything, presence of mind is absent under the sun, looking away and looking awry are the usual ways people look at things, nothing ever demands serious observation or observance, they keep restlessly checking this trend or that, and always end up as discontented as ever.

In consequence, unusual rampancy of anything old is to be understood as a kind of blues — sung in longing for a long-lost home, by wandering minds that find no place in the present, where the ways of life supposedly so stable in days gone by have somehow gone off to their regret. Such imaginary home, however, is no real home for these floating minds — lamentable truth is, with no time nor place can they ever find themselves satisfied.

思うに、このような誠意のない移り気な心は、世の中全般が不安定で何となく浮ついているので、何事に於いても、今現にある様式を当てにするのはひどく不安で、天下にどっしりと落ち着いた平常心がまるで存在せず、一点に集中することなくあちこちにふらふらと浮気に視線を移したり、横目でちらと眺めただけでいい加減に物事を判断して見当違いを犯すような物の見方が常態化してしまって、ただひたすらじっと見つめ続け、維持しようと思う物事など何一つ存在しないので、そわそわとした期待やぶすぶすとくすぶる不満で落ち着かぬ心をあちこち様々な対象に移し変えてもなお、いつだって物足りずつまらない、無常にして浅はかなる世の中の、これは宿命というべきものなのであろう。

それゆえ、昔の出来事や昔話の勢いが殊更に盛んになるとしたらそれは、その当時は、心落ち着かず中途半端な現代のような有り様ではなく、安定していたであろう古い時代の状況が、いつの間にか消え失せてしまった現代の世の中に、安住できずにふらふらとさまよい歩く精神が、昔なじみの思い出の場所に愛着を感じて口ずさむ嘆きの歌である、と理解すべきである。しかし、それは本当の意味での故郷ではなく、このような浮ついた浅薄な心根には、心穏やかに安住できる世界など存在しない、というのが情けないところだ。

けだし、かくのごときあだしごころは、なべてよのなかさだまらずすずろにうけるあひだ、よろづにつきて、いまあるやうをたのむはむげにこころぼそく、あめがしたにうつしごころのさらにな く、あからめ・ひがめ、つねのめとなりて、ひとにまもるべきなにごともなければ、すずろはしくこころうつしてなほつねにほいなきうきよのさがなるべし。されば、ふることことさらにすさべるは、そのかみはなかぞらならずさだまりけむいにしへのよのありさまの、いつかうせにしいまのよに、えゐつかずあくがるるこころだましひの、ふるさとなつかしくうそぶける、なげきのうたとぞこころうべき。されど、そはまことのふるさとならずして、かるすずろごころのおだしかるべきよもなきぞあさましき。

18) 古代の遊び：Classical Novelty, or No Verity as Classics

Where such flirtatious faithlessness solely prevails, authentic treasures of the world must be buried in the dust of evanescent trash, never to surface to the attention of the contemporaries; when, long afterwards, they barely draw some attention, people of later days will only rejoice in their attractive novelty – but no verity is there in such retold stories, whose essence is long gone, which failed to be a classic – the birth of yet another deplorably empty fable in classical clothing.

 Past in dust, future in fog,
 Bogged down aimlessly in current stalemate,
 What's strangely new is arguably good;
 What should've been old is regrettably new.

こんなにも浮ついた移り気な心ばかりが世の中にはびこれば、その存在がまことに望まれるべき真理を宿した世の宝物も、ほんの一時限りで消え去る無益でいい加減な戯れごとに紛れて散り散りに消え去り、遠い未来の世の中の人が辛うじてこれを見つけ出したとしても、普段の生活の中で見慣れぬその珍奇さばかりもてはやし騒ぎ立てて、その本来の意味は既に消え果ててしまっている空洞物語になるであろうことも、また痛ましい、ということになるに相違ない。

 古も　先も見えざる　今なれば　異に新たしも　惜しきかな

『過去のことはもはや断絶していてよく知らず、未来のことも思い描くことができずにいる、そんな現代だからこそ、奇妙に新しい物事・本来なら古いはずなのに不思議と新しく感じられる物事が、素晴らしい、ということになるのだろうなあ。』

 あるいはまた：

『古来伝わる伝統文化を知りもせず、将来どのような文化を築き上げようかという展望もないような人ばかりいる現代だからこそ、本来ならば太古の昔から未来に至るまで永遠に語り継がれてお馴染みであるべき文化的資産が、妙に新鮮な掘り出し物になってしまう・・・勿体ないことよ。』

18) 古代の遊び：Classical Novelty, or No Verity as Classics

かくもうきたるあだごころのみよにはばからば、まことあるべきよのたから、あだなるまさなごとにまぎれちりうせ、ひさしきのちのよのひとからくしてこれをみつくるとも、ひごろみつかぬめづらしさのみめでさわぎて、そのほいうせぬるうつほがたりならむもまたむざんなるべし。

いにしへもさきもみえざるいまなればけにあらたしもあたらしきかな

『ふさうがたり(Fusau Tales)扶桑語り』

『あざれことのは』
Flirting Words, Floating World
戯れ言の葉

人と獣を分けるもの、言葉の有無に如くは無く、
人の優劣分けるのも、言葉を操る力の差。
そもそも、人の思いの多くは、言葉で操る記号の世界。
ならば、言葉の扱い次第で、思い自体も操られる筈。
記号自体がいびつなら、思いも当然、いびつになって、
気付かず喋る人々の織り成す世界も歪ませる。
「やまとだましひ」・「からごころ」・・・
まことしやかに言い繕っても、その本質は如何なものか？
見本の一部を我流に変えて、「和風」でござい、が多くはないか？
他人に倣うことなしの、真の独創、どれほどあるか？
よそさま見習う言葉や風土が、生き様自体を歪めちゃいまいか？
借り物文化の肩身の狭さ、忘れるための「和魂漢才」？維新以降は「和魂洋才」？
・・・もしもそうなら、由々しき事・・・なりゃこそ、みんな、直視はしない。
都合の悪い体質を「日本の文化」の美名で包み、馬脚が出たら、さようなら。
これじゃあ決して育たない：
浮つくことなき真の文化、
揺らぐことなき論理の基盤、
臆せず貫く不動の哲学、
胸張り誇れる独自性・・・
依拠する大地の検証こそが、高くそびえる文化の塔の、建築工事の第一歩。
自国の言語の如何なるものか、知りたきゃ、学べ、異国のことば。
鏡を持たぬ者どもが、己が美醜を如何に知る？

新出古語：ABC=29/1500〈1.9%〉 A=6/450〈1.3%〉 B=12/500〈2.4%〉 C=11/550〈2%〉
未履修古語．ABC=91〈6.1%〉 A=16〈3.6%〉 B=27〈5.4%〉 C=48〈8.7%〉

19)戯れ言の葉:Flirting Words, Floating World

Flirting Words, Floating World

　In Japan ancient and modern, words flirt and float precariously in time. Fundamentally, words of this country — though called 'Japanese' — derive their letters from Chinese characters: called 'mana' — genuine letter — when borrowed as is, and 'kana' — spurious letter – referring to Japanized imitation. Scholarly pursuit – mainly Chinese classics – are basically carried on using otoko-de (mana, or male letter), for which onna-de (kana, or female letter) is unsuitable, yet the latter is perfect for composing waka (thirty-one syllabled verse peculiar to Japan). Learning in Japan is based upon established records of foreign countries; we employ their contents as the case may be and, when perfectly fit for our local needs, such borrowed learning is called honzai (practically useful ability). Although the term 'hon' means 'real', 'original' or 'authentic', 'honzai' does not mean authentic learning; it is called so because it refers to the localized learning of 'honchou (the government or country of Japan)' as opposed to the original learning of 'ichou (the governments or countries abroad)' – the term 'yamato-damashii (the spirit of Japan)' means nothing other than this... surprisingly, YAMATO-spirit means not the original and authentic spirit of Japan, but something that can only exist in contrast to the spirits abroad (and borrowed!).

『戯れ言の葉　｜　ふざけろ、腐れ言葉！』

　今も昔も日本という国では、言葉の扱いは、勝手気ままに、本気でなく遊び心で行なわれて、確実性がない。そもそも、この国の言葉は、大和言葉とは言っているけれど、文字は中国から借りたものであって、そのまま借りたものは真名（漢字）と呼び、真似して転用したものは仮名（ひらがな）としている。学才（特に漢詩・漢学の教養）を学ぶには男文字（漢字）を主流とし、女文字（平仮名）では似つかわしくないけれども、仮名文字は和歌（別解釈：和語）には似合うものである。学識（学問や文筆、特に漢学の才能）は外国（特に中国）の慣例となっている書物を根本とし、何かの折りごとにこの学識を役立てて、めいめいの物事の趣意に適合すれば、それを本才（実際に役立つ実務能力、儀式・芸能に関する才能）と称している。「本物の才能」というのがこの「本才」なる語の由来というわけではなく、異国（特に中国、の国・朝廷）に比較して言う本国（日本、の国・朝廷）の学才・教養である、との理由でそう呼ぶのである。「大和魂」と呼んでいるものも、この「本才」と別物ではない。何とまあ、実は「大和魂」とは、元来心に持っていた日本固有の精神・才覚ではなくて、中国（を初めとする諸外国）の精神に対立させて初めて浮かび上がって来るものだったのである。

『あざれことのは』

いまもむかしもふさうのくにに、ことのはすさびていちぢやうならず。それ、このくにのことのはは、やまとことばとはいひたれど、もんじはもろこしよりかりたるものにて、さながらかりてはまなとよび、もどきなしてはかなとせり。さえまねぶにをとこでをむねとし、をんなでつきなけれどもやまとことばにはあひたり。もんさい、ひとのくにのさだまれるふみをもととし、ことにふれてこれをもちゐ、おのがむねにかなはばこれをほんさいとはよべり。ほんのざえのよしならで、いてうになずらふるほんてうのざえなるによりてかくよぶなり。やまとだましひとよべるもことことにはあらず。はやく、やまとだましひは、もとよりいだけるやまとのこころだましひにはあらで、からごころにむかへてはじめてあらはるるものなりけり。

19)戯れ言の葉：Flirting Words, Floating World

Such faked spirit is as specious as exotic costumes arriving from overseas, though different only in designs and tints, since they differ in patterns and size, plausibly dubbed 'YAMATO' costumes.

Be that as it may, how can a language stay in such a tentative state? Clothing covering body only temporarily may serve its purpose however outlandish; if worn as everyday clothes, however, it will leave so much to be desired. Human thought or human communication entirely depends on the means of language. Language is the dress of mind, without which our inner reality is outwardly shapeless, without any chance of becoming visible to the others. Language is also the vessel of spirit; with its contents being Japanese, how can it look outwardly Chinese? So, what was originally borrowed from others, through imitation and getting accustomed to, becomes one's own in due course. A term which was originally foreign, in the course of its usage as a vessel for things Japanese, naturally mutates in spirit, often meaning one thing in Japan and another in China; if the meanings are one and the same, after all, the term must still be Chinese, without ever settling down in Japanese.

よそからやって来た珍しく美麗な異国風の衣服を、ただ単に色合い・模様を変えて着こなしているだけだというのに、紋様や寸法が異なるからという理由でこれを中国衣裳ならぬ日本衣裳ともっともらしく言い繕うのに似ている。

そうした借り物に過ぎぬとは言っても、言葉は、いくらなんでもまさかほんの一時しのぎのいい加減なものであるはずがない。一時的に身体を覆う着物であれば、中国(異国)風でも通用するであろうが、日常の衣服として身に付けたなら、あれこれと気に食わずじれったいはずである。人間は、物事を考えるのも思いを伝えるのも、全て言葉によって行なう。言葉は魂の衣服であって、この言葉という衣服をまとわねば、魂は外形もなく、人目に触れる手段もない。言葉はまた魂の容れ物であって、内側の心が和風なのだから、外側の形がどうして中国風(異国風)になったりするだろうか。こうして、元来は借り物であった他人の物も、物真似をしながら慣れ親しんだ果てには、自分の物となる。異国の言語を用いて日本の心を表現するうちに、本来の心は自然と変化して、同一の文字の言わんとするところが、日本と中国(外国)とでは必ずしも一致しない。そもそも、一致したとすれば、それは日本語ではなくて中国語(外国語)、ということになってしまう筈だ。

19)戯れ言の葉：Flirting Words, Floating World

よそよりきたるからころも、ただあやめちがへてきなせるものから、もん・たけたがへるによりてやまところもといひなすににたり。

ことのは、さりともいかでかりそめならむ。あからさまにみをおほふきぬならば、からやうにもことたらむも、つねのさうぞくとてまとはばとかくもどかしかるべし。ひと、ものおもふもここちつたふるも、みなことばによりてす。ことはまたたまのころもにて、まとはざらばかたちなく、ひとめにふるるよしもなし。ことはまたたまのうつはものにて、うちなるこころやまとなれば、そとなるかたちえやはからめく。かくて、もとはかりつるひとのものも、ならひなづさひてわがものとなることくにのことによりてやまとのこころあらはすままに、もとのこころおのづからうつりて、おなじもんじのいはむずるところ、やまと・からにて、かならずしもひとしからず。そも、ひとしからずせばそはやまとことのはならずしてからことばなるべし。

19)戯れ言の葉:Flirting Words, Floating World

　Come to think of it, lots of customs here in Japan have been made after foreign examples. On the face of it they look familiar, but most of them are somewhat different and never prevail here the way they originally were. Is it altogether perverted to argue, in the light of these mutated examples, that many things must have been willfully altered, in a blind passion to forcibly make the false original into something different – different enough to be apparently 'Japanese'? Were it not for such backgrounds, so many anomalies that thrive only in Japan must naturally disappear for lack of rational grounds for existence. Since there have been so many things to take in and imitate, there must have been lots of cases of makeshift adaptation with no very reasonable judgement. When something strangely new (but logically groundless) is introduced to Japan, many people must take advantage of the fresh knowledge of it, knowingly citing and applauding it with pride, in an attempt to appear superior to those naïve folks who are at a loss what to make of the novelty. Meanwhile, things keep changing within (in meaning) and without (in form), but who dare to blame them for lack of consistency? Such variations may be praised as different versions or nuances of each person's own making, but who's going to reprove it for disregarding the original?

　振り返ってみれば、この国の慣習には、中国(外国)を手本とした物が多数ある。大筋似せてはいても、一般的に、どことなく違っていて元のままの形では存在していない。これを見ると、一時的な間に合わせの物事を自分自身の物にしてやろうとする気持ちが激しく性急なので、わざと異質な様子に作り上げている物が多いのに違いない、と説明するのも、必ずしも間違ったことであろうか？そうした意識がなかったとしたら必ずや消えてしまうだろうにと思うような、外国には見られぬ珍奇なる物事の数々は、さもなくばどうして日本の世間にはびこるというのか。真似し習い覚えて取り入れる必要がある事柄が多いために、完璧に整った理由も説明も筋道もなしに、深く考えずに取って付けたような取り扱いをされてしまった例も沢山あるはずである。初めて目にする物事で、実際には当てにならないのに妙に珍らしげなものを知るや否や、たちまち得意げな顔をして異議も唱えずこれを受け入れて誉めそやし調子づいた態度を取って、何の事やらわからずに間抜けな様子をしている他人よりも自分が優位に立とうとする者も多いことであろう。そうこうしているうちに、物事の外観や本質が食い違って行くとしても、一体誰がこれを非難したりするだろうか？そうした本義とのずれは、めいめいがそれぞれ手に入れた風情として褒めそやされることはあっても、本来の意味を軽んじた欠陥・罪過であるなどと、一体どうして人が立腹し文句を言ったりするだろうか？

かへりみるに、このくにのならひ、からくにをほんとせるものあまたあり。あらましにせたるも、おほかたそこはかとなくたがひてもとのままにてはあらず。これをみるに、かりのものをわがものとなさむずるこころいちはやければ、ことさらことざまにつくりなしたるものおほかるべしとことわるも、あながちにひがことならむか。さらむこころのなかりせばひつぢやうたえなましよそにはみえぬことども、しからずはなにすとかよにはばかることわりもなく、うちつけにもてなせるためしもそこばあるべし。げにはあだしきうひごとのけにめづらかなるをしりてより、やがてしたりがほにうけひきもてはやしところえたるけしきして、こころえずしれじれしきていなるひとにすぐれむとするもおほからむ。さるほどに、もののかたち・こころ、たがひゆくともたぞとがむべき。そはおのがじし、ことごとえたるこころばへとてもてはやさるとも、ほいをあなづるとがなりとはなんでふひとのむつかるべき。

19) 戯れ言の葉：Flirting Words, Floating World

Such being the case, linguistic, situational or semantic interpretation and manipulation in this country is solely up to each one's fancy, where it is hard indeed to establish any unswerving standard rules. Things or terms of irresponsible nature — frivolous jokes that enjoy accidental popularity, dubious stories written in books – though really scandalous, will get away with it without serious rebukes, frivol for a time, and instantly disappear... to the disappointment of this author, who laments in a song the way the world keeps floating without ever settling down:

Like bubbles on the water rising up only to die,
Words keep flirting in a world that keeps floating.

こうして、この国に於いては、言葉も、物事の事情も、事物の趣意も、各人各様の主観的判断に従って裁断してしまうのが風習であって、確かな規則を定めることは実に困難である。偶然時流に乗ってしまっただけの些事や冗談、文書に書き記してある真偽不明の事柄の数々などの、まったくもってよろしくない思慮に欠ける思い付きだけの無遠慮な言葉や急な思い付き・気紛れな浮気心も、悪くはない・差し支えないものとして世間に許容され、しばしの間だけ狂態を尽くしたかと思うと瞬く間に消え果ててしまう･･･そんな事情も嘆かわしく不愉快なので、片時たりとも安定することなき世の中の様子に擬して（日本の文物のいい加減な扱いを）詠んだ歌は、

浮かびては　消ゆる汀の　泡の如（言）　定め無き世（様）に　戯る（戯るる／鯑るる）言の葉

『浮かんでは消える波打ち際の泡のように、まるで何の規則もないかのごとく、移ろいやすく頼りない世の中にあって、戯れに世に出て乱痴気騒ぎを演じては、鮮度が落ちたから、と言ってたちまち消え去る、ふざけた泡沫言葉もあったものだなあ。』

19)戯れ言の葉：Flirting Words, Floating World

かくして、このくににては、ことのは・ことのさま・ことのこころ、おもふにしたがひておのおのとわるがならひにて、いちぢやうなるおきてさだむるはまことにかたし。たまさかにときにあひつるあだごと・ふみにかきのせたるあやしげなることどもなど、まことけしからぬおもひぐまなきうちつけごと・うちつけごころも、けしうはあらずとてよにゆるされ、たまゆらあざされてはたちまちきえはつるもうたてにて、うたかたさだまらぬよのさまになぞへてよめるうた、うかびてはきゆるみぎはのあわのごとさだめなきよにあざることのは

『ふさうがたり(Fusau Tales)扶桑語り』

『しがひがめ』
Wish 'n' Warp, Look 'n' Judge
しが僻目

災厄詰まったパンドラの箱に、最後に残った変なやつ、
それが「希望」・・・と教える神話、人の国にはあるそうな。
とかくつれないこの世の中で、頼れる友は、希望の光。
されど、希望は悍馬に似たり；飼い慣らせねば怪我をする。
心の馬場では乗りこなせても、余所ではただの暴れ馬。
下手すりゃ誰にも見えやせぬ、独り善がりの幽霊馬。
希望が描く名馬に乗るのは、駄馬さえ持たぬ物乞いだけ・・・
と、マザー・グースにある通り、
望む心が見せるものと、世界に臨んで見るものと、
区別できなきゃ大人になれぬ。
されど、つれなき現実を、希望の光で照らすこと、
出来ねば、まともに生きられぬ。
今いる場所と、行くべき場所を、見据えてまたがる名騎手だけが、
理想という名の名馬を駆って、千里の馬場をうつつに拓く。
理想の行く手も示せぬ者は、惨めな現実に目を逸らし、
せいぜい夢で威張るだけ、「見よ、我が名馬、我が楽土！」
・・・乗りこなせれば偉い人、乗せられちまえば馬鹿な人。
「希望」は、やっぱり、変なやつ。

Wish 'n' Warp, Look 'n' Judge

In Japan or anywhere else, nowadays or in days gone by, folks of lesser intelligence confuse their personal mental schemes with actual things in the physical world, as fondly as if they were creating and adoring in the waking reality their darling figures in the realm of their dreams. Highly intelligent people, on the other hand, are sensible enough not to identify what is before their eyes with what is born of their desires; what is actually there with what should hopefully be there, what is now with what used to be, what leaves much, with, nothing to be desired — these are in their eyes two different things. Foolish folks wish before they look, and only see what their desires choose to see; foolishly stubborn in their preoccupation, which they firmly believe too good to desert, they simply ignore and avoid inconvenient realities; their cherished wishes are so rampant in their heads that the objective reality is soon replaced by their illusory ideal; they get themselves deceived by their own desires; totally unable to tell truth from falsehood, they engage themselves in futile revolt against sound reason no sane man fails to see; they may possibly even go so far as to look away from the actual world that looks so crazy to their insanely perverted eyes — with the hideous consequence that they will naturally find it irritating or even illicit for them to mingle among the world that hardly fits their ideal.

『しが僻目　│　希望的観測眼』
　今も昔も、無分別な人は、日本国だろうと外国だろうと、こうあってほしい・こうなる予定であると自分が心に抱いている願望や予想を、現実に世の中に存在する真実と感じて、まるで、夢の中で愛育した大切な人を、現実世界の中にでっち上げて崇めたり可愛がったりしているようなものである。
　確たる分別のある人は、自分の目で見る物事と、見たがる心が原因で生じた幻想とを、混同することのない確かな平常心があるので、確かに現実にある物事と、あってほしい物事、今現在存在する物事と、かつては存在したが今は無き物事、不完全な物事と、完璧な物事を、間違えることなく確実に識別する。確たる分別なき者は、物事を見る前にまず最初に心の中で祈念し、見たいと思うものだけを選り好みして見る。愚かで偏屈な心構えにとらわれて、それをいとしく手放せぬ立派なものと堅く信じ込んでいるうちに、自分にとって都合の悪い物事を避け、心の思うがままに大切に育んだ理想・希望の念が、いつの間にやら現実を盗み取って、自分が見たいと思う物事によっていいように目を欺かれ、真実と事実誤認の境界線もさっぱりわからぬほどに混じり合って、際立って目立つはずの物の道理に無益にも逆らって、下手をすれば、正気を失ったかのごとき見誤りでもって世をすねて現実から目をそらし、世間との交流をも自然と嫌い、人付き合いも出来なくさせてしまうのが（この種の希望的観測の）例えようがないほどに恐ろしいところである。

20)しが僻目：Wish 'n' Warp, Look 'n' Judge

『しがひがめ』

いまもむかしも、をさなきひとは、ふさうのくににもひとのくににも、おのがこころのあらましごとを、うつしくよにあるまこととなして、ゆめにいつきしかしづきもの、うつつにこしらへあがむるににたり。

をさをさしきひとは、おのがめでみるもののところよりいでしまぼろしを、まがふることなきうつしごころあるによりて、まさしくあるものとあらまほしきもの、いまあるものとありしもの、かたはなるものまほなるものを、たがふることなくしかとわく。をさなきひとはものみるよりさきにまづねんじ、みまほしきもののみえりてみる。かたくなしきこころおきてにかかづらひて、をしくめでたくおもひなせるままに、あやにくなるをさり、いつきすさみしあらましごと、いつしかうつつかすめて、みまくほしきものにすかされ、まことひがことあやめもわかずまぎれ、けんしようなるべきことわりにいたづらにそむきて、ようせずは、ものぐるほしきまでのひがめもてよにそばみて、ひとのよにまじらふをもおのれとうとみいさむるこそたとしへなくゆゆしけれ。

20) しが僻目 : Wish 'n' Warp, Look 'n' Judge

In looking at things, there is nothing bad in imagining what they could possibly turn out to be. But you should keep this in mind — to picture to yourself in advance what things could hopefully be might, somehow or other, disable you from seeing them the way they actually are. Your reason should persuade you of the reality of the world, desirable or otherwise; never should you allow your wishes to make you see what you'd like to, or have to, see.

What is, should or must be there look all the same in the eyes of fools.

What is, should or must be there never get confused in the minds of sages.

物事を見るのに、そのあり得る可能性の様態を予想することは、道理に合わぬ悪いことではない。ただ、そのあるべき理想像を予め心に思い定めておく予断的態度は、あれやこれや様々な形で現実を事実と異なるものへと歪める根本原因であるということは、用心してかかる必要がある。それが自分の望みに叶おうと叶うまいと、「そうあるものだ」と判定して、間違っても「こうあっておくれ」とか「こうあるべきだ」とかの様子にねじ曲げて見てはならない。

　斯く在りと　斯く在れかしと　在るべしと　違ふ事無き　人の憂はし
『かくかくしかじか「である」というのと、「であってほしいものだ」というのと、「であるのが当然だ」というのが、別物でなく一つのものとして混同されてしまっているような人間は、嘆かわしい。』

　斯く在ると　斯く在りたきと　在るべきと　紛ふ事無き　人ぞうるせき
『かくかくしかじか「である」というのと、「でありたい」というのと、「であるのが当然だ」というのが、混同されずに別物としてきちんと区分されている人間こそ、立派で賢明な人物である。』

20)しが僻目：Wish 'n' Warp, Look 'n' Judge

ものみるに、そのありうるすがたかねておもひおくはひがことならず。されども、そのあるべきすがたかねておきつるは、とにもかくにもうつつひがむるもととはこころうべし。あるがままを、あらまほしくもあやにくも、かかりとことわりて、かまへてかくあれかし・かかるべしのていたらくにみなすべからず。

かくありとかくあれかしとあるべしとたがふことなきひとのうれはし

かくあるとかくありたきとあるべきとまがふことなきひとぞうるせき

『ふさうがたり(Fusau Tales)扶桑語り』

『ことなしび、ことなすぢ』
Not That It Matters, 'Tis Guts That Really Matters
事無しび、事為す地

「誰かが、何とかしてくれる」・「いずれ何とかなるだろう」・・・
自分じゃ何にも出来ないくせに、いやいや、何にも出来ないからこそ、
地に足着かぬ徒なる希望、出来る訳ない無茶な要求、
呆れるばかりの高望み、勝手気儘に振り回す・・・
現実見もせず、見えもせず、向き合う相手がうつつになけりゃ、
どうすりゃいいのかわからない、わからないから何にもしない、
そうなりゃ、自分は頼りにならぬ。頼れるものは、奇跡だけ：
駄目な自分になり代わり、何とかしてくれ、よろしく、と、
頼む相手の顔も見ず、如何に為すかも見ようとせず、
己が心の望むがままに、何とか成るのを祈るだけ。
祈って、叶って、我が意を得たり！得意満面・・・誰の御手柄？
事為す誰か？いえいえ、違う：成るのを望んだ自分の手柄！
望んで叶うは我が身の役得、奇跡が贔屓をしたがる相手、
自分はそうした特権階層！・・・どんなもんだい、偉いだろ！？
自力じゃ何にも出来ない奴は、他力を自力にすり替える。
力を揮った当人を、誉めることなど、出来ない相談。
そもそも、褒美を与えようにも、事為す過程を知らない以上、
苦労の重さを感じぬ以上、自分じゃ出来ない謎の業、一体どうして評価する？
評価出来なきゃ、素知らぬ振りで、誰かの頑張り、待つばかり。
当事者たり得ぬ部外者は、成功すれば喜ぶが、成功報酬の相場も知らぬ。
失敗したら、なじるだけ：事成る過程は見えずとも、ポシャった事実は見えるから、
当事者気取りでしゃしゃり出て、現場をけなして、失地回復・・・
・・・「呆れたやつもいたもんだ」・・・あれれれ、いいの？素知らぬ振りで？
他人事かな、上の事？・・・昔話じゃ、ないんだよ・・・
「伴食宰相」・「名ばかり重役」・「無能な上司」・「無責任教師」・「高望み生徒」・「わかっちゃいないPTA」・「身勝手株主」・「わがまま顧客」・「傲慢視聴者」・「にわかファン」・・・随分色々居るのだけれど、おたく、どれにも属さぬつもり？
ほんとにどれにも属さぬならば、自力で何かを為す人ならば、
お見それしました、御苦労さま・・・だけど、まったく御愁傷さま：
だって、倭国じゃ、我が身の手柄は、何時の間にやら公共物資。
成果に正当な成功報酬、得られぬいびつな枠組みを、
知りつつひたすら働くかい？事為す過程の喜びのために？
呆れて余所に逃げ出すかい？当事者意識が報われる地に？
あるいは此処を変えたいかい？誰もが事為す意識の国に？
それとも、何にも感じずに、ないものねだりを続けるかい？
・・・ま、別にいいのさ、どうだって・・・何がどうでも、
事なしび・・・「あっち向いてホイ！」の国だもん。
そういうことで、おあとはよろしく・・・こちらどうせ、異邦人。

新出古語：ABC=56/1500〈3.7%〉 A=11/450〈2.4%〉 B=21/500〈4.2%〉 C=24/550〈4.4%〉
未履修古語：ABC=17〈1.1%〉 A=0〈0%〉 B=2〈0.4%〉 C=15〈2.7%〉

http://fusau.com/←古歌・古語・古文全般   大学入試→http://fusaugatari.com/

21)事無しび、事為す地:Not That It Matters, 'Tis Guts That Really Matters

Not That It Matters, 'Tis Guts That Really Matters

　Now as of old in Japan, promotional considerations in public service are determined somehow by the degree of pedigrees; no amount of ability to practically handle business can possibly guarantee you high positions without personal support from someone with influence. Still more so, the higher you go up in ranks; at the top of the Imperial court, there are fewer and fewer cases of practical business transaction, where you'll find little if any that you have to do in person except for such entertainments as sport, holidaymaking, banquets or artistic performances.

　In the case of governors officially transferred to local districts, who actually go to live in and rule their territories, they will naturally and increasingly rise in wealth, as long as they make strenuous efforts to see to it that nothing goes wrong under their administration on the carefully managed balance of revenue and expenditure, while their negligence will render them and their territory desolate, unhappy and poverty-stricken. How can they deal half-heartedly with the business of their own that is very lucrative and well worth their efforts?

『事無しび、事為す地　｜　見て見ぬ振りと、してやる土台』

　今も昔も日本国では、宮中や貴人の家への奉公の成り行きは、とにもかくにも家柄・血筋の優劣が序列を決するものであって、実務処理の能力がいかに確かであろうとも、しっかりと頼もしい格式の高い後見人がいなければ、良い地位に就く方法など皆無である。ましてや、宮中の高い地位に出世すれば、関与する必要のある実務はますます少なくなり、詩歌・管弦・狩猟・行楽・酒宴といった遊芸以外は、自分自身で行なう仕事などあまり多くは存在しない。

　人事異動で任命されて地方の領地（国司の任国）へと下向する受領（地方長官）は、万事に気を配り怠けることなく気をひきしめて事にあたり、支出と収入とを油断なく管理すれば、富裕の度合も自然にいよいよ増大し、怠惰な行ないがあれば荘園は荒れ果てて経済的に貧しく不幸になる筈である。他人に強制されてすることではなく、自分自身の意志で当事者意識をもって行なう、努力しただけの見返りが見込まれる仕事なのだから、どうして粗略な気構えで臨んだりするものか。

21）事無しび、事為す地：Not That It Matters, 'Tis Guts That Really Matters

『ことなしび、ことなすち』

いまもむかしもふさうのくにのみやづかへのしだいは、ともかくもかど・すぢのおとりまさりのついづるところにて、まめごとのさいかくいかにしたたかなりとも、むべむべしきうしろみなくば、かけてところうるすべもなし。まいて、くもゐのかみにあがらば、いろふべきまめごとさらにまれにて、あそびのほかにはてづからおこなふことさしもなし。ちもくありてあがたのしるところにまかるずりやうは、よろづゐたつきおこたることなくつとめて、つひえ・せうとくふかくせずしたたむれば、ぶげんのきはおのづからいやまさり、けだいあらばしやうくわうりやうにしてふがふなるべし。ひとやりならずおこなふかひがひしきわざなれば、いかでおろそかにかまふべき。

21) 事無しび、事為す地：Not That It Matters, 'Tis Guts That Really Matters

Things are not quite like that when it comes to public service. The most striking instance is the administration of Dazaifu at the furthest south of Japan; it is, for the most part, no business of its nominal governor, but is conducted exclusively by the subordinate officer or deputy director. This example goes to show that practically all the government dignitaries on top of the Imperial court, including the highest-ranking Regent, while ruling the whole country, do not necessarily keep personally in touch — with actual business dealings or with the way the governed live. What they do know is what they have lower officers report to them; but such information does not include what those officers would hate to say, consisting solely of what they believe their superiors would like to hear, pompously varnished with soothing or lauding rhetorics; it will be very, very long before the really precarious state of the nation, which ignorant dignitaries have long regarded as stable, suddenly surprises them like a bolt from the blue... when there is nothing left for them to do.

朝廷の政務は必ずしもそうではなく、中でも特に太宰府の政治はだいたいにおいて師（太宰府の長官。親王が任命されることが殆どだが、現地の実務は他人任せであった）の関わることではなくて、執務致し申し上げるのは専ら大弐（太宰府の次官）や権帥（太宰府の副長官。納言以上の官僚が任命されて実務を執るが、左遷された大臣が名目上の権帥となって実質上の空位になる場合もあった）である。そういうわけだから、宮中の清涼殿にいらっしゃる大臣・公卿は、最上位の摂政・関白を初めとして全員、国家を統治なさるのに、概して、必ずしも自分自身が世の中を統治するわけではなく、世間の実情を知っているわけでもない。知っている事柄と言えば唯一、役所・役人を通じて間接的に申し上げさせた事情だけであって、そのような物事は、申し上げたくない事柄は内緒にして言わず、上の方々がお聞きになりたがるに違いない事柄ばかり、鬱陶しいほど誇大に膨らませて、何事もなく平穏無事（別解釈：非の打ち所もない理想的状態）の如く、事実以上に誇張してもっともらしく言い繕っているのであるから、実際には病んで大切に面倒を見て治療してやる必要がある病人の如き国の有り様を、先々の心配もなく頼もしい状態だと堅く信じ込んできた後で、突然の凶事のように殿上人にとって寝耳に水のような感じで聞かされたとしても、その段階となってはもはやどうしようもあるまい。

21）事無しび、事為す地：Not That It Matters, 'Tis Guts That Really Matters

おほやけごとかならずしもさならず、なかにもださいのまつりごとは、おほやうそちのかまふところならで、せいばいつかうまつるはもはらだいに・ごんのそちなり。されば、くもゐのうへなるおとど、いちのひとよりしてみな、よをきこしめすにおほかたみづからはかならずよをしらず。しりたるはただつかさをしてきこえさせたることのみにて、かやうなることごとは、きこえさせまうきことはひかへ、きこしめさまほしかるべきことのみこちたきまでことなきありさまにいひなせるものゆゑ、げにはあつしくいたはるべきくにのていたらく、うしろやすきさまにおもひなしつるのちに、とみなるまがことのごとくくものうへびとのみみをおどろかすとも、いまさらにいかがはせむ。

21)事無しび、事為す地：Not That It Matters, 'Tis Guts That Really Matters

After all, it's a world they have not ruled but they have had others rule in their stead, the ruin of which does not strike them as personal disaster, leaving them surprisingly, scandalously (and naturally) disinterested; needless to say, noble ladies enjoying luxurious living are just as apathetic to the plight outside their residence.

Basically, it must be in the nature of all noble ones to rely with nonchalance on the efforts of others to accomplish things to their credit. If done well, they will say something like "Well done" and possibly express their pride with generous gifts; if done awry, they will do little more than say "Well, I don't know" and wash them off in utter neglect.

Nothing good or bad seems to happen to Court.
Whatever occurs outside simply slips their thought.
Nobles rule the world not knowing how or why.
Folks go down farther and fare worse in time.

自分自身が統治し関わっている国ではなく、下役を使役して統治させているものだから、どうなろうとも（たとえ死んでしまうとしても）他人事に近い感覚であって、（こうした殿上人の態度が）唖然とするほどに当事者意識に欠ける淡泊で杜撰なものであるのも、不愉快なことながら当然のことであって、女房（天皇・后などに仕え、宮中に局を与えられた女性。または、貴族の家に仕える侍女）や局（宮中や貴族の邸内に私室を持っている女官・女房の敬称）といった種類の連中もまた、同様の態度であることは言うまでもない。

そもそも、何気ない素振りで他人の力を用いて事業が成就するのを当てにして、事を成し遂げる自信満々の顔をしているというのは、おおよそ高貴なる人々の本性というべきであろう。見事に事が成就すれば「でかした」と言って褒美に衣服や布を与えるなどし、気に食わぬ見苦しい所行は「さぁ、何のことでしょうか、自分は知りません」などと言ってとやかく構わずさらりと流してしまう。

　宮人は　宜し悪しも　誰が事ぞ　知りて領らざる（領りて知らざる）　世の末辛し
『宮中の人というものは、なかなかよいとか、感心しないとか言っても、誰の事を言っているのやら、当事者意識が感じられず、よくわからない。自分が治めている筈の国も、事情を知った上で統治しているわけではないのだから、そんな世間の末席にいる下々の人々はたまったものではないし、こんないい加減な政治が罷り通ったのでは世も末、先々しんどいことであるが、そうして世が零落しても、宮廷人達は、誰のせいでそうなったことやら、などとまるで他人事、どこ吹く風の素っ気ない態度でいるのである。』

21)事無しび、事為す地:Not That It Matters, 'Tis Guts That Really Matters

われのしりたるくににはあらで、ひとをしてしらしめたるものなれば、いかにもならむともひとごとにちかく、めざましきまでなほざりなるもうたてことわりにて、によう ばう・つぼねのたぐひはさらなり。

それ、ことなしびにたりきしてことなるをたのみてことなしがほなるは、およそあてなるひとびとのさがなるべし。めでたくことならば「したり」とてかづきなどし、ものしきしわざは「いさしらず」とてさうにおよばず。

みやびとはよろしわろしもたがことぞしりてしらざるよのすゑつらし

21)事無しび、事為す地：Not That It Matters, 'Tis Guts That Really Matters

The way the government officials reign, however, is hardly tainted with personal interests. The local governors or their servants, on the other hand, availing themselves of their rural position far away from the central government, will leave no stone unturned to profit and prosper as best they can; if they are to be employed as tools of governing the nation, they must be made to toe the line and never cross it beyond hierarchic limits, otherwise the country is sure to degrade into disorder and indigence beyond any possible recovery. But people of humble descent or status can hardly be made to serve as humbly as their social standing should demand. People noble enough to be able to serve in the Imperial family's presence, due to their naturally exalted social status, may be able to keep their ambition for higher positions within reasonable limits — things are totally different with folks of obscure ranks. If they should accept the common wisdom that tells us "men are only as noble as they were born to be" and settle down to their innately ignoble situation, they could hope for no chance, no means, no personal connections or convenient opportunities to raise them out of their hardship; how could we blame them for being disreputable or impudent if they should contrive to thrive on the strength of their own abilities alone?

　こんな風ではあっても、宮中・朝廷が国を統治する際には、私利私欲を肥やそうとする心は殆どない。ところが、受領もそれに仕える従僕も、都から遠く離れた身であることをよいことに、自分自身の財産を極限まで増やそうと、どのようなことでも工夫して利得を得ようとするものなのだから、こうした者達を派遣して国を（朝廷が）お治めになる際に、分相応に任務を行なわせなければ、国は必ずや秩序もなく乱れて零落して貧乏となり、治療しようにもその手だてもない。であるのに、身分・家柄が低い者を使役して、各自の分際に似つかわしいように奉仕させるのは、困難な芸当である。皇族の近辺に出仕することのできるほどの人物であれば、元々身分が高いので特に上位を志向する工夫も切実なものではなくおおらかに振る舞うこともできようが、物の数にも入らぬ程度の身分の者の場合はそうではない。身分が低い者は所詮その程度の者でしかないのだ、ということで低い身分に納得して落ち着いてしまったならば、苦境を脱して世に出る機会もない、手段もない、頼れるよりどころ・縁故・便宜・機会も乏しい者なのだから、自分自身の才気だけで必ずや裕福になり出世してやろうと工夫を巡らしたとしても、それがみっともないことだ、感心しないことだ、などとどうして言えようか。

21）事無しび、事為す地：Not That It Matters, 'Tis Guts That Really Matters

かくても、おほやけのくにをさむるにほとほとわたくしなし。しかるに、ずりやうもつかまつるいへのこも、あまざかるひななるみをことにして、わたくしのとくをきはめむと、いかにもたくみてせうとくせむとするものなれば、これらをつかはしてくにをしろしめすに、あふなあふなつとめさせずんば、くに、かならずみだりがはしくおちわびて、つくろふにずちなし。しかるを、しな・きはいやしきものをして、おのがぶんにつきづきしくつかへさすは、かたきわざなり。みやのほとりにつかうまつるべきほどのひとならば、もとよりきはたかければことさらうへをのぞむこころだくみせちならずおほやうなるべけれども、かずなきほどのひとはさにあらず。きははきはとてしもにおちつかば、うかぶふしなくたよりともしきものなれば、おのがさいかくのみにてにぎはさかえぬべくたばかるもいかでかわろくびんなかるべき。

21) 事無しび、事為す地：Not That It Matters, 'Tis Guts That Really Matters

Moreover, since they are men of vehement talents and temperaments proudly confident of earning their livelihood depending on nothing but their own practical cleverness, it is not so surprising if they should secretly hate and despise the vainly elegant exercises high up in the court, where people who were born to prosperous families can win the favor of superior ones and get promoted merely by virtue of occasional brilliance in poesy.

  Too high and genteel to feel how people feel below,
  Still, nobility steer the wheel of fortune for us all.
  Wish they really knew where and how to go.

Such mentality must also be found among the samurai who, though serving in the Imperial court, make it their business to be ruggedly tough and strong, keeping themselves at a respectful distance from anything urbanely sophisticated. Such lowly servants as will clear the streets of the crowd for a noble one's procession, or accompany and guard him in his personal trip, or play the role of night-watch beside his bedroom — these, too, are the men, though obscure in ranks, who perform their duty without being obtrusive, yet trying to make themselves as reliable as possible.

さらにまた、自分自身の才覚で世渡りしているという自負を持っている才気溢れる（別解釈：気性の激しい）者なので、元々一門が繁栄しているのを幸いにして、たまたま優雅に詠んだ歌が面目を施す代表歌となってその一首だけで過分な恩恵を受けることもあり得るような、風流で物好きな宮仕えの浮ついた生活を、おお憎らしい、と感じ、驚き呆れて軽蔑する気持ちがあったとしても、それほど心外で生意気なことだと言えようか？

　　　領(知)るべう(導)も　無げに領らしめ(知らしめし)　下下の　心も知らず　雲の上人

『政治を執ることもできなさそうなのに、国を治める手引きもなさそうなのに、投げ遣りな態度で他人任せで統治する、一般庶民の心も知らずに宮中にお高くとまっている殿上人であることよ。』

こうした胸中の思いは、内裏に伺候していても優雅な様子を帯びることなく、武骨にして強壮・頑固なることを第一とする武士達にも、必ずやある筈である。前駆(貴人の往来を馬に乗って先導する人物)・随身(貴人の外出に随行して身辺警護にあたる下級役人)・宿直(夜間に宮中や役所、貴人のそばなどに泊まって警護・勤務する人物)といった種類の者達は、身分は高くはないけれども、安心して任せられる頼もしい存在でありたいものだと思って、各人各様分相応に気を引き締めて任務に当たっている。

21) 事無しび、事為す地 : Not That It Matters, 'Tis Guts That Really Matters

しかも、みづからのさいかくにてわたらふおぼえあるかどかどしきものなれば、もとよりかどひろきをことにし、わくらばにやさしくよめるおもてうたひとつにてもみをかたじけなくすべき、すきずきしきみやづかへのあだなるわたらひを、あなにくとみてあさむこころあるとも、さのみめざましきことならむか。

しるべうもなげにしらしめしもじものこころもしらずくものうへびとかやうなるこころぎもは、うちわたりにさぶらひても、みやびずこちなくこはきことをむねとするもののふどもにもきっとあるべし。せんぐ・ずいじん・とのゐのたぐひは、ひとびとしくはあらねども、たのもしからむこそとあふなあふなつとめをり。

21) 事無しび、事為す地 : Not That It Matters, 'Tis Guts That Really Matters

The same or more goes for the soldiers who keep guard over the abode of the ex-emperor or residences of high-ranking officials. The way experienced swordsmen stay always on guard and act flawlessly is beyond compare. The way of the samurai is the way of doing everything on their own, taking responsibility for anything they touch, without ever passing the buck to anyone else. If such men were taken too much for granted, despised as disgustingly unfriendly ignoble ones, how many more years should they deign to content themselves with such lowly status to keep serving the nobility with no ability or mind to do anything for themselves?

 The lower the rank, the more the demand,
 More than the status or name should warrant,
 What could be less rewarding than the samurai?
 What could be so indispensable as they?

北面の武士（上皇の御所の北方にある警護詰め所で警護にあたる武士）や恪勤者（親王家・大臣家等に仕える武士）については今更言うまでもないことだ。熟練した武人の、心にいささかの隙もなく立派であることは、並一通りでない。物事を成し遂げるのに、万事他動的でなく自ら進んで行なう主体的行動を以て生きている侍たちを、そこに存在することが当たり前だと思って慣れきってありがたいとも思わなくなってしまって、よそよそしくて見苦しく親しみの持てない、他人に召し使われる低い身分の者であるよ、と軽んじ続けて日々を送っておれば、彼ら武家階層の者達がずっとそんな状態のまま、低い身分に甘んじ続けて、自分自身で事を為すことなど全くない公家階層の人々に、軽蔑され続けてもうんざりすることもなく我慢して伺候し続ける年月が、そう長く続く筈もあるまい。

 下るほど　程に付くほど　猶越えて（名を越えて）　侍ふ身ほど　甲斐無き（替へ無き）は無し

『身分が下であればあるほど、その下級の身分や取るに足らぬものとして顧みられることもない名前に相応の働きの限界を更に超えてまで、過分の働きをしてお仕え申し上げる侍の身分ほどに、働き甲斐のない弱い立場は他にない。が、これほどかけがえのない大事なものも他にない。』

21) 事無しび、事為す地 : Not That It Matters, 'Tis Guts That Really Matters

ほくめん・かくごん、いへばさらなり。らうあるぶしの、ひまなくじんじゃうなることなべてならず。ことをなすになべてひとやりならざるふるまひもてわたらふさぶらひどもを、ありのすさびに、そばそばしくものしきげらふとおもひけちつつすぐさば、ありありてあやしきみさながら、てづからことなすことたへてなきくげに、おとしめさせつつあかずたへさぶらひわたらむとしつきの、やはひさしからむ。

くだるほどほどにつくほどなほこえてさぶらふみほどかひなきはなし

『ふさうがたり(Fusau Tales)扶桑語り』

『のこんのうた』
Songs Astray
残んの歌

詠みまくり、書きまくりして、1500必須古語の見本市、
22編の作品に、ちょうど100首の大和歌、
並べて散りばむ文法・語法、平安時代の総棚ざらえ、
歌は添え物、話も水物、言葉そのもの覚えるために、
並べ来し路のしめくくり―詞書より歌こそ主役、気ままな戯れ歌拾遺集。
うたた数添ふうたて歌、まねびてまなべ、みやびことのは、
こころあてにはかかぬこと、ていはこたいの平安調、
うそぶき、うかべ、えたりなば、なべて古文のなどか苦しき。

最後に、おまけ、自省の弁：
　　うたよみにげこもじやうごもあらめどもおもひはおなじみそひとのこゑ
　　（歌詠みに下戸も上戸も有らめども想ひは同じ身ぞ人の声／三十一の声）
　　『和歌読み苦手な人もいる。詠み始めたら止まらぬ人も‥‥だけどおんなじ生身の人の、心の声の定型詩‥‥歌詠み上戸とひた読み人の、心で奏でる二重奏‥‥歌えぬ人のあらばこそ、三十一文字の人の声。大和言の葉、人を越え、時を超えてぞ響く歌。』

おつきあい、長々みなさん、ありがとう。

22)残んの歌:Songs Astray

Songs Astray
— One Short of Twenty —
—LOVE—

A poem inspired by a long dormant feeling of love:
  Days straight into nights with nothing special in sight —
  To whom they belonged, I wonder — this day, nay night, no dawn,
  I have it all to myself, well spent together with love.

On a helpless love at first sight with a beauty he is sure to see no more of:
  It's certain, a beauty she is 'tis impossible not to love.
  Uncertain, or certainly hopeless: when or if I can see her.
  No intimacy by any chance? No mercy on me? Fat chance?
  Should she say NO to seeing me for dreaming too much of her?

『残んの歌　│　扶桑語り　拾遺和歌集』
十九首
―恋―

　長らく経験せずにきた恋愛に目覚めて詠んだ歌
　　例は只　明けては暮るる　日日なるを　思ひに暮(暗)れて　眺め明けてき
『いつもなら、夜が明けて一日が過ぎて日が暮れる、ただそれだけの毎日を過ごしてきた私なのに、恋しい思いに心乱れて日が沈み、物思いに耽るうちに早くも夜が明けてしまったのだなあ。』

　美しい人に一目惚れしてしまったものの、再会できそうな運命もないであろう心細さを詠んだ歌
　　避り敢へぬ　恋と言ふ定　何時しかも　会ふまじかめる　人会ひなむや(人敢へなむや／人や否むや)
『一目見ただけで恋せずにいられぬほど素敵な人だったとはいえ、いつ会えるかと胸焦がしてもきっと会えはしない、そんな人・・・深い関係になどどうしてなれるものか・・・でも、どうかなってはくれまいか・・・我慢するしかないのだろうか・・・あの人は私を拒むだろうか・・・ああ、いくら思ってもどうしようもない人。』

残んの歌：Songs Astray

『のこんのうた』

じふあまりここの

―こひ―

ひさしくしらざりつるこひにめざめてよめるうた

れいはただあけてはくるるひびなるをおもひにくれてながめあけてき

かたちびとをひとめみてほれぬるもまたあひぬべきめいもあらざるらむはかなさをよめるうた

さりあへぬこひといふちやういつしかもあふまじかめるひとあひなむや

22) 残んの歌：Songs Astray

A dedicated song to a woman wooed so long with no affectionate reaction:
　Let no single man call you by that name — OMINAMESHI — how ominous it sounds.
　Let nobody call you, let alone ride you, without ever cuddling this regularly visiting birdie.

A song by someone deserted by a loved one at a loss what to do in solitary stupor:
　Is it that she knew I'd be in such misery?
　Left alone, I don't know what to do…
　When together, life seemed so easy…
　Was it all up to her? Or was it WE that made it so?
　A pair in half is as good as none… I wish she knew this lonely truth.

長いこと慕い続けてきたのに冷淡な女性に詠んで送ってやった歌
　鰥には　然なも呼ばせそ　女郎花（女召し）　離れなで渡る　鳥得やはせぬ
『独身男には、貴女のその名前さえ呼ばせてはいけませんよ「オミナメシ（＝女性をお呼び寄せになる／女性の上にお乗りになる）」さん…離れることなく足繁く通い続ける鳥の心を知りもせず、手に入れて可愛がってくれればよいのになぁ、と鳥（私）をやきもきさせる女郎花さん。』

　愛する人が去って行ってしまった後で、すっかり放心状態に陥ってどうしてよいかわからなくなっている自分の姿を詠んだ歌
　　斯からむと　知ればや人の　去れりける　一人事足る　我ならなくに
『ああそうか、こんな風に惨めな状態に陥る者だと知っていたからこそ、あの人は私を見限って去って行ってしまった、というわけだったのか…なぁ？…自分一人だけで事が満足に運ぶ私ではないというのに。あの人が一緒にいてくれなければどうにもならない私だというのに。』

22) 残んの歌 : Songs Astray

こひわたりつれどつれもなきをんなによみてやれるうた

やもめにはさなもよばせそをみなめしかれなでわたるとりえやはせぬ

ひとのさりてしのちにおれはててあきれまどへるみをよめるうた

かからむとしればやひとのされりけるひとりことたるわれならなくに

22) 残んの歌 : Songs Astray

—MISCELLANEA—

A yesman song — collective of phrases by those apparently unable to do anything but consent:
　'You say it,' 'Possibly,' 'Exactly,'
　'Understandably...' yeah, I know you agree...
I don't know what or if YOU ever think, though.

A song in dialog with a samurai shooting arrow after arrow in target practice on a sunny spring day:
　Warrior in a warless world, what do you have in mind?
　Lest there be no day to make to promote you by?
In return:
　Warriors in warless worlds are here to stay,
　Lest there be threats to peace for us to suppress.

－雑歌－

相手の言うことに同意すること以外何も知らないかのような世間の人の言葉を拾い集めて詠んだ歌
　然も有りと　然もやと然かし　然もこそと　然てもや己が　思はざるやぞ
『「ごもっとも」だの、「そうかもしれない」だの、「その通り」、「さすがにそうだ」だのと相槌ばかり打っている人々は、それにしてもまぁ、自分自身でものを考えることがないのだろうか？まさかそんなこともあるまいと思うのだが、自己主張はまるで聞こえてこないのが不思議なことよ。』

うららかな春の日に、弓矢を射てばかりいる武士との間で問答した歌
　などて在る　戦せぬ世の　武士は　争ふ(住まふ)日もこそ　無けれとかかや
『戦争もない世の中に、どうして軍人は存在するのか？争いのない日々がやって来て、戦うのが仕事の自分達が職を失い住む場所もないということになっては大変だ、と心配して、虎視眈々と新たな争い事の種を探している、ということか？』
　返歌:
　斯くて在り　戦せぬ世も　武士は　争ふ日もこそ　有れ者
『世の中が戦争をせぬ時でも、武人はこうして(弓馬の修行にいそしんで)いるのです。いつか争い事が起こったら大変だから、転ばぬ先の杖・敵の攻撃に対する抑止力として、という次第です。』

22）残んの歌：Songs Astray

――さふか――

うべなふことよりほかしらぬがごときひとのことのはをひろひあつめてよめるうた

さもありとさもやとさかしさもこそとさてもやおのがおもはざるやぞ

のどけきはるのひにやのみいてをるさぶらひともんだふせるうた

などてあるいくさせぬよのもののふはすまふひもこそなけれとかかや

かへし

かくてありいくさせぬよもののふはすまふひもこそあれてへれば

22) 残んの歌 : Songs Astray

On an absent-minded youth afraid to take the first step in spring, thinking over his past and future:
　Bid farewell to brethren you did,
　Stand on your feet you don't.
　Is the wind too hard to stand?
　Is this where you feel you belong?
　Was it a root or end in itself
　For you, an egg of somebody-to-be?

A reflective poem on one's own past, inspired by innocent clumsiness of young folks who come and go on the same old road that one used to do as a student:
　Flowers away from trees pave old familiar streets:
　Spring again, there's nothing new... except my fresh nostalgia.

　過去と未来に次々と思いを巡らしてはぼんやりと放心している若者の、春に躊躇してなかなか新たな一歩を踏み出せずにいる気持ちを詠んだ歌
　　友を去り　風の強きに　立ちかねて　此処にか帰する　明日の人がね（人が根）
『友達に別れを告げ、吹きすさぶ風の烈しさに立ち（去り）かねて、じっとこの場に佇んでいる、将来の偉人候補よ、まだ青臭き人間の卵よ。ここが、君が青春の時を過ごして来た懐かしきこの場所こそが、最後に辿り着くべき安住の地だとでもいうのかい？君の根っこはここにあると？でも、まだ一人前になっていない君には、雄々しく巣立って行くべき新たな目的地があるんじゃないのかい？』

　かつて自分が学生として通った道を行き交う新人達の、世間慣れせず子供っぽい様子に引き比べて、過ぎ去った昔を思い浮かべて詠んだ歌
　　散り敷けば　花は昔の　通ひ路に　然ても今年も　春は来にけり
『木々を離れた桜の花が路上に散り敷くこの道を、かつて私も通ったなあ・・・花はやはり樹にあるうちが花、散ってしまえば寂しいもの・・・思えば私もあの頃が花、一番輝いていたかなあ・・・などと郷愁に耽る私をよそに、今年もまた春は来、花も咲き、希望と不安を胸にこの道を歩む新人たちの上に散りかかる・・・今も昔も変わらずに。』

22) 残んの歌 : Songs Astray

きしかたゆくさきをおもひながしてこころあくがるるわかうどのはるにいさよふここちをよめるうた

ともをさりかぜのこはきにたちかねてここにかきするあすのひとがね

がくしやうとてかよひしみちをゆきかふあたらしきひとのうひうひしうをさなきにありしひをうかべてよめるうた

ちりしけばはなはむかしのかよひぢにさてもことしもはるはきにけり

22) 残んの歌：Songs Astray

A song born after conversation with someone who used to be dear, dwelling upon old days and one's present self:
　　Casual occasions touch me this much...
　　... Am I already that old, or else for what?

An explanatory poem on the reason why a small baby's smile never fails to bring peace to all those present:
　　Is this the way we all were... Kids present and past?
　　If they all feel this way, is there any reason for hate?

　かつて親しかった人と語り合って、昔日と現在の自分自身を回想して詠んだ歌
　　我も早　老いぬる故にや　否をかも　ともある(友在る)折の　然ぞや愛しき
『私も既に老いてしまったからこそなのか、あるいはそうでもないのか、とにかくちょっとした出来事に触れるたび(こうして友が近くに居てくれるような場面で)、こんなにも胸がきゅんとなるほどの切ない嬉しさに包まれてしまうのは、どうしてなんだろう？』

　幼子がにっこり笑うとその場にいる人々全員が必ず和やかになる道理を悟って詠んだ歌
　　在りし日の　吾も斯くやと　見るほどに　子は亦人は　らうたかるべし
『昔は、自分も、おたくも、こんな風だったのかなあと思いつつ見るので、ちびっ子は、そしてまた世間の人々は、いずれもかわいい、大事にしてやらなきゃいけない存在に思えてくるのだろう。』

22)残んの歌：Songs Astray

むかしのひととのかたらひにすぎしひといまのわれをおもひかへしよめるうた

われもはやおいぬるけにやいなをかもともあるをりのさぞやかなしき

ちひさきこのゑみたるにかならずみなひとびとなごむすぢをさとりてよめるうた

ありしひのわれもかくやとみるほどにこはまたひとはらうたかるべし

22)残んの歌：Songs Astray

—SEASONS—
—SPRING—

A song to rejoice in the pleasantly clumsy first performance of a spring warbler:

 For the oriole sings so funny,
 Spring seems still too young, so,
 Till the buds come in full bloom,
 Hold on, friends, it won't be long!

A poem to miss something, placing oneself in the shoes of flowers blooming on a mostly bare cherry branch:

 Why now, cherry buds, of all things, come out to see them off away from trees?
 Why not, young ones, flourish in a body? Singing in solo ain't such fun.

－四季－
－春－

　鶯の初鳴きの声が、へたっぴながらも嬉しくて詠んだ歌
　　鶯の　歌も拙なみ　春浅み　花萌ゆるまで　暫し敢へなむ
『鶯の鳴く声の調子もたどたどしい、ということは春もまだ浅いということだから、花が芽吹いて鶯も綺麗な歌声を聞かせてくれるその時まで、今しばらくはこんな鳴き方でもやむを得ないのでしょうね。(別解釈：下手な歌声にも我慢してあげてくださいね／(花もまだ咲いていないのだから)鶯の歌が本調子でなくても、差し支えないでしょう)』

　大部分散ってしまった桜の樹に、遅れて咲いている、あるべきものがなくていかにも物足りなそうな花びらに(自らの心情を)仮託して詠んだ歌
　　枝並みに　同は咲けかし　桜花　生ひ遅れなば　友有らなくに
『同じ咲くなら、枝一面に同時にぱぁーっと咲けよ、桜花君。自分だけ遅れて生まれ育ったのでは、たとえ花開いたとて、周りにはもう友達は誰もいず、寂しいだろうに。』

22) 残んの歌：Songs Astray

――しき――

――はる――

なきそむるうぐひすのこゑのたどたどしうもうれしきによめるうた

うぐひすのうたもつたなみあさみはなもゆるまでしばしあへなむ

おほかたちりぬるはなのえにおくれさきたるさうざうしげなるはなびらによせてよめるうた

えだなみにことはさけかしさくらばなおひおくれなばともあらなくに

22) 残んの歌：Songs Astray

—SUMMER—

The noble if childishly innocent aspiration of a kid playing in defiance of the summer's sun, moving a grown-up into singing:

 We greet you with embracing arms; you evade them and keep going on
 To embrace the sun... Hands up! Hooray for your fancy yearning!

An ode to the already glooming summer's day that was to have lasted much longer:

 Are you, setting sun, sinking as you planned,
 Contented it is time you made way for the night?
 Fleeting dream of eternal day... have you seen enough of?

—夏—

夏の太陽に負けずに遊ぶ子供の、かわいらしくもけなげな（ある意味、気高くて感心させられるような）望みに感動して詠んだ歌

 抱かむと　挿頭す諸手を　潜り抜け　日輪仰ぐ　吾子の愛しさ

『お手々広げてトコトコと歩み寄って来るので、よしよし、だっこしてほしいのかい、と迎えに出て行く大人の両手が頭上にかぶさるのをすり抜けて、さらに何かを目指して歩み行くかわいい子供の手の先には、まんまるい大きな太陽が、おいでおいでと揺れている。あぁ、あれがほしかったのかい？お日様をつかまえに行こうというのかい？なんとまぁ、あんな遙かにまばゆいものを、君は目指し歩んで行くのかい？ふぅー‥・かないません、このかわいらしさには。』

なかなか暮れぬ筈だった夏の太陽でさえ早くも翳り行く雰囲気に、同情・嘆息して詠んだ歌

 傾かむと　予ねて夕日の　期さめかも　暫しも見しが　常夏の夢

『陰り行くあの夕陽とて、最初から傾くことを自ら心に決めて計画的にそうするわけではあるまい。自分ではまだまだまばゆい日盛りのつもりが、気付けばいつの間にやら夕方になって、仕方なしに沈んで行くのではあるまいか‥・陰ることなく輝き続ける永遠の夏を謳歌することなど所詮は夢物語かもしれないけれど（そしてほんの一時とはいえ、確かにその夢、見たけれど）、せめてこの夢、もう少しだけ、見続けていたい。』

―なつ―

なつのひにまけずあそぶこのいたいけしたるもしゆしようなるねがひにこころうごきてよめるうた

いだかむとかざすもろてをくくりぬけにちりんあふぐあこのいとしさ

おそかるべかりきなつのひすらにいとはやもかげろふきあるをあはれがりてよめるうた

かぶかむとかねてゆふひのごさめかもしばしもみしがとこなつのゆめ

22) 残んの歌：Songs Astray

―FALL―

The sight of a twig waving with a dragonfly on it that shouldn't be there for long, moving a poet into lamenting the evanescence of the life of summer:

How long, dragonfly, can you stay on the twig?
Be that as it may, shine on as you do,
Long though fading sun, on this fragile life.

A song of an autumn eve with wild geese crying as if to hasten people homeward at the end of pleasure hunting:

Who do you want to warn that it's time to go?
Soon to fall is the sun, no thanks to your cue.
Go home, yes we do, with you, autumnal geese.

―秋―

そう長くはそこにいない（生きてもいない）であろう蜻蛉が止まって揺れている枝に、去り行く夏のあっけなさを感じて、慈愛と哀惜の念を込めて詠んだ歌

　　然てもやは　居果てむ枝の　蜻蛉に　然てだに照りね　長き（永き）陽の影

『いつまでもそこにそうしてじっと留まっていられるものでもあるまいに、枝に止まって動かない一羽のトンボ。その上に、もう低く傾いた晩夏の夕陽が、斜めに長い影を落としている。真の安らぎの場もないこの小さな生命に、せめてこのゆらゆらと漂うような一時の安定はそのままに、その暖かい光を、いつまでも照らしていておくれ。』

秋の野山に遊興した際、雁の鳴き声に「さあさ、もう行こうよ」と帰路を急がされた歌

　　然らでだに　落つる日足の　疾き（時）を告げ　雁鳴き渡る　秋の夕暮れ

『そうでなくても秋の日の落ちるのは早いというのに、もう日が暮れますよ、と聞く者の心をせかす時報のように、雁が鳴きながら渡って行く秋の夕暮れであることよ。』

22)残んの歌:Songs Astray

―あき―

ひさしくはゐたらじかげろふのとまりてゆれるえだにゆくなつのはかなきををしみてよめるうた

さてもやはゐはてむえだのかげろふにさてだにてりねながきひのかげ

あきののやまにあそびしにかりがねにいさかしとてかへりをいそがさるるうた

さらでだにおつるひあしのときをつげかりなきわたるあきのゆふぐれ

22) 残んの歌：Songs Astray

—WINTER—

A rhyme on how people look strangely immune to coldness under a wintry sky:

    Folks gather on the street bathing in the waves of glee.
    That's where the gracious sun greets the year-end town.

On the eve of the first snowfall of the year, the very sense of chill seems to tell something; the unusual air and feeling embodying themselves in the following verse:

Surely I did sense something in that chill;
Now it's plain to see what I dreamt last night.
Omen from the skies all white in my sight,
Warmth in the morn snow makes me oddly feel.

—冬—

  真冬の空模様の下、ずっと立ち続けていても寒いとも感じずにいるらしい、奇妙な、愛すべき人々の様態を詠んだ歌

    人集ひ　笑ひざざめく　辺りのみ　師走巷に　日差すべらなり

『人々が集まって笑いながらがやがやっているあたりにだけ、十二月の町なかでは、お日様がぽかぽかと照って、寒さを感じずにいられるものらしい。』

  凍える感触すらもなんとなく感慨深く思える初雪の夜の、普通ではない格別な気配と気分を（「は・つ・ゆ・き」の文字ともども）詠み込んだ歌（折り句）

    初雪の　積もる夜には　夢枕　兆す寒さぞ　朝の温もり

『初雪が降り積もる夜は、凛とした寒さが寝床の中の身体の芯まで貫くような感覚に、（もしやこの寒さは・・・）との予感がするもの。その常ならぬ寒さも、雪の降る前触れともなれば、不思議と「冷淡」より「冷厳」の感が勝り、その厳粛なる寒さの予兆が翌朝、開け放った窓外に広がる一面の銀世界に結実しているのを見る時には、えも言われぬ感動に温もる心はもはや、寒さに震えることなど忘れている。あれほど寒かったからこそ、これほど美しいのだと、理屈を超えた因果関係に妙に納得する自分がいる。底知れぬ寒気が底なしの歓喜に転ずる、冬の逆説・・・雪は、奇妙に、温かい。』

22)残んの歌:Songs Astray

―ふゆ―

まふゆのそらのしたにたちゐてさむしともおもひたらずあんめるをかしきひとびとのさまをよめるうた

ひとつどひわらひざざめくわたりのみしはすちまたにひざすべらなり

しむるすらだにものあはれなるはつゆきのよるのけなるけをよみこめるうた

はつゆきのつもるよるにはゆめまくらきざすさむさぞあさのぬくもり

『ふさうがたり(Fusau Tales)扶桑語り』

『ふさうがたり(Fusau Tales)扶桑語り』

― 巻末付録 ―

重要古語千五百〈A〉〈B〉〈C〉水準
『扶桑語り』作品内登場順
全語義一覧表

〈A〉どんな市販古文単語集でも外すわけに行かぬ"有無を言わさぬ<u>最重要古語</u>"

＝単語400／連語類50

・・・古文初学者（＋入試直前でなお古語未習得の受験生）は、まずこれだけは覚えるべし

〈B〉収録語数の制約がなければ"古文指導者として単語集に入れたい<u>中堅語</u>"

＝単語450／連語類50

・・・古典文法も基礎的語彙も習得した後（＋難関入試に挑む者）は、これをも覚えるべし

〈C〉入試云々よりむしろ"古典常識・古文書解読力の向上に役立つ<u>最上級古語</u>"

＝単語500／連語類50

・・・古文入試力の死角をなくしたい・古文の塾講師や家庭教師として恥ずかしくない実力を身に付けたい・優雅なる文芸としての古文・和歌の嗜みが欲しい、なら、ここまで覚えるべし

（・・・〈A〉〈B〉〈C〉各等級直後の–数字–は『古文単語千五百 Mastering Weapon』内語義番号）

．．．各古語語義をさらにもっと深く理解するためには、姉妹書『古文単語千五百 Mastering Weapon』を御覧あれ。

Story_1:『夢にねぶる娘』

〈B〉-410-ねぶ【ねぶ】〔自バ上二〕[び・び・ぶ・ぶる・ぶれ・びよ](1)年を取る。老ける。(2)成長する。大人びる。ませる。

〈B〉-483-いまはむかし【今は昔】〔連語〕《いま[名]+は[係助]+むかし[名]》昔々。

〈A〉-1056-こよなし【こよなし】〔形ク〕[から・く/かり・し・き/かる・けれ・かれ](1)この上ない。(2)段違いだ。

〈C〉-656-せうと【兄人】〔名〕(1)兄。弟。(2)男兄弟。兄。(3)特別親しい男性。

〈A〉-932-こと【事】〔名〕(1)・・・という事。(2)出来事。(3)経緯。(4)事件。不幸。(5)仕事。(6)・・・ということ。・・・すること。・・・せぬこと。・・・なものよ。・・・なのか。(7)没頭する。

〈B〉-778-いくばく【幾許】〔副〕(1)どのくらい。(2)いくらも・・・ない。

〈A〉-555-おくる【後る・遅る】〔自ラ下二〕[れ・れ・る・るる・るれ・れよ](1)遅れる。(2)死に後れる。(3)劣る。(4)気後れする。

〈A〉-606-いと【いと】〔副〕(1)とても。(2)それほど・・・ない。

〈C〉-667-きびは【きびは】〔形動ナリ〕[なら・なり/に・なり・なる・なれ・なれ]幼くてか弱い。

〈A〉-669-うつくし【愛し・美し】〔形シク〕[しから・しく/しかり・し・しき/しかる・しけれ・しかれ](1)いとおしい。(2)可愛らしい。(3)美麗だ。(4)見事だ。

〈B〉-1097-てならひ【手習ひ】〔名〕(1)習字。(2)修練。(3)走り書き。

〈B〉-866-きほふ【競ふ】〔自ハ四〕[は・ひ・ふ・ふ・へ・へ](1)張り合う。(2)一斉に・・・する。

〈A〉-353-なす【為す・成す】〔他サ四〕[さ・し・す・す・せ・せ](1)・・・をする。(2)・・・を作り出す。・・・に作り替える。・・・とみなす。(3)・・・に変える。(4)・・・に転用する。(5)任命する。〔補動サ四〕[さ・し・す・す・せ・せ]殊更・・・する。強引に・・・する。

〈A〉-954-ものす【物す】〔自サ変〕[せ・し・す・する・すれ・せよ](1)居る。(2)行く。来る。(3)生まれる。死ぬ。〔他サ変〕[せ・し・す・する・すれ・せよ]・・・(を)する。〔補動サ変〕[せ・し・す・する・すれ・せよ]・・・(して)いる。

〈A〉-1123-こころばへ【心延へ】〔名〕(1)性質。(2)心遣い。(3)風情。趣向。(4)主旨。

〈A〉-1365-はづかし【恥づかし】〔形シク〕[しから・しく/しかり・し・しき/しかる・しけれ・しかれ](1)素晴らしい。気後れするほどだ。(2)恥ずかしい。無様だ。(3)照れ臭い。

〈A〉-1069-まほ【真秀】【真面】〔名・形動ナリ〕[なら・なり/に・なり・なる・なれ・なれ]【真秀】(1)完璧だ。【真秀・真面】(2)本格的だ。【真面】(3)直接的だ。

〈A〉-836-ては【ては】〔連接語〕《て[接助]+は[係助]》(1)・・・たかと思うとまた~。(2)・・・て、そして。(3)・・・しつつ。(4)・・・なら。(5)・・・すると必ず。(6)・・・である以上は。

〈C〉-882-ひがむ【僻む】〔自マ四〕[ま・み・む・む・め・め]ひねくれる。〔他マ下二〕[め・め・む・むる・むれ・めよ]歪曲する。

〈A〉-1341-なかなか【なかなか】〔形動ナリ〕[なら・なり/に・なり・なる・なれ・なれ](1)中途半端だ。(2)むしろしない方がまし。〔副〕(1)中途半端に。(2)かえって。(3)到底。(4)相当。〔感〕いかにも。

〈B〉-1247-はかる【量る・計る・測る・図る・企る・謀る】〔他ラ四〕[ら・り・る・る・れ・れ](1)測定する。(2)想像する。(3)推量する。(4)画策する。機を待つ。(5)謀略を巡らす。(6)相談する。

〈A〉-396-せさす【為さす】〔連接語〕《す〔他サ変〕＋さす〔助動サ下二型〕使役・尊敬》(1)・・・させる。(2)・・・あそばす。

〈A〉-268-くちをし【口惜し】〔形シク〕〔しから・しく／しかり・し・しき／しかる・しけれ・しかれ〕(1)何とも残念なことだ。(2)がっかりだ。(3)身分が賤しい。

〈A〉-1386-おもふ【思ふ・想ふ】〔他ハ四〕〔は・ひ・ふ・ふ・へ・へ〕(1)思考する。(2)愛慕する。(3)苦悩する。(4)懐かしむ。(5)希望する。(6)予想する。(7)気持ちを顔に出す。

〈B〉-413-およすく【およすく】〔自カ下二〕〔け・け・くる・くれ・けよ〕(1)成長する。(2)大人びる。大人ぶる。(3)老ける。地味である。

〈C〉-387-かうてさぶらふ【斯うて候ふ】〔連語〕ごめんください、おじゃまします。

〈A〉-818-きこゆ【聞こゆ】〔自ヤ下二〕〔え・え・ゆ・ゆる・ゆれ・えよ〕(1)聞こえる。(2)噂に聞こえる。(3)・・・と感じられる。(4)納得できる。(5)・・・の臭いがする。〔他ヤ下二〕〔え・え・ゆ・ゆる・ゆれ・えよ〕(1)申し上げる。(2)・・・という名である。(3)お便り申し上げる。(4)お願い申し上げる。〔補動ヤ下二〕〔え・え・ゆ・ゆる・ゆれ・えよ〕・・・申し上げる。

〈B〉-918-きこえぬ【聞こえぬ】〔連接語〕《きこゆ〔自ヤ下二〕＋ず〔助動特殊型〕打消》納得できない。

〈A〉-812-おほす【仰す】〔他サ下二〕〔せ・せ・す・する・すれ・せよ〕(1)おっしゃる。(2)おっしゃる。(3)命じる。

〈B〉-767-さるもの【然る者・然る物】〔連語〕《さる〔連体〕＋もの〔名〕》【然る者】(1)ああいう人。(2)なかなかの人物。【然る物】(3)・・・は当然として。(4)・・・なのはもっともだが、その一方で。(5)そのような物事。

〈A〉-1269-あいなし【あいなし】〔形ク〕〔から・く／かり・し・き／かる・けれ・かれ〕(1)気に入らない。(2)不当だ。(3)無闇に。

〈B〉-559-ひま【隙・暇】〔名〕(1)隙間。(2)合間。(3)余暇。(4)ゆとり。(5)不和。油断。(6)好機。

〈A〉-716-いかで【如何で】〔副〕(1)どのようにして・・・か。(2)どうして・・・なものか。(3)是非とも。

〈B〉-1292-おもひやる【思ひ遣る】〔他ラ四〕〔ら・り・る・る・れ・れ〕(1)気を晴らす。(2)思いを馳せる。(3)推量する。(4)気遣う。

〈B〉-238-うんず【倦ず・鬱ず】〔自サ変〕〔ぜ・じ・ず・ずる・ずれ・ぜよ〕(1)気落ちする。(2)飽き飽きする。

〈C〉-759-さるに【然るに】〔接続〕それなのに。

〈A〉-49-どち【どち】〔名〕仲間。〔接尾〕・・・同士。

〈B〉-118-きんだち【公達・君達】〔名〕(1)上流階層の御子息(稀に娘)。(2)皇孫。(3)あなたがた。貴方様。

〈A〉-1394-ふみ【文・書】〔名〕(1)文書。(2)手紙。(3)漢詩。漢文。(4)学問。漢学。

〈A〉-890-まねぶ【学ぶ・真似ぶ】〔他バ四〕〔ば・び・ぶ・ぶ・べ・べ〕(1)口真似する。(2)見た(聞いた)ままを人に語る。(3)習う。

〈B〉-1249-あげつらふ【論ふ】〔他ハ四〕〔は・ひ・ふ・ふ・へ・へ〕論争する。

〈A〉-348-す【為】〔自サ変〕〔せ・し・す・する・すれ・せよ〕(1)・・・する。(2)・・・する。(3)・・・しようとする。・・・しそうになる。〔他サ変〕〔せ・し・す・する・すれ・せよ〕(1)・・・する。(2)・・・する。(3)・・・とする。〔補動サ変〕〔せ・し・す・する・すれ・せよ〕・・・する。

〈A〉-618-いとど【いとど】〔副〕(1)いよいよ。(2)そうでもなくても…だというのに。(3)その上。
〈C〉-36-まじらふ【交じらふ】〔自ハ四〕(は・ひ・ふ・ふ・へ・へ)(1)混じり合う。(2)仲間入りする。
〈A〉-1401-さかし【賢し】〔形シク〕(しから・く/しかり・し・しき/しかる・しけれ・しかれ)(1)賢明だ。(2)気は確かだ。(3)気が利いている。(4)小賢しい。(5)めでたく栄えている。
〈A〉-649-をのこ【男子・男】〔名〕(1)男の子。(2)男。(3)下男。(4)蔵人。
〈C〉-408-おひさきみゆ【生ひ先見ゆ】〔連語〕《おひさき〈名〉＋みゆ〈自ヤ下二〉》将来性がある。
〈A〉-1074-かたち【形・容・貌】〔名〕(1)姿形。(2)容貌。(3)美しい顔立ち(の人物)。(4)有様。
〈A〉-5-しのぶ【忍ぶ】【慕ぶ・偲ぶ・賞ぶ】〔他バ上二〕(び・び・ぶる・ぶれ・びよ)〔他バ四〕(ば・び・ぶ・ぶ・べ・べ)【忍ぶ】(1)堪え忍ぶ。(2)秘密裏に事を運ぶ。隠蔽する。【慕ぶ・偲ぶ・賞ぶ】(3)思慕する。(4)賞美する。
〈A〉-1158-かこつ【託つ】〔他タ四〕(た・ち・つ・つ・て・て)(1)…にかこつける。(2)愚痴る。(3)つてとして頼る。
〈A〉-996-おとなふ【音なふ・訪ふ】〔自ハ四〕(は・ひ・ふ・ふ・へ・へ)(1)訪問する。(2)お便りを出す。(3)物音を立てる。取り次ぎを求める。
〈A〉-1395-ざえ【才】〔名〕(1)漢学の才。(2)才芸。(3)男の謳い手。
〈C〉-622-いやまさる【弥増さる】〔自ラ四〕(ら・り・る・る・れ・れ)さらに増す。いよいよ募る。
〈A〉-1319-めづ【愛づ】〔自ダ下二〕(で・で・づる・づれ・でよ)賞美する。〔他ダ下二〕(で・で・づる・づれ・でよ)(1)賞賛する。(2)愛する。
〈A〉-1131-さが【性・相・祥】〔名〕(1)宿命。不運。(2)生まれつきの性分。(3)世の習い。
〈C〉-619-いとどし【いとどし】〔形シク〕(しから・く/しかり・し・しき/しかる・しけれ・しかれ)(1)いよいよ…だ。(2)そうでもなくても…な〜だというのに。
〈C〉-411-ねびまさる【ねび勝る】〔自ラ四〕(ら・り・る・る・れ・れ)(1)大人びている。(2)次第に立派に成長して行く。
〈A〉-1011-けしき【気色】〔名〕(1)気色ばむこと。面持ち。(2)内意。(3)機嫌。(4)気分。(5)様子。情趣。(6)兆候。(7)ほんの少しだけ。
〈C〉-1342-なまじひ【生強ひ・慾】〔形動ナリ〕(なら・なり/に・なり・なる・なれ・なれ)(1)本心に逆らって。(2)しぶしぶ。(3)よせばいいのに。(4)中途半端だ。
〈C〉-939-ことづく【言付く・託く】〔自カ下二〕(け・け・くる・くれ・けよ)…にかこつける。〔他カ下二〕(け・け・くる・くれ・けよ)伝言する。委託する。預託する。
〈A〉-978-まゐる【参る】〔自ラ四〕(ら・り・る・る・れ・れ)(1)参上する。(2)お仕えする。(3)入内する。(4)参詣する。(5)参ります。〔他ラ四〕(ら・り・る・る・れ・れ)(1)差し上げる。(2)…して差し上げる。(3)…なさる。(4)お召しになる。
〈C〉-1403-さかしだつ【賢し立つ】〔自ラ四〕(ら・り・る・る・れ・れ)利口ぶる。
〈A〉-1268-あやなし【文無し】〔形ク〕(から・く/かり・し・しき/かる・けれ・かれ)(1)わけがわからない。(2)無意味だ。
〈A〉-862-ためらふ【躊躇ふ】〔自ハ四〕(は・ひ・ふ・ふ・へ・へ)(1)病状を落ち着かせる。養生する。(2)躊躇する。〔他ハ四〕(は・ひ・ふ・ふ・へ・へ)気を落ち着かせる。

〈A〉-804-とぶらふ【訪ふ】【弔ふ】〔他ハ四〕{は・ひ・ふ・ふ・へ・へ}【訪ふ】(1)質問する。(2)訪問する。(3)調査する。(4)見舞う。消息を尋ねる。【弔ふ】(5)弔問する。哀悼する。追善供養する。

〈C〉-526-つとに【夙に】〔副〕(1)早朝に。(2)早期に。

〈A〉-14-なる【慣る・馴る】【萎る・褻る】〔自ラ下二〕{れ・れ・る・るる・るれ・れよ}【慣る・馴る】(1)慣れる。熟成する。(2)慣れ親しむ。馴れ馴れしくなる。【萎る・褻る】(3)馴染む。使い古す。

〈A〉-522-としごろ【年頃・年比】〔名〕(1)ここ数年。長年。(2)年のころ。

〈C〉-651-をとめ【少女・乙女】〔名〕(1)少女。処女。(2)五節の舞姫。

〈B〉-229-ざる【戯る】〔自ラ下二〕{れ・れ・る・るる・るれ・れよ}(1)ふざける。(2)世慣れている。なまめかしい。(3)洒落ている。

〈A〉-378-ゐる【居る】〔自ワ上一〕{ゐ・ゐ・ゐる・ゐる・ゐれ・ゐよ}(1)座る。(2)じっとしている。(3)居る。住む。(4)・・・である。(5)発生する。(6)立腹がおさまる。〔他ワ上一〕{ゐ・ゐ・ゐる・ゐる・ゐれ・ゐよ}鬱憤を晴らす。〔補動ワ上一〕{ゐ・ゐ・ゐる・ゐる・ゐれ・ゐよ}・・・し続ける。

〈B〉-569-ほどなし【程無し】〔形ク〕{から・く/かり・し・き/かる・けれ・かれ}(1)間もなくだ。(2)近所だ。(3)狭苦しい。(4)身分が卑しい。(5)年端も行かない。

〈B〉-789-み【身】〔名〕(1)身体。(2)命。(3)身分。(4)この身。(5)身内。味方。(6)中身。(7)刀身。〔代名〕私。

〈B〉-1045-たぐふ【類ふ・比ふ・副ふ】〔自ハ四〕{は・ひ・ふ・ふ・へ・へ}(1)一緒にいる。(2)似合う。〔他ハ下二〕{へ・へ・ふ・ふる・ふれ・へよ}(1)並ばせる。(2)なぞらえる。(3)似せる。

〈A〉-633-おとなし【大人し】〔形シク〕{しから・しく/しかり・し・しき/しかる・しけれ・しかれ}(1)大人らしい。ませている。(2)中心人物である。(3)思慮深い。(4)温和だ。

〈A〉-190-えん【艶】〔名〕艶。〔名・形動ナリ〕{なら・なり/に・なり・なる・なれ・なれ}(1)華麗なる美しさ。(2)官能的魅力。(3)風流心。好色。(4)いわくありげ。(5)情趣。(6)妖艶だ。

〈A〉-1023-みゆ【見ゆ】〔自ヤ下二〕{え・え・ゆ・ゆる・ゆれ・えよ}(1)見える。(2)・・・に感じられる。(3)世にある。(4)出現する。(5)お越になる。(6)・・・に見せかける。(7)対面する。(8)妻となる。

〈C〉-1191-おのれと【己と】〔副〕自然発露的に。

〈C〉-944-ことざま【異様】〔名〕(1)異様さ。(2)別人。別の話。

〈C〉-381-ついゐる【突い居る】〔自ワ上一〕{ゐ・ゐ・ゐる・ゐる・ゐれ・ゐよ}(1)ひざまづく。(2)ちょこんと座る。

〈B〉-665-こまやか【細やか・濃やか】〔形動ナリ〕{なら・なり/に・なり・なる・なれ・なれ}(1)微細だ。(2)精巧だ。(3)詳細だ。(4)心遣いが細やかだ。(5)懇ろだ。(6)にこやかだ。(7)きめ細かだ。(8)濃密だ。

〈B〉-505-まだき【夙・未だき】〔副〕早くも。

〈A〉-1111-げに【実に】〔副〕(1)実際。(2)本当にそうです。(3)全く。

〈A〉-195-ほど【程】〔名〕(1)頃。(2)距離。辺り。(3)程度。様子。(4)身の程。年齢。仲。

〈A〉-343-しる【知る】〔自ラ下二〕{れ・れ・る・るる・るれ・れよ}知られる。〔自ラ四〕{ら・り・る・る・れ・れ}わかる。〔他ラ四〕{ら・り・る・る・れ・れ}(1)理解する。(2)区別する。(3)経験する。(4)付き合いがある。(5)男と

女の関係にある。(6)世話をする。(7)・・・することができない。

〈B〉-684-くすし【奇し・霊し】〔形シク〕[しから・しく／しかり・し・しき／しかる・しけれ・しかれ](1)神秘的だ。(2)へんてこな感じだ。

〈A〉-1126-ここち【心地】〔名〕(1)気分。(2)・・・のような感じ。(3)きちんとした考え。魂。(4)病弱。気分がすぐれぬこと。

〈A〉-724-かく【斯く】〔副〕こう。

〈A〉-406-おはす【御座す】〔自サ変〕[せ・し・す・する・すれ・せよ](1)(・・・に)いらっしゃる。(2)行かれる。来られる。〔補動サ変〕[せ・し・す・する・すれ・せよ]・・・ていらっしゃる。

〈A〉-1387-おぼゆ【覚ゆ】〔自ヤ下二〕[え・え・ゆ・ゆる・ゆれ・えよ](1)・・・と感じられる。(2)思い出される。(3)似通う。(4)・・・とみなされる。〔他ヤ下二〕[え・え・ゆ・ゆる・ゆれ・えよ](1)思い浮かべる。(2)思い出話をする。(3)覚え込む。

〈C〉-943-ことざま【事様】〔名〕(1)様子。(2)気構え。

〈A〉-853-うべ【宜・諾】〔形動ナリ〕[なら・なり／に・なり・なる・なれ・なれ]もっともだ。〔副〕なるほど。

〈A〉-1373-うしろめたし【後ろめたし】〔形ク〕[から・く／かり・し・き／かる・けれ・かれ](1)気懸かりだ。(2)要注意だ。(3)後ろ暗い。

〈A〉-1363-まばゆし【目映ゆし・眩し】〔形ク〕[から・く／かり・し・き／かる・けれ・かれ](1)まぶしい。(2)目映いばかりに見事だ。(3)恥ずかしい。(4)見るに堪えない。

〈C〉-1121-こころだましひ【心魂】〔名〕(1)精神。正気。(2)心と頭の働き。

〈A〉-553-すぐす【過ぐす】〔他サ四〕[さ・し・す・す・せ・せ](1)年月を過ごす。暮らす。(2)やり過ごす。(3)済ます。(4)かなりの年齢である。(5)度を超している。並外れて優れている。〔補動サ四〕[さ・し・す・す・せ・せ]・・・し過ぎる。

〈B〉-1168-けうとし【気疎し】〔形ク〕[から・く／かり・し・き／かる・けれ・かれ](1)親しみにくい。(2)物寂しい。薄気味悪い。(3)しっくりこない。(4)物凄い。

〈A〉-1389-おぼす【思す】〔他サ四〕[さ・し・す・す・せ・せ]お思いになる。

〈A〉-859-いさむ【諫む】【禁む】〔他マ下二〕[め・め・む・むる・むれ・めよ]【禁む】(1)禁止する。【諫む】(2)忠告する。

〈A〉-794-など【など】〔副〕(1)何故・・・か？(2)どうして・・・なものか。

〈A〉-811-いふ【言ふ】〔自ハ四〕[は・ひ・ふ・ふ・へ・へ]〔他ハ四〕[は・ひ・ふ・ふ・へ・へ](1)言う。(2)・・・という名の。(3)噂する。(4)言い寄る。求婚(婚約)する。(5)吟詠する。(6)鳴く。

〈C〉-1404-ざえがる【才がる】〔自ラ四〕[ら・り・る・る・れ・れ]学識をひけらかす。

〈A〉-152-ひと【人】〔名〕(1)人。(2)人々。他人。(3)あの人。恋人。(4)大人物。(5)大人。(6)使いの者。(7)身分。人柄。(8)人里。人気。〔代名〕あなた。

〈A〉-1070-かたほ【片秀・偏】〔形動ナリ〕[なら・なり／に・なり・なる・なれ・なれ](1)不完全だ。(2)不器量だ。

〈C〉-872-おとしむ【貶む】〔他マ下二〕[め・め・む・むる・むれ・めよ]下等扱いする。軽蔑する。

〈A〉-1053-さうなし【左右無し】【双無し】〔形ク〕[から・く／かり・し・き／かる・けれ・かれ]【左右無し】(1)たやすい。(2)後先も考えない。【双無し】(3)この上なく素晴らしい。

〈C〉-260-よろこび【喜び・悦び・慶び】〔名〕(1)嬉しさ。嬉しく思うこと。(2)慶事。(3)祝辞。(4)御礼。謝辞。

〈A〉-937-ことわり【理・断り】〔名〕(1)道理。(2)判断。説明。(3)理由。(4)言い訳。辞退。謝罪。〔形動ナリ〕[なら・なり/に・なり・なる・なれ・なれ]当然だ。

〈A〉-1180-あながち【強ち】〔形動ナリ〕[なら・なり/に・なり・なる・なれ・なれ](1)強引だ。(2)一途だ。(3)あんまりだ。(4)一概に・・・ない。〔副〕(1)一概に・・・ない。(2)決して・・・するな。

〈C〉-1161-せむ【責む】〔他マ下二〕[め・め・む・むる・むれ・めよ](1)苦しめる。(2)咎める。(3)しきりにせがむ。(4)真剣に追求する。(5)調教する。

〈A〉-1122-こころ【心】〔名〕(1)心。(2)気持ち。気質。(3)いたわり。愛情。(4)理性。正気。(5)風流心。(6)本質。(7)ど真ん中。最深部。(8)趣意。(9)やる気。発心。

〈A〉-253-よし【良し・好し・善し・吉し】〔形ク〕[から・く/かり・し・き/かる・けれ・かれ](1)素晴らしい。(2)快い。(3)美しい。(4)正しい。善良だ。(5)相応しい。(6)上手だ。(7)縁起がよい。(8)富裕だ。(9)高貴だ。(10)聡明だ。(11)親しい。(12)・・・してかまわない。(13)・・・(し)易い。

〈A〉-28-あふ【合ふ・会ふ・逢ふ・婚ふ】〔自ハ四〕[は・ひ・ふ・ふ・へ・へ](1)集合する。(2)調和する。(3)出会う。(4)結婚する。肉体関係を持つ。(5)張り合う。(6)一緒に・・・する。〔他ハ下二〕[へ・へ・ふ・ふる・ふれ・へよ]合わせる。

〈A〉-298-たまふ【賜ふ・給ふ】〔他ハ下二〕[へ・へ・ふ・ふる・ふれ・へよ]頂戴する。〔他ハ四〕[は・ひ・ふ・ふ・へ・へ](1)下さる。(2)お寄越しになる。(3)お・・・なさい。〔補動ハ下二〕[へ・へ・ふ・ふる・ふれ・へよ]・・・でございます。〔補動ハ四〕[は・ひ・ふ・ふ・へ・へ]・・・なさる。

〈A〉-394-させたまふ【させ給ふ】〔連接語〕《さす[助動サ下二型]使役・尊敬+たまふ[補動ハ四]》(1)・・・おさせになる。(2)お・・・になる。

〈B〉-271-あたら【惜】〔副〕勿体なくも。〔連体〕折角の。

〈A〉-1466-な【な】〔副〕(1)・・・しないでほしい。(2)・・・するな。

〈A〉-1467-そ【そ】〔接続:[連用形・動詞活用型・動詞・連用形・ラ変未然形・サ変未然形]〕〔終助〕(1)・・・しないでほしい。(2)・・・するな。

〈B〉-632-をさをさ【をさをさ】〔副〕(1)殆ど・・・ない。全然・・・ない。(2)しっかりと。

〈B〉-756-さもや【然もや】〔連接語〕《さ[副]+も[係助]+や[係助]》(1)そのように・・・であろうか？／ではないのか？(2)そうではなかろうか。

〈A〉-707-おどろく【驚く】〔自カ四〕[か・き・く・く・け・け](1)目を覚ます。(2)不意に気付く。(3)びっくりする。

〈C〉-723-いかさま【如何様】〔形動ナリ〕[なら・なり/に・なり・なる・なれ・なれ]どのように・・・か。〔副〕(1)きっと。(2)何としても。〔感〕いかにも。

〈C〉-1030-まみ【目見】〔名〕(1)目つき。(2)目元。

〈B〉-72-あさなゆふな【朝な夕な】〔副〕朝夕。

〈C〉-372-ありもつかず【在りも付かず】〔連語〕《あり[自ラ変]+も[係助]+つく[自カ四]+ず[助動特殊型打消]》(1)落ち着かない。(2)しっくりこない。

〈A〉-635-なまめかし【生めかし・艶めかし】〔形シク〕[しから・しく/しかり・し・しき/しかる・しけれ・しかれ](1)若々しい。

(2)意外に魅力的だ。(3)自然でさりげない魅力がある。(4)艶やかだ。色っぽい。

〈B〉-26-よばふ【呼ばふ・婚ふ】〔他ハ四〕[は・ひ・ふ・ふ・へ・へ](1)何度も呼ぶ。(2)言い寄る。

〈A〉-648-をとこ【男】〔名〕(1)成人男子。(2)男。(3)夫。恋人の男。(4)息子。(5)世俗の男性。(6)下男。(7)男性風。男文字。

〈B〉-995-おとづる【訪る】〔自ラ下二〕[れ・れ・る・るる・れれ・れよ](1)訪問する。(2)お便りを出す。(3)物音を立てる。

〈B〉-525-とみに【頓に】〔副〕すぐには・・・ない。

〈A〉-549-しげし【繁し・茂し】〔形ク〕[から・く/かり・し・き/かる・けれ・かれ](1)絶え間ない。(2)大量だ。高密度だ。(3)うるさい。

〈A〉-627-いとけなし【幼けなし・稚けなし】〔形ク〕[から・く/かり・し・き/かる・けれ・かれ]幼少だ。子供っぽい。

〈C〉-13-なづさふ【なづさふ】〔自ハ四〕[は・ひ・ふ・ふ・へ・へ](1)水に漂う。(2)まつわりつく。慣れ親しむ。

〈A〉-189-いう【優】〔形動ナリ〕[なら・なり/に・なり・なる・なれ・なれ](1)優美だ。(2)優秀だ。(3)裕福だ。(4)ほんの戯れだ。

〈C〉-169-よになし【世に無し】〔連語〕《よ〔名〕+に〔格助〕+なし〔形〕》(1)今は亡き。(2)比類なき素晴らしさだ。(3)取るに足らない。

〈A〉-682-いみじ【いみじ】〔形シク〕[じから・じく/じかり・じ・じき/じかる・じけれ・じかれ](1)並々ならず。たいそう。(2)素晴らしい。嬉しい。(3)大変だ。ひどい。悲しい。恐ろしい。

〈C〉-1049-こころおとり【心劣り】〔名・自サ変〕[せ・し・する・すれ・せよ]幻滅。

〈C〉-366-あらます【あらます】〔他サ四〕[さ・し・す・す・せ]思い描く。

〈A〉-367-あらまほし【有らまほし】〔連接語〕《あり〔自変〕+まほし〔助動シク型希望〕》・・・でありたい。〔形シク〕[しから・しく/しかり・し・しき/しかる・しけれ・しかれ]理想的だ。

〈B〉-1453-ならでは【ならでは】〔連接語〕《なり〔助動ナリ型断定〕+で〔接助〕+は〔係助〕》・・・以外には。

〈A〉-405-おはします【御座します】〔自サ四〕[さ・し・す・す・せ](1)(・・・に)いらっしゃる。(2)行かれる。来られる。〔補動サ四〕[さ・し・す・す・せ]・・・ていらっしゃる。

〈B〉-834-とぞ【とぞ】〔連接語〕《と〔格助〕+ぞ〔係助〕》(1)・・・と。(2)・・・ということだ。

〈A〉-992-わたる【渡る】〔自ラ四〕[ら・り・る・る・れ・れ](1)渡航する。(2)空を横切る。(3)行く。来る。(4)通過する。(5)広く通じる。(6)いらっしゃる。(7)過ごす。〔補動ラ四〕[ら・り・る・る・れ・れ]広く・・・する。長い間・・・する。

〈B〉-1166-うとむ【疎む】〔他マ下二〕[め・め・む・むる・むれ・めよ]忌避させる。〔他マ四〕[ま・み・む・む・め・め]忌避する。

〈A〉-442-あからさま【あからさま】〔形動ナリ〕[なら・なり/に・なり・なる・なれ・なれ](1)一時的だ。(2)全然・・・ない。

〈B〉-561-をり【折】〔名〕(1)季節。(2)場面。(3)懐紙。(4)折り詰め。

〈A〉-1047-まさる【勝る・優る/増さる】〔自ラ四〕[ら・り・る・る・れ・れ]【勝る・優る】(1)優れる。【増さる】(2)盛んになる。

〈B〉-444-そむく【背く】〔自カ四〕[か・き・く・く・け・け](1)背を向ける。横を向く。(2)逆らう。(3)離別する。(4)出家する。〔他カ下二〕[け・け・く・くる・くれ・けよ](1)背ける。(2)離反する。

〈C〉-1494-むずらむ【むずらむ】〔連接語〕《むず[助動サ変型]推量＋らむ[助動ラ四型]現在推量》(1)・・・だろう(か？)(2)・・・つもりなのだろう(か？)

〈A〉-446-かた【方】〔名〕(1)方向。(2)場所。(3)方面。点。(4)手段。(5)頃合。(6)組。(7)・・・のお方。(8)どんな風。〔接尾〕(1)・・・の頃。(2)・・・側。(3)・・・の方(々)。(4)・・・役。

〈A〉-735-さすが【流石・遉】〔形動ナリ〕[なら・なり／に・なり・なる・なれ・なれ](1)・・・ではあるが、そう言ってもやはり～である。いくら・・・だとしても、～はあるまい。(2)気が咎める。〔副〕(1)・・・ではあるが、そう言ってもやはり～である。いくら・・・だとしても、～はあるまい。(2)さすがは。

〈A〉-607-いたはし【労し】〔形シク〕[しから・しく／しかり・し・しき／しかる・しけれ・しかれ](1)苦しい。(2)骨が折れる。(3)大切にしたい。(4)気の毒だ。

〈A〉-1104-うつつ【現】〔名〕(1)現実世界。(2)正気。(3)夢見心地。

〈A〉-671-かなし【愛し・悲し・哀し】〔形シク〕[しから・しく／しかり・し・しき／しかる・しけれ・しかれ]【愛し】(1)身にしみて愛しい。(2)しみじみと趣深い。(3)お見事。【悲し・哀し】(4)気の毒で仕方がない。(5)悲しい。(6)何ともひどいことに。

〈A〉-117-きみ【君・公】〔名〕(1)天皇。(2)主君。(3)例のお方。(4)・・・様。〔代名〕あなた。〔接尾〕・・・様。

〈A〉-1353-なべて【並べて】〔副〕(1)概して。(2)あたり一面。(3)平凡だ。目立った難点はない。

〈A〉-1458-なむ【なむ】『接続:連用形』〔連接語〕《ぬ[助動ナ変型]完了＋む[助動マ四型]推量》(1)必ずや・・・に違いない。(2)必ず・・・しよう。(3)きっと・・・できるだろう。(4)・・・すべきだ。(5)・・・してはくれまいか。(6)もし・・・したならば。

〈B〉-736-さり【然り】〔自ラ変〕[ら・り・る・る・れ・れ](1)そうだ。(2)そのようである。

〈B〉-624-さらに【更に】〔副〕(1)更にまた。(2)再び。(3)全然・・・ない。

〈A〉-803-とふ【問ふ・訪ふ】〔他ハ四〕[は・ひ・ふ・ふ・へ・へ](1)質問する。(2)訪問する。(3)見舞う。消息を尋ねる。(4)弔問する。(5)占う。

〈A〉-806-ゆかし【ゆかし】〔形シク〕[しから・しく／しかり・し・しき／しかる・しけれ・しかれ](1)・・・したい。(2)心引かれる。

〈A〉-1148-あやにく【生憎】〔形動ナリ〕[なら・なり／に・なり・なる・なれ・なれ](1)あいにくだ。(2)意地悪だ。やり過ぎだ。〔副〕あいにく。折悪しく。

〈B〉-1476-とや【とや】〔連接語〕《と[格助]＋や[係助]》(1)・・・ということはない。・・・というのか？(2)・・・とかいうことらしい。

〈B〉-32-あはす【合はす】〔他サ下二〕[せ・せ・す・する・すれ・せよ](1)合わせる。(2)釣り合わせる。(3)調子を合わせる。調律する。(4)・・・に遭遇させる。(5)めあわせる。(6)夢占いをする。(7)競わせる。(8)一緒に・・・する。お互い・・・し合う。

〈A〉-504-まだし【未だし】〔形シク〕[しから・しく／しかり・し・しき／しかる・しけれ・しかれ](1)若すぎる。早すぎる。(2)未

熟だ。未完成だ。

〈C〉-751-さてしもあるべきことならず【然てしも有るべき事ならず】〔連語〕《さて〔副〕+しも〔副助〕+あり〔自ラ変〕+べし〔助動ク型推量〕+こと〔名〕+なり〔助動ナリ型断定〕+ず〔助動特殊型打消〕》そのままにはしておけない。

〈A〉-933-まこと【真・実・誠】〔名・形動ナリ〕[なら・なり/に・なり・なる・なれ・なれ](1)真実。(2)誠実。〔副〕本当に。〔感〕そうそう。

〈C〉-947-こともなし【事も無し】〔連語〕《こと〔名〕+も〔格助〕+なし〔形ク〕》(1)平穏無事だ。(2)難点がない。(3)可もなく不可もない。(4)容易だ。

〈B〉-1239-おほす【果す】〔補動サ下二〕…し通す。

〈B〉-1484-べからず【べからず】〔連接語〕《べし〔助動ク型推量〕+ず〔助動特殊型打消〕》(1)…してはならない。(2)…の筈がない。…そうにもない。(3)…するつもりはない。(4)…できない。

〈A〉-533-やがて【軈て・頓て】〔副〕(1)その状態でずっと。(2)さながら。(3)即ち。(4)すぐさま。(5)間もなく。

〈A〉-1190-おのづから【自ら】〔副〕(1)自然発露的に。(2)いつの間にか。(3)たまたま。(4)もし仮に…。

〈A〉-1456-ぬべし【ぬべし】〔連接語〕《ぬ〔助動ナ変型完了〕+べし〔助動ク型推量〕》(1)…しそうだ。(2)…することができそうだ。(3)…てしまうつもりだ。(4)…てしまうべきだ。

〈C〉-858-いさや【いさや】〔副〕さあ、どうでしょうか。〔感〕いえ、まあ。

〈C〉-572-いつしか【何時しか】〔形動ナリ〕[なら・なり/に・なり・なる・なれ・なれ]時期尚早だ。〔副〕(1)いつ…だろうか。(2)早く…ないものか。(3)早速。いつの間にか。

〈A〉-447-さま【様・方】〔名〕【様】(1)有様。姿形。(2)趣。(3)形式。(4)事情。〔接尾〕【様・方】(1)…の方。(2)…するや否や。【様】(3)…な風に。(4)…様。

〈A〉-1349-なほ【猶・尚】〔副〕(1)依然として。(2)とは言うもののやはり。(3)更にまた。(4)同様に。(5)あたかも…のごとし。

〈C〉-666-あえか【あえか】〔形動ナリ〕[なら・なり/に・なり・なる・なれ・なれ]はかなげだ。

〈C〉-20-いひつく【言ひ付く】〔自力四〕[か・き・く・く・け・け](1)求愛する。親密な関係になる。(2)言葉をかける。〔他力下二〕[け・け・くる・くれ・けよ](1)託する。言い付ける。(2)告げ口する。(3)言い慣れる。呼び習わす。

〈B〉-423-たゆ【絶ゆ】〔自ヤ下二〕[え・え・ゆ・ゆる・ゆれ・えよ](1)途絶する。(2)消滅する。(3)絶命する。気絶する。(4)縁が切れる。音沙汰なくなる。

〈B〉-1475-とかや【とかや】〔連接語〕《と〔格助〕+か〔係助〕+や〔間投助〕》(1)…とかいう(人・物・所・時など)。(2)…とかいうことだ。

〈A〉-54-よ【世・代】〔名〕(1)一生。寿命。(2)三世。(3)…期。時代。(4)世間。時勢。(5)時期。(6)境遇。貧福。(7)世界。(8)俗世間。世俗的欲望。(9)生活。暮らし向き。(10)世評。(11)(夫婦)仲。

〈A〉-1451-ずは【ずは】〔連接語〕《ず〔助動特殊型打消〕+は〔係助〕》(1)…などせずに。(2)もし…ないならば、〜。(3)…ない。

Story_2:『青益荒男』

〈C〉-650-ますらを【益荒男・丈夫・大夫】〔名〕(1)一人前の男性。(2)兵士。(3)上代の官僚。

〈C〉-313-うひかうぶり【初冠】〔名〕(1)元服。(2)初任官。

〈A〉-1007-いろ【色】〔名〕(1)色彩。(2)顔色。素振り。(3)華美。(4)風情。(5)風流心。情感。(6)美貌。色艶。(7)恋人。遊女。美女。(8)色恋。(9)当色。禁色。鈍色。〔形動ナリ〕〔なら・なり／に・なり・なる・なれ・なれ〕(1)風流だ。(2)好色だ。(3)色艶がよい。

〈B〉-1200-もはら【専ら】〔副〕(1)専ら。(2)全然・・・ない。

〈C〉-704-いらなし【いらなし】〔形ク〕〔から・く／かり・し・き／かる・けれ・かれ〕(1)極端に・・・。(2)強烈だ。(3)大袈裟だ。(4)心が痛い。

〈B〉-1186-わざ【業・態・事・技】〔名〕(1)行為。(2)仏事。(3)仕事。(4)方法。技芸。(5)災厄。(6)・・・なこと。

〈C〉-1102-しし【肉・宍・獣】〔名〕【肉・宍】(1)獣肉。【獣】(2)食用獣。(3)狩猟。

〈A〉-1388-おぼえ【覚え】〔名〕(1)評判。(2)御恩顧。寵愛。(3)腕自慢。(4)心当たり。感触。

〈B〉-1041-むかふ【向かふ・対ふ】〔自ハ四〕〔は・ひ・ふ・ふ・へ・へ〕(1)向き合う。(2)赴く。(3)比肩する。(4)敵対する。(5)間もなく・・・になる。〔他ハ下二〕〔へ・へ・ふ・ふる・ふれ・へよ〕(1)対面させる。敵対させる。(2)行かせる。

〈C〉-416-しにいる【死に入る】〔自ラ四〕〔ら・り・る・る・れ・れ〕(1)死んだようになる。(2)息絶える。

〈C〉-928-しきしまのみち【敷島の道】〔名〕和歌(の道)。

〈C〉-699-たく【長く・闌K】〔自力下二〕〔け・け・く・くる・くれ・けよ〕(1)日が高くなる。(2)熟達する。(3)年老いる。押し詰まる。

〈B〉-697-たけし【猛し】〔形ク〕〔から・く／かり・し・き／かる・けれ・かれ〕(1)勢いが盛んだ。(2)勇猛だ。(3)素晴らしい。(4)気丈だ。

〈A〉-1423-こそあらめ【こそあらめ】〔連接語〕《こそ〔係助〕+あり〔自ラ変〕+む〔助動マ四型〕推量》(1)・・・べきだ。(2)・・・であろう。(3)もし・・・ならばいいけれど。(4)もし・・・ならば困るけれど。

〈C〉-1177-うけばる【受け張る】〔他ラ四〕〔ら・り・る・る・れ・れ〕(1)自信満々に振る舞う。(2)傍若無人だ。

〈B〉-1055-になし【二無し】〔形ク〕〔から・く／かり・し・き／かる・けれ・かれ〕比類なき素晴らしさだ。

〈B〉-1393-おもほえず【思ほえず】〔連接語〕《おもほゆ〔自ヤ下二〕+ず〔助動特殊型〕打消》意外にも。

〈A〉-489-そむ【初む】〔補動マ下二〕・・・し始める。

〈A〉-187-やむごとなし【止む事無し】〔形ク〕〔から・く／かり・し・き／かる・けれ・かれ〕(1)捨ててはおけない。(2)格別だ。(3)高貴だ。

〈C〉-174-げらふ【下﨟】〔名〕(1)下位の僧。(2)下級官僚。(3)下僕。(4)下賤の者。

〈A〉-1493-むとす【むとす】〔連接語〕《む〔助動マ四型〕推量+と〔格助〕+す〔自サ変〕》(1)・・・しようとする。(2)・・・だろう。

〈C〉-499-つひに【遂に・終に】〔副〕(1)結局。(2)とうとう。(3)いまだかつて・・・ない。

〈A〉-1409-え【え】〔副〕(1)とても・・・できない。どうして・・・できようか。(2)よく・・・し得る。

〈A〉-160-たのもし【頼もし】〔形シク〕[しから・しく／しかり・し・しき／しかる・しけれ・しかれ](1)頼りになる。(2)先々楽しみだ。(3)裕福だ。

〈B〉-1057-かぎりなし【限り無し】〔形ク〕[から・く／かり・し・き／かる・けれ・かれ](1)果てしない。(2)この上もない。(3)最高だ。

〈A〉-1471-にけり【にけり】〔連語〕《ぬ〔助動ナ変型〕完了+けり〔助動ラ変型〕過去》(1)・・・てしまった(ということだ)。(2)・・・てしまったのだなあ。

〈A〉-164-あやし【怪し・奇し・異し】【賤し】〔形シク〕[しから・しく／しかり・し・しき／しかる・しけれ・しかれ]【怪し・奇し・異し】(1)不思議だ。(2)珍しい。(3)不審だ。(4)けしからぬ。【賤し】(5)卑しい。(6)見苦しい。聞き苦しい。

〈B〉-785-かれ【彼】〔代名〕(1)あの人。彼。彼女。(2)あれ。あちら。

〈B〉-568-ほどに【ほどに】『接続:〔連語形〕』〔連語〕《ほど〔名〕+に〔格助〕》・・・するうちに。〔接助〕(1)・・・なので。(2)・・・だが。

〈B〉-471-かいばみ【垣間見】〔名〕垣間見。

〈A〉-1073-すがた【姿】〔名〕(1)体付き。(2)外見。(3)歌体。

〈A〉-1022-みる【見る】〔他マ上一〕[み・み・みる・みる・みれ・みよ](1)見る。見て何かを思う。(2)・・・と思う。(3)対面する。(4)男女の契りを結ぶ。(5)養う。(6)・・・を蒙る。(7)占う。(8)・・・してみる。

〈B〉-558-ついで【序】〔名〕(1)順序。(2)きっかけ。

〈B〉-1415-えならず【えならず】〔連語〕《え〔副〕+なる〔自ラ四〕+ず〔助動特殊型〕打消》(1)並大抵でない。(2)何とも言えず素晴らしい。

〈A〉-1029-みめ【見目・眉目】〔名〕(1)見た目。(2)容貌。

〈A〉-1157-くるし【苦し】〔形シク〕[しから・しく／しかり・し・しき／しかる・しけれ・しかれ](1)痛い。辛い。(2)不快だ。(3)気懸かりだ。(4)よろしくない。〔接尾シク型〕(1)・・・するのも不快だ。(2)・・・しにくい。

〈B〉-1087-おもなし【面無し】〔形ク〕[から・く／かり・し・き／かる・けれ・かれ](1)面目ない。(2)厚顔無恥だ。

〈A〉-694-むくつけし【むくつけし】〔形ク〕[から・く／かり・し・き／かる・けれ・かれ](1)無気味だ。(2)呆れた。風情も何もあったものじゃない。

〈B〉-720-いかならむ【如何ならむ】〔連語〕《いかなり〔形動ナリ〕+む〔助動マ四型〕推量》(1)どんな風であろうか。(2)どうなってしまうのだろうか。(3)(たとえ)どのような・・・(でも)。

〈B〉-754-さも【然も】〔連語〕《さ〔副〕+も〔係助〕》そのようにも・・・。〔副〕(1)それほどまでに・・・。(2)それはもう・・・。(3)さほど・・・ない。

〈A〉-1127-こころなし【心無し】〔形ク〕[から・く／かり・しき／かる・けれ・かれ](1)人情味がない。感情を持たない。(2)間抜けだ。(3)無教養だ。

〈C〉-52-ともがら【輩】〔名〕仲間。

〈C〉-721-いかなれや【如何なれや】〔連語〕《いかなり〔形動ナリ〕+や〔係助〕》(1)どうしたわけで・・・なのか。(2)一体どういうものか。

〈C〉-809-いぶかる【訝る】〔自ラ四〕[ら・り・る・る・れ・れ]気がかりだ。もっとよく知りたい。〔他ラ四〕[ら・り・る・る・れ・れ]不審に思う。

〈B〉-1009-いろごのみ【色好み】〔名〕(1)恋愛の情趣を知ること。異性に好かれる人物。恋の達人。(2)風流心。風雅の達人。

〈C〉-1093-なだたし【名立たし】〔形シク〕[しから・しく/しかり・し・しき/しかる・しけれ・しかれ]人の噂になりそうだ。

〈B〉-895-うそぶく【嘯く】〔自力四〕[か・き・く・く・け・け](1)喘ぐ。(2)遠吠えをする。(3)嘆息する。口笛を吹く。(4)素知らぬ顔をする。〔他力四〕[か・き・く・く・け・け]吟詠する。

〈B〉-6-けさう【懸想】〔名・他サ変〕[せ・し・す・する・すれ・せよ]恋慕。

〈B〉-703-こちごちし【骨骨し】〔形シク〕[しから・しく/しかり・し・しき/しかる・しけれ・しかれ]武骨だ。

〈A〉-244-をかし【をかし】〔形シク〕[しから・しく/しかり・し・しき/しかる・しけれ・しかれ](1)興味深い。(2)美しい。可愛い。(3)趣深い。(4)滑稽だ。(5)奇妙だ。

〈B〉-1477-なれや【なれや】〔連接語〕《なり[助動ナリ型]断定+や[係助]》(1)・・・だろうか、否、・・・ない。(2)・・・故であろうか。《なり[助動ナリ型]断定+や[間助]》(3)・・・であることよ。

〈A〉-1273-つつむ【慎む】【包む・裹む】〔自マ四〕[ま・み・む・む・め・め]【慎む】(1)遠慮される。(2)感情を抑える。〔他マ四〕[ま・み・む・む・め・め]【包む・裹む】(1)囲い込む。(2)包み隠す。

〈A〉-1487-ましかば【ましかば】〔連接語〕《まし[助動特殊型]推量+ば[接助]》もし・・・だったなら。

〈A〉-323-ほい【本意】〔名〕(1)本懐。(2)真意。

〈A〉-1372-やすし【安し・易し】〔形ク〕[から・く/かり・し・しき/かる・けれ・かれ](1)心安らかだ。(2)気軽だ。軽薄だ。(3)容易だ。(4)無造作だ。(5)安価だ。(6)・・・しやすい。

〈B〉-414-おいらか【おいらか】〔形動ナリ〕[なら・なり/に・なり・なる・なれ・なれ](1)穏健だ。(2)穏便だ。(3)淡泊だ。(4)単調だ。〔副〕いっそのこと。

〈B〉-241-うきな【憂き名】【浮き名】〔名〕【憂き名】(1)悪評。【浮き名】(2)艶聞。

〈A〉-1434-もこそ【もこそ】〔連接語〕《も[係助]+こそ[係助]》(1)・・・したりするといけない。(2)・・・もまた。

〈C〉-797-などて【などて】〔連接語〕《など[副]+て[係助]》・・・などと言って(思って・書いて)。〔副〕どうして・・・か？どうして・・・であるものか。

〈A〉-1242-まどふ【惑ふ・迷ふ】〔自ハ四〕[は・ひ・ふ・ふ・へ・へ](1)道に迷う。(2)見誤る。(3)心が乱れる。(4)・・・しまくる。

〈C〉-792-われかのここち【我かの心地】〔連語〕《われ[代名]+か[係助]+の[格助]+ここち[名]》茫然自失。

〈A〉-595-わづらふ【煩ふ】〔自ハ四〕[は・ひ・ふ・ふ・へ・へ](1)心が辛い。(2)病気になる。(3)苦労する。〔補動ハ四〕[は・ひ・ふ・ふ・へ・へ]なかなか・・・できない。

〈A〉-1266-わりなし【わりなし】〔形ク〕[から・く/かり・し・しき/かる・けれ・かれ](1)理解に苦しむ。(2)どうしようもない。(3)並々でない。(4)ひどく。

〈A〉-686-けし【異し・怪し】〔形シク〕[しから・しく/しかり・し・しき/しかる・しけれ・しかれ](1)いつもと違う。(2)異様だ。(3)ひどく。(4)悪くはない。

〈A〉-1165-うとし【疎し】〔形ク〕[から・く/かり・し・しき/かる・けれ・かれ](1)疎遠だ。(2)よそよそしい。(3)詳しくない。(4)無関心だ。冷淡だ。(5)愚鈍だ。うまく利かない。

〈A〉-993-わたり【辺り】〔名〕(1)付近。(2)・・・頃。・・・の様子。(3)お方。

〈B〉-1366-あなづらはし【侮らはし】〔形シク〕[しから・しく/しかり・し・しき/しかる・しけれ・しかれ](1)大したことはな

い。⑵気楽な。

〈A〉-953-もの【物・者】〔名〕⑴無形物。⑵有形物。⑶ある物。ある場所。⑷その他の(普通の)もの。⑸特筆に値するもの。⑹何か言う(思う)こと。⑺人。生き物。⑻物の怪。⑼場。〔接頭〕何となく。

〈A〉-1482-ものかは【物かは】『接続：終助＝[連体形] 連語＝[係助詞「は」]』〔連接語〕《ものか〔終助〕＋は〔終助〕》物の数ではない。〔終助〕⑴何とまぁ・・・ではないか。⑵・・・であろうか、否、・・・ない。

Story_3:『蛍障子』

〈C〉-474-さうじ【障子】[名]障子。

〈C〉-108-このかみ【兄】[名](1)長男。(2)兄。姉。(3)年長(者)。(4)人の上に立つ器量の持ち主。(5)義兄。

〈A〉-630-をさなし【幼し】[形ク][から・く/かり・しき/かる・けれ・かれ](1)幼少だ。(2)子供っぽい。

〈B〉-652-いも【妹】[名](1)妻。恋人。姉妹。(2)貴女。

〈B〉-653-せ【兄・夫・背】[名]あなた。

〈B〉-8-むつぶ【睦ぶ】[自バ上二][び・び・ぶ・ぶる・ぶれ・びよ]親しく交わる。

〈B〉-1-あいぎゃう【愛敬】[名](1)慈愛。(2)魅力。(3)配慮。

〈A〉-1320-めでたし【愛でたし】[形][から・く/かり・しき/かる・けれ・かれ](1)褒め讃えるべきだ。(2)祝うべきことだ。

〈B〉-491-すゑ【末】[名](1)末端。(2)梢。(3)将来。(4)終盤。(5)末期。(6)子孫。(7)下位。(8)結末。(9)下の句。

　〈C〉-579-がね【がね】[接尾]・・・候補。

〈B〉-1225-おもひおきつ【思ひ掟つ】[他ダ下二][て・て・つ・づる・づれ・でよ]意図する。

〈B〉-1088-おもだたし【面立たし】[形シク][しから・しく/しかり・し・しき/しかる・しけれ・しかれ]面目躍如たるものがある。

〈B〉-1364-かはゆし【かはゆし】[形ク][から・く/かり・しき/かる・けれ・かれ](1)ひどく恥ずかしい。(2)何とも哀れだ。(3)愛くるしい。

〈B〉-153-ひとびとし【人人し】[形シク][しから・しく/しかり・し・しき/しかる・しけれ・しかれ](1)人並みだ。(2)身分が高い。

〈A〉-197-きは【際】[名](1)末端。境界。(2)限り。(3)程度。(4)身の程。・・・的立場の人。(5)当座。(6)終わり。臨終。

〈B〉-96-のぼる【上る・登る・昇る】[自ラ四][ら・り・る・る・れ・れ](1)上昇する。(2)遡上する。(3)上京する。(4)参上する。(5)昇進する。(6)昔に遡る。

〈B〉-173-げす【下種・下衆】[名](1)身分の低い人。(2)使用人。

〈B〉-584-かつて【都て・曾て・嘗て】[副](1)決して・・・ない。(2)いまだかつて・・・ない。(3)以前に。

〈A〉-1286-ねんず【念ず】[他サ変][ぜ・じ・ず・ずる・ずれ・ぜよ](1)祈願する。(2)こらえる。頑張る。

　〈C〉-760-さるは【然るは】[接続](1)それというのも。その上また。(2)そうは言っても。

〈A〉-655-いもうと【妹】[名](1)妹。姉。(2)妹。(3)妹みたいな君。

〈B〉-516-ゆふべ【夕べ】[名](1)夕方。(2)昨夜。昨夕。

　〈C〉-1265-やるかたなし【遣る方無し】[形ク][から・く/かり・しき/かる・けれ・かれ](1)思いを晴らす方法がない。(2)途方もない。

〈A〉-894-ながむ【眺む】【詠む】[他マ下二][め・め・む・むる・むれ・めよ]【眺む】(1)ぼんやり見やる。(2)物思

いに耽る。(3)…と思いながらじっと見る。(4)遠くを見やる。【詠む】(5)吟詠する。詩作する。

〈A〉-1256-すぢ【筋】〔名〕(1)筋。(2)一筋。(3)血筋。身分。(4)気性。(5)理由。(6)方向。(7)…方面。(8)手法。(9)粗筋。〔接尾〕…本。

〈C〉-601-たゆたふ【揺蕩ふ】〔自ハ四〕[は・ひ・ふ・ふ・へ・へ](1)揺れ動く。(2)ためらう。

〈B〉-461-かなた【彼方】〔代名〕あちら。

〈A〉-1421-なりけり【なりけり】〔連接語〕《なり[助動ナリ型]断定＋けり[助動ラ変型]過去》(1)…であった。(2)…だったのだなあ。

〈A〉-1287-あふ【敢ふ】〔自ハ下二〕[へ・へ・ふ・ふる・ふれ・へよ](1)耐える。(2)大目に見る。〔補動ハ下二〕[へ・へ・ふ・ふる・ふれ・へよ]…しおおせる。

〈A〉-1289-せきあふ【塞き敢ふ】〔他ハ下二〕[へ・へ・ふ・ふる・ふれ・へよ]我慢する。

〈B〉-1117-たま【魂・霊】〔名〕霊魂。

〈A〉-439-かる【離る】〔自ラ下二〕[れ・れ・る・るる・るれ・れよ](1)離れる。(2)途絶える。(3)疎遠になる。

〈B〉-24-むすぶ【結ぶ】【掬ぶ】〔自バ四〕[ば・び・ぶ・ぶ・べ・べ]【結ぶ】形を成す。〔他バ四〕[ば・び・ぶ・ぶ・べ・べ]【結ぶ】(1)結び付ける。結び目を作る。(2)構成する。(3)結束する。約束する。(4)引き起こす。【掬ぶ】(5)掌で水を掬う。

〈A〉-1094-て【手】〔名〕(1)手。腕。手首。掌。指。(2)取っ手。(3)文字。筆跡。(4)芸風。曲目。出し物。(5)手腕。(6)手段。(7)手数。(8)人手。(9)負傷。(10)方向。(11)交際。(12)…手。

〈C〉-472-せんざい【前栽】〔名〕(1)植え込み。(2)野菜。

〈B〉-1226-おく【置く】〔自力四〕[か・き・く・く・け・け]降りる。〔他力四〕[か・き・く・く・け・け](1)置く。(2)放置する。(3)間を置く。(4)差し置く。〔補動力四〕[か・き・く・く・け・け](1)予め…しておく。確実に…する。(2)…のままにしておく。

〈A〉-1296-やる【遣る】〔他ラ四〕[ら・り・る・る・れ・れ](1)行かせる。流す。(2)送る。(3)気分を晴らす。〔補動ラ四〕[ら・り・る・る・れ・れ](1)遠く…する。(2)すっかり…し終える。(3)…してやる。

〈A〉-1332-びんなし【便無し】〔形ク〕[から・く/かり・し・き/かる・けれ・かれ](1)不都合だ。(2)けしからぬ。

〈C〉-790-みながら【身ながら】〔連接語〕《み[名]＋ながら[接助]》(1)我ながら。(2)…の身のまま。

〈A〉-245-あさまし【あさまし】〔形シク〕[しから・しく/しかり・し・しき/しかる・しけれ・しかれ](1)驚いた。(2)がっかりだ。(3)嘆かわしい。(4)非常に。(5)見苦しい。(6)取るに足りない。

〈C〉-1170-すげなし【すげなし】〔形ク〕[から・く/かり・し・き/かる・けれ・かれ]冷淡だ。

〈B〉-825-かへりごと【返り事・返り言】〔名〕(1)使者の報告。(2)返事。返歌。(3)お返し。

〈B〉-1435-もや【もや】『接続:間投助＝[体言・終止形助詞]連語＝[文례]』〔連接語〕《も[係助]＋や[係助]》(1)…でも…だろうか？(2)…でも…してくれないだろうか？(3)…でも…したりしないだろうか？〔間投助〕何と…であることよ。

〈A〉-89-こころもとなし【心許無し】〔形ク〕[から・く/かり・し・き/かる・けれ・かれ](1)待ち遠しい。(2)はっきりしない。(3)気懸かりだ。(4)物足りない。

〈B〉-1002-いもねず【寝も寝ず】〔連接語〕《い[名]＋も[係助]＋ぬ[自ナ下二]＋ず[助動特殊型]打消》眠らない。

〈A〉-452-がり【許】〔名〕…のところへ。〔接尾〕…のところへ。
〈A〉-802-たづぬ【尋ぬ・訪ぬ】〔他ナ下二〕[ね・ね・ぬ・ぬる・ぬれ・ねよ]⑴探訪する。⑵探求する。⑶質問する。⑷訪問する。
〈B〉-541-すがら【すがら】〔接尾〕⑴…の間中ずっと。⑵…のついでに。
〈A〉-814-かたらふ【語らふ】〔他ハ四〕[は・ひ・ふ・ふ・へ・へ]⑴語り合う。⑵懇意にする。⑶睦び合う。⑷説得する。⑸相談する。
〈B〉-691-けに【異に】〔副〕⑴…以上に。⑵異様に。
　〈C〉-69-あかし【明かし】〔形ク〕[から・く/かり・しき/かる・けれ・かれ]⑴明るい。⑵誠実だ。
〈A〉-534-やうやう【漸う】〔副〕⑴次第に。⑵どうにかこうにか。
〈B〉-772-そ【夫・其】〔代名〕⑴それ。⑵その人。
〈B〉-1360-はゆ【映ゆ・栄ゆ】〔自ヤ下二〕[え・え・ゆ・ゆる・ゆれ・えよ]⑴際立つ。⑵ますます進む。
〈B〉-455-つま【端】〔名〕⑴末端。⑵軒。⑶きっかけ。
〈B〉-1240-かく【掛く・懸く】〔他カ下二〕[け・け・く・くる・くれ・けよ]⑴懸ける。⑵火をかける。水を浴びせる。⑶兼務する。兼用だ。⑷掛け詞にする。かこつける。⑸測り比べる。⑹思い浮かべる。口に出して言う。⑺話しかける。⑻約束する。代償にする。⑼当てにする。⑽騙す。⑾目指す。〔補動カ下二〕[け・け・く・くる・くれ・けよ]⑴…かける。⑵…かける。…かけてやめる。
〈B〉-1101-みづくきのあと【水茎の跡】〔連語〕《みづくき〔名〕+の〔格助〕+あと〔名〕》筆(跡)。文字。手紙。
　〈C〉-1082-おほどか【大どか】〔形動ナリ〕[なら・なり/に・なり・なる・なれ・なれ]大らかだ。
〈A〉-1252-しるし【著し】〔形ク〕[から・く/かり・しき/かる・けれ・かれ]⑴際立つ。⑵さすがに…だと思わせるような感じで。
〈A〉-441-あかる【別る・離る・散る】〔自ラ下二〕[れ・れ・る・るる・るれ・れよ]離別する。
〈B〉-999-おともせず【音もせず】〔連語〕《おと〔名〕+も〔係助〕+す〔自サ変〕+ず〔助動詞特殊型打消〕》音信不通だ。
　〈C〉-777-そこばく【若干・幾許】〔副〕⑴こんなに沢山。⑵こんなにも甚だしく。
〈A〉-715-いかが【如何】〔副〕⑴どのように…か。⑵どうして…か(いや…ない)。⑶どうなってしまうだろう。⑷どうであろうか。⑸どんなにか。
〈B〉-728-かばかり【斯ばかり】〔副〕⑴これほどまでの。⑵これだけ。
〈B〉-91-おぼろけ【朧け】〔形動ナリ〕[なら・なり/に・なり・なる・なれ・なれ]⑴並みの…ではない。⑵並々ならぬ。
〈B〉-545-はやう【早う】〔副〕⑴かつて。⑵既に。⑶元来は。⑷いやはや…だったよ。⑸急いで。
　〈C〉-1270-あいなだのみ【あいな頼み】〔名〕空頼み。高望み。
　〈C〉-905-そほつ【濡つ】〔自タ四〕[た・ち・つ・つ・て・て]〔自タ上二〕[ち・ち・つ・つる・つれ・ちよ]⑴すっかり濡れる。⑵絶えず降り注ぐ。

Story_4:『暮れ泥み』

〈B〉-73-くる【暗る・暮る・昏る】【暗る・眩る】〔自ラ下二〕{れ・れ・る・るる・るれ・れよ}【暮る・暗る・昏る】(1)日が暮れる。(2)年が押し詰まる。過ぎ行く。【暗る・眩る】(3)目が眩む。(4)目が霞む。(5)心を乱す。

〈B〉-12-なづむ【泥む】〔自マ四〕{ま・み・む・む・め・め}(1)行き悩む。(2)難儀する。(3)こだわる。

〈B〉-331-いふもおろかなり【言ふも疎かなり】〔連語〕《いふ〔他ハ四〕＋も〔係助〕＋おろか〔形動ナリ〕》何とも言いようがない。

〈A〉-779-あまた【数多】〔副〕(1)たくさん。いくつか。(2)たいして・・・ではない。

〈C〉-347-なびく【靡く】〔自カ四〕{か・き・く・く・け・け}(1)横に流れる。横転する。(2)服従する。〔他カ下二〕{け・け・くる・くる・くれ・けよ}(1)横に流す。横転させる。(2)従わせる。

〈B〉-55-よのなか【世の中】〔名〕(1)世界。(2)世間。時勢。(3)・・・期。時代。(4)世評。(5)境遇。貧富。(6)(夫婦)仲。(7)自然界。天候。(8)とてつもない。

〈A〉-291-う【得】〔他ア下二〕{え・え・うる・うれ・えよ}(1)獲得する。(2)女をものにする。娶る。(3)得意とする。(4)理解する。(5)・・・できる。〔補動ア下二〕{え・え・うる・うれ・えよ}・・・できる。

〈A〉-520-ひごろ【日頃・日比】〔名〕〔副〕(1)数日来。(2)普段。(3)数日間。

〈A〉-994-かよふ【通ふ】〔自ハ四〕{は・ひ・ふ・ふ・へ・へ}(1)往来する。通じる。(2)女のもとへ通う。(3)分かり合う。(4)精通する。(5)似通う。(6)交差する。

〈C〉-700-まう【猛】〔形動ナリ〕{なら・なり/に・なり・なる・なれ・なれ}勢いがある。

〈A〉-1405-かどかどし【才かどし】【角角し】〔形シク〕{しから・しく/しかり・し・しき/しかる・しけれ・しかれ}【才かどし】(1)見るからに有能だ。【角角し】(2)尖っている。(3)気性が荒い。

〈C〉-1039-ひとかたならず【一方ならず】〔連語〕《ひと〔接頭〕＋かた〔名〕＋なり〔助動ナリ型断定〕＋ず〔助動特殊型〕打消》並み一通りではない。

〈B〉-1424-こそあれ【こそあれ】〔連接語〕《こそ〔係助〕＋あり〔自ラ変〕》(1)確かに・・・はあるけれども。(2)確かに・・・ではあるけれども。(3)・・・するや否や〜。(4)折角・・・だというのに。

〈B〉-334-おろかならず【愚かならず】〔連語〕《おろか〔形動ナリ〕＋ず〔助動特殊型〕打消》並々ならぬ。

〈C〉-1212-あんず【案ず】〔他サ変〕{ぜ・じ・ず・ずる・ずれ・ぜよ}(1)考案する。熟考する。(2)気遣う。

〈A〉-519-ひねもす【終日・尽日】〔副〕一日中。

〈C〉-1020-けしきとる【気色取る】〔自ラ四〕{ら・り・る・る・れ・れ}(1)様子を窺う。(2)御機嫌取りをする。(3)相手の意向を窺う。

〈C〉-571-ころしも【頃しも・比しも】〔連接語〕《ころ〔名〕＋しも〔副助〕》・・・の丁度その時〜。

〈B〉-815-うちいづ【打ち出づ】〔自ダ下二〕{で・で・づ・づる・づれ・でよ}(1)出る。(2)出で立つ。〔他ダ下二〕{で・で・づ・づる・づれ・でよ}(1)口に出す。(2)打ち鳴らす。発火させる。

〈C〉-1095-および【指】〔名〕(1)指。(2)親指。

〈B〉-664-たをやか【嫋やか】〔形動ナリ〕{なら・なり/に・なり・なる・なれ・なれ}(1)しなやかだ。(2)しとやかだ。

〈A〉-193-きよら【清ら】〔名〕最高の美。〔形動ナリ〕{なら・なり/に・なり・なる・なれ・なれ}(1)上品で美しい。(2)

華麗だ。

〈C〉-74-めくる【目眩る・目昏る】〔自ラ下二〕[れ・れ・る・るる・るれ・れよ]目が眩む。

〈A〉-1243-まがふ【紛ふ】〔自ハ四〕[は・ひ・ふ・ふ・へ・へ](1)入り交じる。(2)見分けが付かない。〔他ハ下二〕[へ・へ・ふ・ふる・ふれ・へよ](1)入り交じらせる。(2)混同する。

〈B〉-889-まがまがし【禍禍し】〔形シク〕[しから・しく/しかり・し・しき/しかる・しけれ・しかれ](1)不吉だ。(2)忌々しい。

〈C〉-250-ゆゑづく【故付く】〔自カ四〕[か・き・く・く・け・け](1)教養をひけらかす。訳ありといった感じだ。(2)由緒ありげだ。〔他カ下二〕[け・け・くる・くれ・けよ](1)訳ありげに振る舞う。(2)風情を加える。

〈A〉-384-はべり【侍り】〔自ラ変〕[ら・り・り・る・れ・れ](1)お仕え申し上げる。(2)おります。(3)ございます。〔補動ラ変〕[ら・り・り・る・れ・れ](1)・・・でございます。(2)・・・でございます。(3)・・・でございます。(4)・・・ております。

〈B〉-355-いひなす【言ひ做す】〔他サ四〕[さ・し・す・す・せ・せ](1)誇張する。(2)言い繕う。(3)歪曲する。

〈A〉-235-こころうし【心憂し】〔形ク〕[から・く/かり・し・き/かる・けれ・かれ](1)心痛を感じる。(2)嫌な感じだ。

〈B〉-1264-せむかたなし【為む方無し】〔形ク〕[から・く/かり・し・き/かる・けれ・かれ]どうしようもない。

〈A〉-1307-わぶ【侘ぶ・陀ぶ】〔自バ上二〕[び・び・ぶ・ぶる・ぶれ・びよ](1)がっかりする。(2)心細く思う。(3)困惑する。(4)許しを請う。(5)落ちぶれる。(6)侘び住まいをする。〔補動バ上二〕[び・び・ぶ・ぶる・ぶれ・びよ]・・・しかねる。・・・し続けられそうにない。

〈B〉-543-やをら【やをら】〔副〕おもむろに。

〈C〉-486-あと【跡】【後】〔名〕【跡】(1)足跡。行方。(2)痕跡。(3)筆跡。(4)先例。(5)跡継ぎ。【後】(6)後方。(7)以後。(8)死後。

〈A〉-813-いだす【出だす】〔他サ四〕[さ・し・す・す・せ・せ](1)出す。(2)口に出して言う。素振りに出す。(3)吟詠する。(4)・・・出す。(5)遣わす。(6)引き起こす。

〈C〉-1411-えしも【えしも】〔連接語〕《え[副]+しも[副助]》到底・・・できない。

〈C〉-1250-あきらむ【明らむ】〔他マ下二〕[め・め・む・むる・むれ・めよ](1)晴れ晴れする。(2)明らかにする。

〈B〉-617-こころのやみ【心の闇】〔連語〕《こころ[名]+の[格助]+やみ[名]》(1)子ゆえに惑う親心。(2)惑乱。

〈B〉-92-おぼめく【おぼめく】〔自カ四〕[か・き・く・く・け・け](1)不明瞭だ。(2)不審に思う。(3)曖昧にぼかす。

〈B〉-690-けやけし【けやけし】〔形ク〕[から・く/かり・し・き/かる・けれ・かれ](1)風変わりだ。(2)格別な。(3)異様だ。(4)はっきり。

〈C〉-1085-いひおもむく【言ひ赴く】〔他カ下二〕[け・け・く・くる・くれ・けよ]説得する。

〈A〉-1474-にや【にや】〔連接語〕《なり[助動ナリ型断定]+や[係助]》(1)・・・だろうか。(2)・・・だろうか。《に[格助]+や[係助]》(3)・・・に〜か？(4)・・・に〜か、否、〜ではない。

〈A〉-714-いかに【如何に】〔副〕(1)どんな風に・・・か。(2)どうして・・・か。(3)どんなにか・・・(なことか)。(4)何とまあ。(5)たとえどんなに・・・でも。〔感〕(1)おい。(2)どのようなものか。

〈B〉-158-きはぎはし【際際し】〔形シク〕[しから・しく/しかり・し・しき/しかる・しけれ・しかれ]際立つ。

〈A〉-829-いらふ【答ふ・応ふ】〔自ハ下二〕[へ・へ・ふ・ふる・ふれ・へよ]応答する。

〈A〉-1013-にほふ【匂ふ】〔自ハ四〕[は・ひ・ふ・ふ・へ・へ](1)綺麗に色付く。(2)照り映える。(3)佳い香りが

する。(4)引き立てられる。〔他ハ下二〕[へ・へ・ふ・ふる・ふれ・へよ]色付ける。〔他ハ四〕[は・ひ・ふ・ふ・へ・へ]香らせる。

〈C〉-565-をりしりがほ【折り知り顔】〔形動ナリ〕[なら・なり／に・なり・なる・なれ・なれ](1)待ってましたと言わんばかりだ。(2)場面相応だ。

〈A〉-835-てふ【てふ】〔連接語〕《と〔格助〕+いふ〔自ハ四〕》・・・という。

〈A〉-931-こと【言】〔名〕(1)言葉。(2)通信(文)。(3)伝聞情報。噂話。故事。(4)口約束。嘘。(5)和歌。歌語。

〈B〉-827-かへす【帰す・返す・反す】〔他サ四〕[さ・し・す・す・せ・せ](1)元に戻す。(2)引っ繰り返す。(3)帰す。(4)吐く。(5)耕作する。(6)繰り返す。(7)染め直す。(8)孵化させる。(9)返事をする。返歌を送る。(10)官位を辞する。

〈B〉-891-ずす【誦す】〔他サ変〕[せ・し・す・する・すれ・せよ]口ずさむ。

〈B〉-1124-こころばせ【心ばせ】〔名〕(1)性質。(2)心遣い。(3)嗜み。

〈C〉-252-よしばむ【由ばむ】〔自マ四〕[ま・み・む・む・め・め]由緒ありげに振る舞う。

〈A〉-826-かへし【返し】〔名〕(1)返歌。(2)返答。(3)返礼。報復。(4)再発。

〈A〉-1115-ゆめ【勤・努・謹】〔副〕(1)決して・・・するな。(2)全然・・・ない。(3)気を付けろ。

〈C〉-359-とりなす【取り成す・執り成す】〔他サ四〕[さ・し・す・す・せ・せ](1)変える。(2)・・・のように扱う。(3)取り繕う。(4)相手に調子を合わせる。(5)・・・とみなす。

〈A〉-1012-けはひ【気はひ・気配・気色・化粧・仮粧】〔名〕(1)気配。音。声。匂い。温度。(2)物腰。人品。(3)名残。(4)ゆかり。(5)化粧。

〈A〉-1492-み【み】〔接尾〕(1)・・・が~なので。(2)・・・したり~したり。(3)・・・であって、そして~。(4)・・・さ。・・・的性質。(5)・・・だと思う。・・・の如く為す。

〈B〉-878-そばむ【側む】〔自マ四〕[ま・み・む・む・め・め](1)脇見をする。(2)脇に寄る。(3)正道を踏み外す。(4)嫉妬する。〔他マ下二〕[め・め・む・むる・むれ・めよ](1)一方に寄せる。(2)目を逸らす。(3)疎んじる。

〈C〉-1032-まぼる【守る・護る】〔他ラ四〕[ら・り・る・る・れ・れ](1)見つめる。様子を窺う。(2)保護する。(3)遵守する。

〈B〉-527-つと【つと】〔副〕(1)じっと。(2)ぐっと。(3)さっと。

〈B〉-476-きちゃう【几帳】〔名〕几帳。

〈C〉-427-かくる【隠る】〔自ラ下二〕[れ・れ・る・るる・るれ・れよ](1)隠れる。(2)お亡くなりになる。〔自ラ四〕[ら・り・る・る・れ・れ]隠れる。

Story_5:『うたて歌』

〈A〉-282-うたてし【うたてし】〔形ク〕[から・く／かり・しき／かる・けれ・かれ] (1)気に食わない。(2)気の毒だ。
　〈C〉-120-くぎやう【公卿】〔名〕国政の最高幹部。
〈B〉-183-さと【里】〔名〕(1)人里。(2)自宅。実家。(3)俗世間。(4)田舎。
〈B〉-45-ゆかり【縁】〔名〕(1)縁故。(2)つながり。
〈B〉-661-をみな【女】〔名〕女性全般。少女。美女。
〈A〉-662-をんな【女】〔名〕(1)女。(2)妻。恋人の女性。(3)娘。(4)女性風。女文字。
〈B〉-51-はらから【同胞】〔名〕兄弟姉妹。
〈A〉-675-いつく【斎く】【傅く】〔自力四〕[か・き・く・く・け・け]【斎く】精進潔斎して神に仕える。〔他力四〕[か・き・く・く・け・け]【傅く】大事に養育する。秘蔵する。
　〈C〉-10-なつく【懐く】〔自力四〕[か・き・く・く・け・け]馴染む。〔他力下二〕[け・け・く・くる・くれ・けよ]馴染ませる。
　〈C〉-60-よづく【世付く】〔自力四〕[か・き・く・く・け・け] (1)世間慣れする。(2)色気付く。(3)世間並みになる。(4)通俗的になる。
〈A〉-86-みそか【密か】〔形動ナリ〕[なら・なり／に・なり・なる・なれ・なれ]こっそり。
　〈C〉-1146-にくからず【憎からず】〔連語〕《にくし［形］＋ず［助動詞打消型打消］》(1)感じがよい。(2)好意を抱いている。
〈B〉-673-かなしくす【愛しくす】〔他サ変〕[せ・し・す・する・すれ・せよ]大いにかわいがる。
〈A〉-597-さはる【障る】〔自ラ四〕[ら・り・る・る・れ・れ] (1)邪魔になる。(2)支障がある。(3)病気を抱えている。生理中である。
〈A〉-733-しか【然】〔副〕(1)そう。(2)そんなにも。(3)その通りです。
　〈C〉-1130-こころと【心と】〔副〕自発的に。
〈A〉-1015-けしきばむ【気色ばむ】〔自マ四〕[ま・み・む・む・め・め] (1)思いが現われる(現わす)。(2)素振りをする。(3)気取る。(4)兆しが現われる。身籠もっているのがわかる。
　〈C〉-1205-ほとほと【殆・幾】〔副〕(1)危うく・・・しかかる。(2)殆ど・・・に近い。
〈B〉-502-いまめかし【今めかし】〔形シク〕[しから・しく／しかり・し・しき／しかる・しけれ・しかれ] (1)洒落ている。(2)虚飾に満ちている。(3)わざとらしい。
〈B〉-1016-けしきだつ【気色立つ】〔自夕四〕[た・ち・つ・つ・て・て] (1)兆しが現われる。(2)態度に出る。(3)気取る。
〈A〉-611-いとふ【厭ふ】〔他ハ四〕[は・ひ・ふ・ふ・へ・へ] (1)忌避する。(2)出家する。
〈A〉-1083-おもて【面】〔名〕(1)顔。顔立ち。(2)表面。表向き。(3)面目。
　〈C〉-1315-つれなしづくる【つれなし作る】〔自ラ四〕[ら・り・る・る・れ・れ]素知らぬ振りをする。
〈B〉-261-らうらうじ【労労じ】〔形シク〕[じから・じく／じかり・じ・じき／じかる・じけれ・じかれ] (1)熟練している。(2)上品に愛らしい。
〈B〉-1162-せめて【せめて】〔副〕(1)無理に。(2)ひどく。(3)せめて・・・ぐらいは。
　〈C〉-496-ごす【期す】〔他サ変〕[せ・し・す・する・すれ・せよ] (1)予期する。(2)期待する。(3)覚悟する。

〈A〉-1338-すずろ【漫ろ】〔形動ナリ〕[なら・なり/に・なり・なる・なれ・なれ](1)ただ何となく。(2)こんな筈ではないのだけれど。(3)気にも留めない。関係ない。(4)よくない。(5)無闇矢鱈と…だ。

〈B〉-588-すくよか【健よか】〔形動ナリ〕[なら・なり/に・なり・なる・なれ・なれ](1)ごわごわしている。(2)剣呑だ。(3)健康だ。(4)気丈だ。(5)堅実だ。(6)融通が利かない。(7)無愛想だ。

〈A〉-201-はしたなし【端なし】〔形ク〕[から・く/かり・し・き/かる・けれ・かれ](1)不釣り合いだ。(2)気まずい。(3)困ってしまう。(4)つれない。(5)強烈だ。

〈A〉-143-うち【内】〔名〕(1)内側。(2)宮中。(3)帝。(4)内心。私生活。(5)我が家。身内。(6)夫。妻。(7)…以内。…の間じゅう。(8)仏教。

〈B〉-1412-えに【得に】〔連接語〕《う[補動ア下二]+ず[助動特殊型]打消》…できずに。

〈B〉-1293-こころやる【心遣る】〔自ラ四〕[ら・り・る・る・れ・れ]得意になる。〔他ラ四〕[ら・り・る・る・れ・れ]気晴らしをする。

〈B〉-280-うたた【転】〔副〕(1)更に一層。(2)嫌な感じだ。

〈C〉-1125-こころひとつ【心一つ】〔連接語〕《こころ[名]+ひとつ[名]》人知れず。

〈B〉-1305-おもひくんず【思ひ屈ず】〔自サ変〕[ぜ・じ・ず・ずる・ずれ・ぜよ]気が滅入る。

〈B〉-847-えもいはず【えも言はず】〔連語〕《え[副]+も[係助]+いふ[自ハ四][他ハ四]+ず[助動特殊型]打消》何とも言いようがない。

〈A〉-1184-かたくな【頑な】〔形動ナリ〕[なら・なり/に・なり・なる・なれ・なれ](1)頑固だ。(2)無教養だ。(3)見苦しい。

〈A〉-1313-つれなし【つれなし】〔形ク〕[から・く/かり・し・き/かる・けれ・かれ](1)素知らぬ顔だ。(2)冷淡だ。(3)何も起こらない。(4)思うに任せない。

〈B〉-548-つもる【積もる】〔自ラ四〕[ら・り・る・る・れ・れ](1)積もる。(2)経つ。(3)積もり積もる。

〈C〉-837-とては【とては】〔連接語〕《とて[格助]+は[係助]》(1)…と言っては。(2)…としては。(3)…さえも…ない。

〈B〉-1035-かたき【敵・仇】〔名〕(1)対戦相手。(2)配偶者。(3)敵。(4)仇敵。

〈A〉-1136-うれふ【憂ふ・愁ふ】〔他ハ下二〕[へ・へ・ふ・ふる・ふれ・へよ]〔他ハ上二〕[ひ・ひ・ふ・ふる・ふれ・ひよ](1)愚痴る。(2)思い悩む。(3)病気になる。

〈A〉-1312-さうざうし【さうざうし】〔形シク〕[しから・しく/しかり・し・しき/しかる・しけれ・しかれ]物足りない。心細い。

〈A〉-239-こころぐるし【心苦し】〔形シク〕[しから・しく/しかり・し・しき/しかる・しけれ・しかれ](1)心痛を感じる。(2)気の毒だ。(3)大切にしてやりたい。

〈B〉-1299-やる【破る】〔自ラ下二〕[れ・れ・る・るる・るれ・れよ]破損する。〔他ラ四〕[ら・り・る・る・れ・れ]破壊する。

〈A〉-1459-てむ【てむ】〔連接語〕《つ[助動サ下二型]完了+む[助動マ四型]推量》(1)必ずや…に違いない。(2)必ず…しよう。(3)きっと…できるだろう。(4)…すべきだ。(5)…してはくれまいか。

〈C〉-621-うもれいたし【埋もれ甚し】〔形ク〕[から・く/かり・し・き/かる・けれ・かれ](1)実に内気だ。(2)気分がくすぶる。

〈C〉-828-かへさふ【返さふ】〔他ハ四〕[は・ひ・ふ・ふ・へ・へ](1)反問する。糾弾する。説得する。(2)じっくり思い返す。(3)謹んでご辞退申し上げる。(4)何度も引っ繰り返す。

〈C〉-745-しかしながら【然ながら】〔副〕(1)そっくりそのまま。(2)要するに。〔接続〕しかし。

〈B〉-1135-うらなし【うらなし】〔形ク〕[から・く/かり・しき/かる・けれ・かれ](1)何の隠し事もない。(2)薄ぼんやりしている。

〈B〉-1204-すべて【総て】〔副〕(1)合わせて。(2)概して。(3)全く・・・ない。(4)まったくもって・・・だ。

〈A〉-296-あたふ【能ふ】〔自ハ四〕[は・ひ・ふ・ふ・へ・へ](1)・・・出来る。(2)相応しい。(3)納得できる。

〈C〉-538-さるほどに【然る程に】〔接続〕(1)そうこうしているうちに。(2)さて。(3)それにしても。

〈C〉-75-かきくらす【掻き暗す】〔他サ四〕[さ・し・す・す・せ・せ](1)辺り一面を暗くする。(2)気持ちを暗くする。

〈C〉-1008-いろふ【色ふ・彩ふ・艶ふ】〔自ハ四〕[は・ひ・ふ・ふ・へ・へ]美しい色合いになる。〔他ハ下二〕[へ・へ・ふる・ふれ・へよ](1)彩色する。(2)脚色する。

〈A〉-82-さやか【明か・清か・分明】〔形動ナリ〕[なら・なり/に・なり・なる・なれ・なれ](1)くっきりと明るい。(2)はっきり聞こえる。(3)はっきりわかる。

〈B〉-448-かたへ【片方】〔名〕(1)片方。一部。(2)傍ら。(3)周りの人。

〈A〉-30-あひだ【間】『接続:接助=〔連体形〕』〔名〕(1)隙間。合間。(2)区画。距離。期間。(3)間柄。〔接助〕(1)・・・なので。(2)・・・(した)ところ。

〈C〉-1399-きやうざく【警策】〔名・形動ナリ〕[なら・なり/に・なり・なる・なれ・なれ](1)卓越。(2)優秀。

〈C〉-1091-おもてうた【面歌】〔名〕出世作。代表歌。

〈A〉-1308-わびし【侘びし】〔形シク〕[しから・しく/しかり・し・しき/しかる・しけれ・しかれ](1)やりきれない。(2)みすぼらしい。(3)面白味がない。(4)物足りない。心細い。

〈B〉-1359-はえなし【映え無し】〔形ク〕[から・く/かり・しき/かる・けれ・かれ]見映えがしない。

〈B〉-358-おもひなす【思ひ為す・思ひ做す】〔他サ四〕[さ・し・す・す・せ・せ](1)・・・と信じ込む。(2)・・・と見做す。

〈B〉-596-わづらはし【煩はし】〔形シク〕[しから・しく/しかり・し・しき/しかる・しけれ・しかれ](1)面倒臭い。(2)煙ったい。(3)鬱陶しい。(4)複雑だ。念入りだ。(5)重病だ。

〈B〉-921-ひとわろし【人悪し】〔形ク〕[から・く/かり・しき/かる・けれ・かれ]人聞きが悪い。

〈C〉-1089-おもておこし【面起こし】〔名〕汚名挽回。面目躍如。

〈A〉-1442-ならで【ならで】〔連接語〕《なり〔助動ナリ型〕断定+で〔接助〕》(1)・・・なくて。(2)・・・ないのに。(3)・・・以外は。

〈B〉-1112-げには【実には】〔副〕実際には。

〈C〉-1090-おもてぶせ【面伏せ】〔名〕不名誉。

〈C〉-1362-おもはゆし【面映し】〔形ク〕[から・く/かり・しき/かる・けれ・かれ]照れ臭い。

〈C〉-747-さては【然ては】〔副〕そんな状態で・・・か。〔接続〕(1)そうして。(2)それ以外にも。(3)それならば。〔感〕あっ、そうか。

〈A〉-259-よろし【宜し】〔形シク〕[しから・しく/しかり・し・しき/しかる・しけれ・しかれ](1)好ましい。(2)相応しい。(3)悪くはない。(4)可もなく不可もない。

〈B〉-154-ひとめかし【人めかし】〔形シク〕[しから・しく/しかり・し・しき/しかる・しけれ・しかれ](1)人間らしい。(2)ひと

かどの人物だ。
〈B〉-1440-なげ【無げ】〔形動ナリ〕［なら・なり／に・なり・なる／なれ・なれ］(1)無さそうだ。(2)なげやりだ。
〈B〉-1262-せんなし【詮無し】〔形ク〕［から・く／かり・し・き／かる・けれ・かれ］無益だ。
〈B〉-957-ものめかし【物めかし】〔形シク〕［しから・しく／しかり・し・しき／しかる・しけれ・しかれ］ひとかどのものらしい。
〈C〉-78-かかやく【輝く・赫く・耀く】〔自力四〕［か・き・く・く・け・け］(1)光り輝く。(2)輝くばかりの美しさだ。(3)赤面する。〔他力四〕［かき・く・く・け・け］赤面させる。
〈C〉-781-あまつさへ【剰へ】〔副〕そればかりか。
〈C〉-1439-こともあれ【事しも有れ】〔連接語〕《こと〔名〕＋しも〔副助〕＋あり〔自ラ変〕》事もあろうに。
〈A〉-1061-れいの【例の】〔連接語〕《れい〔名〕＋の〔格助〕》(1)あの。(2)普通の。(3)例によって。
〈B〉-916-おとにきこゆ【音に聞こゆ】〔連語〕《おと〔名〕＋に〔格助〕＋きこゆ〔自ヤ下二〕》その名も高い。
〈A〉-614-ねたし【妬し・嫉し】〔形ク〕［から・く／かり・し・き／かる・けれ・かれ］(1)妬ましい。(2)痛恨だ。(3)羨望を覚えるほど見事だ。
〈A〉-997-おと【音】〔名〕(1)物音。(2)音声。(3)世評。(4)音信。来訪。
〈A〉-807-おくゆかし【奥ゆかし】〔形シク〕［しから・しく／しかり・し・しき／しかる・しけれ・しかれ］(1)心引かれる感じだ。(2)好感が持てる。
〈C〉-227-ろうず【弄ず】〔他サ変〕［ぜ・じ・ず・ずる・ずれ・ぜよ］からかう。
〈A〉-363-あらぬ【あらぬ】〔連体〕(1)別の。(2)思いも寄らぬ。(3)もってのほかの。
〈C〉-211-あだな【徒名・仇名】〔名〕(1)浮き名。(2)根も葉もない噂。
〈A〉-269-くやし【悔し】〔形シク〕［しから・しく／しかり・し・しき／しかる・しけれ・しかれ］(1)悔やまれる。(2)腹立たしい。
〈B〉-841-いふべきにもあらず【言ふべきにもあらず】〔連語〕《いふ〔他ハ四〕＋べし〔助動ク型推量〕＋なり〔助動ナリ型断定〕＋も〔係助〕＋あり〔補助ラ変〕＋ず〔助動特殊型打消〕》何とも言いようがない。
〈C〉-1329-ことさむ【事醒む】〔自マ下二〕［め・め・む・むる・むれ・めよ］興醒めする。
〈B〉-1019-けしきばかり【気色ばかり】〔副〕形ばかり。
〈B〉-209-あだこと【徒事・徒言】〔名〕【徒事】(1)戯れ事。(2)情事。【徒言】(3)軽口。
〈C〉-438-いたづらになる【徒らになる】〔連語〕《いたづら〔形動ナリ〕＋なる〔自ラ四〕》(1)死ぬ。(2)徒労に終わる。
〈B〉-1381-にげなし【似気無し】〔形ク〕［から・く／かり・し・き／かる・けれ・かれ］不似合いだ。
〈B〉-273-あらは【顕】〔形動ナリ〕［なら・なり／に・なり・なる／なれ・なれ］(1)丸見えだ。(2)明白だ。(3)露骨だ。(4)無遠慮だ。
〈A〉-318-はかばかし【果果し・捗捗し】〔形シク〕［しから・しく／しかり・し・しき／しかる・しけれ・しかれ］(1)てきぱきしている。(2)頼もしい。(3)際立っている。(4)表向き。(5)地位が高い。
〈C〉-25-むすぼほる【結ぼほる】〔自ラ下二〕［れ・れ・る・るる・るれ・れよ］(1)もやもやした気分になる。(2)固結びになる。(3)結露する。霜が降りる。氷結する。(4)関係者になる。
〈C〉-322-ほいあり【本意あり】〔連語〕《ほい〔名〕＋あり〔自ラ変〕》(1)意中の。(2)望み通りである。
〈A〉-301-たまはる【賜はる・給はる】〔他ラ四〕［ら・り・る・る・れ・れ］(1)頂戴する。(2)お与えになる。〔補

〈　〉動ラ四〕〔ら・り・る・る・れ・れ〕(1)・・・ていただく。(2)・・・してくださる。

〈B〉-718 いかがは【如何は】〔連接語〕《いかが〔副〕+は〔係助〕》(1)一体どんな風に・・・か。(2)一体どうして・・・なものか。(3)どんなにか・・・なことか。

〈A〉-613 いとほし【いとほし】〔形シク〕〔しから・しく／しかり・し・しき／しかる・しけれ・しかれ〕(1)嫌だ。(2)不憫だ。我ながら惨めだ。(3)いじらしい。

〈A〉-729 かやう【斯様】〔形動ナリ〕〔なら・なり／に・なり・なる・なれ・なれ〕このような。

〈C〉-349 しいづ【為出づ】〔他ダ下二〕〔で・で・づ・づる・づれ・でよ〕(1)しでかす。(2)成就する。生み出す。(3)調達する。

〈A〉-184 みやび【雅び】〔名〕(1)優雅。(2)洗練された振る舞い。洒落た恋愛。

〈A〉-1147 こころにくし【心憎し】〔形ク〕〔から・く／かり・し・き／かる・けれ・かれ〕(1)心魅かれる。(2)不審な点がある。(3)警戒を要する。

〈B〉-920 なにしおふ【名にし負ふ】〔連語〕《な〔名〕+に〔格助〕+し〔副助〕+おふ〔他ハ四〕》(1)名として持つ。(2)その名も高い。

〈B〉-220 すきもの【好き者・数寄者】〔名〕(1)好色な人物。(2)風流人。

〈C〉-162 よにあり【世に有り】〔連語〕《よ〔名〕+に〔格助〕+あり〔自ラ変〕》(1)この世に生きている。(2)世に名高い。

〈C〉-750 さてこそ【然てこそ】〔連接語〕《さて〔副〕+こそ〔係助〕》(1)それでこそ・・・だ。(2)そうしたわけで。(3)そのようなものとして。(4)やっぱり。

〈B〉-1038 おほかた【大方】〔名〕(1)世間並み。世人。(2)大部分。概略。(3)そこらじゅう。〔形動ナリ〕〔なら・なり／に・なり・なる・なれ・なれ〕平均的だ。変わり映えがしない。〔副〕(1)一般に。(2)全然・・・ない。殆ど・・・ない。〔接続〕そもそも。

〈C〉-1025 あひみる【相見る・逢ひ見る】〔他マ上一〕〔み・み・みる・みる・みれ・みよ〕(1)対面する。(2)逢い引きする。契りを結ぶ。

〈A〉-2 なさけ【情け】〔名〕(1)心遣い。(2)愛情。(3)風雅。人情。情趣。(4)感情。

〈B〉-351 したりがほ【したり顔】〔名・形動ナリ〕〔なら・なり／に・なり・なる・なれ・なれ〕得意満面。

Story_6:『仄梅心』

〈C〉-1071-かたは【片端】〔名・形動ナリ〕〔なら・なり／に・なり・なる・なれ・なれ〕(1)不完全。(2)見苦しさ。異様。(3)不具。異常。

〈A〉-1357-みぐるし【見苦し】〔形シク〕〔しから・しく／しかり・し・しき／しかる・しけれ・しかれ〕(1)醜悪だ。(2)見るに忍びない。(3)見分けが付かない。

〈A〉-11-なつかし【懐かし】〔形シク〕〔しから・しく／しかり・し・しき／しかる・しけれ・しかれ〕(1)離したくない。(2)心惹かれる。(3)昔懐かしい。

〈B〉-247-あさし【浅し】〔形ク〕〔から・く／かり・し・き／かる・けれ・かれ〕(1)淡い。(2)早い。(3)近しい。(4)薄情だ。(5)浅薄だ。(6)趣に欠ける。(7)軽微な。(8)取るに足らない。

〈B〉-412-よはひ【齢】〔名〕(1)年齢。(2)年の頃。(3)寿命。

〈B〉-44-えにし【縁】〔名〕因縁。

〈B〉-554-さだすぐ【さだ過ぐ】〔自ガ上二〕〔ぎ・ぎ・ぐ・ぐる・ぐれ・ぎよ〕遅れる。盛りを過ぎる。

〈B〉-659-おうな【嫗・老女】〔名〕老女。

〈A〉-57-すくせ【宿世】〔名〕(1)前世。(2)宿命。

〈A〉-1174-おこなふ【行ふ】〔自ハ四〕〔は・ひ・ふ・ふ・へ・へ〕勤行する。〔他ハ四〕〔は・ひ・ふ・ふ・へ・へ〕(1)実行する。(2)治める。(3)処置する。(4)命じる。

〈B〉-113-うへびと【上人】〔名〕(1)殿上人。(2)天皇付きの女房。

〈B〉-23-つく【付く・着く・著く・就く・即く】〔自力四〕〔か・き・く・く・け・け〕(1)くっつく。(2)付着する。色付く。傷付く。(3)到着する。近付く。(4)着席する。(5)就任する。(6)いつも一緒である。(7)心引かれる。関心を持つ。(8)感覚が芽生える。(9)着火する。(10)身に付く。(11)似合う。(12)従事する。(13)取り憑く。(14)・・・に関して。〔他カ下二〕〔け・け・く・くる・くれ・けよ〕(1)くっつける。(2)付着させる。色付ける。傷付ける。(3)到着させる。近付ける。(4)就任させる。(5)託す。言付ける。(6)いつも一緒にいさせる。(7)尾行させる。(8)心引かれる。関心を持つ。(9)着火する。(10)身に付ける。備える。(11)詠み添える。(12)名付ける。(13)・・・に関して。(14)いつも・・・している。〔他カ四〕〔か・き・く・く・け・け〕(1)身に付ける。備え付ける。(2)名付ける。

〈A〉-668-うるはし【麗・美・愛し】〔形シク〕〔しから・しく／しかり・し・しき／しかる・しけれ・しかれ〕(1)端麗だ。(2)端正だ。(3)誠実だ。(4)生真面目だ。(5)親密だ。(6)本物だ。正式だ。

〈C〉-42-よそふ【装ふ】〔他ハ四〕〔は・ひ・ふ・ふ・へ・へ〕(1)準備する。(2)身支度をする。(3)よそる。

〈C〉-971-さんまい【三昧】〔名〕(1)仏道精進。一心不乱。(2)墓所。火葬場。

〈C〉-893-ずきゃう【誦経】〔名〕(1)読経。(2)御布施。

〈A〉-219-すき【好き・数寄】〔名〕(1)恋(心)。(2)風流(心)。

〈A〉-1084-おもむく【趣く・赴く】〔自カ四〕〔か・き・く・く・け・け〕(1)出向く。(2)・・・を志す。(3)素直に従う。〔他カ下二〕〔け・け・く・くる・くれ・けよ〕(1)向かわせる。(2)従わせる。(3)示唆する。誘導する。

〈B〉-214-まめやか【忠実やか】〔形動ナリ〕〔なら・なり／に・なり・なる・なれ・なれ〕(1)誠実だ。忠実だ。(2)実用第一の。(3)本格的だ。本気だ。(4)実は。

〈A〉-608-いたはる【労る】〔自ラ四〕[ら・り・る・る・れ・れ]（1）骨を折る。（2）病気になる。〔他ラ四〕[ら・り・る・る・れ・れ]（1）面倒を見る。（2）療養する。

〈C〉-660-をうな【女】〔名〕女。

〈A〉-1066-かたじけなし【辱し・忝し】〔形ク〕[から・く/かり・し・き/かる・けれ・かれ]（1）恥ずかしい。（2）心苦しい。（3）感謝の極みだ。

〈C〉-40-よせ【寄せ】〔名〕（1）信望。（2）後ろ盾。（3）縁故。（4）理由。（5）縁語。

〈C〉-61-よなる【世慣る・世馴る】〔自ラ下二〕[れ・れ・る・るる・るれ・れよ]（1）世間慣れする。（2）色気付く。

〈B〉-167-ひとげなし【人気無し】〔形ク〕[から・く/かり・し・き/かる・けれ・かれ]人並み以下だ。

〈B〉-196-ぶん【分】〔名〕（1）割当。（2）分際。（3）・・・な分。（4）名目上の・・・。

〈C〉-1233-わきまふ【弁ふ】〔他ハ下二〕[へ・へ・ふ・ふる・ふれ・へよ]（1）正しく認識する。（2）きちんと借りを返す。

〈A〉-34-ちぎる【契る】〔他ラ四〕[ら・り・る・る・れ・れ]（1）誓約する。（2）変わらぬ愛を誓う。（3）肉体関係を持つ。夫婦の関係にある。

〈A〉-90-おぼつかなし【覚束なし】〔形ク〕[から・く/かり・し・き/かる・けれ・かれ]（1）不明瞭だ。（2）不案内だ。不安だ。（3）御無沙汰している。待ち遠しい。

〈B〉-575-け【褻】〔名〕日常。

〈B〉-576-はれ【晴れ】〔名〕（1）開けた場所。（2）晴朗。（3）晴れの場。

〈C〉-308-うちき【袿】〔名〕（1）袿。（2）袿。（3）御袿。

〈A〉-977-く【来】〔自カ変〕[に・き・く・くる・くれ・こ/こよ]（1）来る。（2）行く。〔補動カ変〕[に・き・く・くる・くれ・こ/こよ]（1）ずっと・・・続けている。（2）次第に・・・してくる。

〈A〉-1419-にき【にき】〔連接語〕《ぬ〔助動ナ変型〕完了＋き〔助動特殊型〕過去》・・・てしまった。

〈B〉-177-しづ【賤】〔名〕下層民。下賤の身分。

〈C〉-305-ひとへ【単・単衣】〔名〕単衣。

〈C〉-1183-ひとへに【偏に】〔副〕（1）ひたすらに。（2）まるで。

〈C〉-311-なほし【直衣】〔名〕直衣。

〈C〉-1350-なほし【直し】〔形ク〕[から・く/かり・し・き/かる・けれ・かれ]（1）真っ直ぐだ。（2）平坦だ。（3）平均的だ。（4）公明正大だ。

〈C〉-945-ことごころ【異心・他心】〔名〕（1）その他の想念。（2）浮気心。二心。

〈B〉-1026-みす【見す】〔他サ下二〕[せ・せ・す・する・すれ・せよ]示す。〔他サ四〕[さ・し・す・す・せ・せ]（1）御覧になる。（2）経験させる。（3）結婚させる。（4）見届けさせる。占わせる。

〈C〉-1222-けいえい【経営】〔名・他サ変〕[せ・し・す・する・すれ・せよ]（1）執行。（2）準備。（3）接待。（4）建築。（5）詩作。

〈C〉-46-ぐ【具】〔名〕（1）相棒。従者。配偶者。連れ子。（2）道具。家具。（3）添え物。〔接尾〕・・・揃い。

〈B〉-304-さうぞく【装束】〔名・自サ変〕[せ・し・す・する・すれ・せよ]（1）衣装。（2）正装。（3）準備。（4）装飾。

〈B〉-1368-せに【狭に】〔連接語〕《せし〔形ク〕＋に〔格助〕》・・・狭しと。

〈B〉-774-そこら【そこら】〔副〕(1)たくさん。(2)たいそう。

〈A〉-1297-おこす【遣す】〔補動サ下二〕[せ・せ・す・する・すれ・せよ]こちらへ・・・する。〔他サ下二〕[せ・せ・す・する・すれ・せよ]〔他サ四〕[さ・し・す・す・せ](こっちへ)寄越す。

〈A〉-27-すむ【住む】〔自マ四〕[ま・み・む・む・め・め](1)暮らす。(2)男が女の許を訪れる。

〈C〉-1116-ゆめゆめ【努努】〔副〕(1)決して・・・するな。(2)全然・・・ない。(3)是非とも・・・せよ。

〈B〉-865-すまふ【争ふ・辞ふ】〔自ハ四〕[は・ひ・ふ・ふ・へ・へ](1)抵抗する。(2)辞退する。

〈C〉-208-あだびと【徒人】〔名〕(1)浮気者。(2)風流人。

〈B〉-1430-ばこそあらめ【ばこそあらめ】〔連接語〕《ば〔接助〕+こそ〔係助〕+あり〔自ラ変〕+む〔助動マ四型〕推量》(1)・・・だというのならよいけれど。(2)・・・だというのなら困るけれど。

〈C〉-940-ことうけ【言承け・事請け】〔名〕(1)承諾。(2)受け答え。

〈B〉-851-いざたまへ【いざ給へ】〔連語〕《いざ〔感〕+たまふ〔補動ハ四〕》さあさあ。

〈B〉-1194-むげに【無下に・無碍に】〔副〕(1)無闇に。(2)非常に。(3)全く・・・ない。(4)正真正銘・・・に間違いない。

〈B〉-1179-ぜひなし【是非無し】〔形ク〕[から・く/かり・し・き/かる・けれ・かれ](1)良いも悪いもない。(2)やむを得ない。

〈B〉-1294-いひやる【言ひ遣る】〔他ラ四〕[ら・り・る・る・れ・れ](1)手紙をやる。伝言する。(2)言いたいことを全部言う。

〈A〉-1274-つつまし【慎まし】〔形シク〕[しから・しく/しかり・し・しき/しかる・しけれ・しかれ](1)気が咎める。(2)遠慮される。(3)遠慮深い。

〈C〉-1278-をぢなし【をぢなし】〔形ク〕[から・く/かり・し・き/かる・けれ・かれ](1)臆病だ。(2)下手くそだ。浅はかだ。

〈C〉-445-しぞく【退く】〔自カ四〕[か・き・く・く・け・け]しりぞく。

〈A〉-1410-えも【えも】〔連接語〕《え〔副〕+も〔係助〕》(1)到底・・・できない。(2)見事に・・・できる。

〈B〉-302-うけたまはる【承る】〔他ラ四〕[ら・り・る・る・れ・れ](1)頂戴する。(2)お引き受けする。(3)拝聴する。(4)拝見する。

〈C〉-1271-あやめもしらず【文目も知らず】〔連語〕《あやめ〔名〕+も〔係助〕+しる〔他ラ四〕+ず〔助動特殊型〕打消》わけも解らない。

〈A〉-819-きこえさす【聞こえさす】〔連接語〕《きこゆ〔他ヤ下二〕+さす〔助動サ下二型〕使役・尊敬》人づてに申し上げる。〔他サ下二〕[せ・せ・す・する・すれ・せよ](1)申し上げる。(2)お手紙差し上げる。〔他サ四〕[さ・し・す・す・せ](発言の途中で)申し上げるのをやめる。〔補動サ下二〕[せ・せ・す・する・すれ・せよ]お・・・申し上げる。

〈C〉-517-ゆふさる【夕さる】〔自ラ四〕[ら・り・る・る・れ・れ]夕方が来る。

〈A〉-39-たより【便り・頼り】〔名〕(1)拠り所。(2)縁故。(3)手づる。つて。(4)機会。(5)消息。(6)取り合わせ。

〈C〉-456-よも【四方】〔名〕(1)東西南北。(2)あちらこちら。

〈B〉-70-たそかれ【黄昏】〔名〕日暮れ時。

〈A〉-276-すさまじ【凄じ・冷じ】〔形シク〕〔じから・じく/じかり・じ・じき/じかる・じけれ・じかれ〕(1)興醒めだ。(2)冷淡だ。(3)寒々としている。(4)物凄い。(5)ぞっとする。

〈B〉-501-いまさら【今更】〔形動ナリ〕〔なら・なり/に・なり・なる・なれ・なれ〕(1)今となってはもう遅い。(2)今初めての。〔副〕(1)今頃になってから。(2)事新たに。(3)今初めて。

〈A〉-3-なさけなし【情け無し】〔形ク〕〔から・く/かり・し・き/かる・けれ・かれ〕(1)薄情だ。(2)情趣がない。(3)嘆かわしい。興醒めだ。

〈C〉-791-われかひとか【我か人か】〔連語〕《〔われ〕[代名]+か[係助]+ひと[名]+か[係助]》茫然自失。

〈C〉-336-おる【愚る・痴る】〔自ラ下二〕〔れ・れ・る・るる・るれ・れよ〕放心状態になる。

〈A〉-68-ありあけ【有り明け】〔名〕(1)残月。(2)常夜灯。

〈B〉-958-ものげなし【物げ無し】〔形ク〕〔から・く/かり・し・き/かる・けれ・かれ〕取るに足らない。

〈B〉-1334-ふびん【不便・不憫】〔名〕世話。〔形動ナリ〕〔なら・なり/に・なり・なる・なれ・なれ〕(1)不都合だ。(2)気の毒だ。(3)かわいがる。

〈C〉-782-よろづ【万】〔名〕(1)一万。膨大な数。(2)万事。〔副〕およそ何事に於いても。

〈C〉-1228-みおく【見置く】〔他カ四〕〔か・き・く・く・け・け〕(1)見届ける。(2)放置する。(3)銘記する。(4)見計らう。

〈A〉-1209-まうく【設く・儲く】〔他カ下二〕〔け・け・く・くる・くれ・けよ〕(1)準備する。(2)設営する。(3)(妻・子を)得る。(4)手に入れる。(5)蒙る。

〈C〉-1044-そふ【添ふ・副ふ】〔自ハ下二〕〔へ・へ・ふ・ふる・ふれ・へよ〕・・・につれて。〔自ハ四〕〔は・ひ・ふ・ふ・へ・へ〕(1)寄り添う。(2)夫婦になる。(3)付け加わる。〔他ハ下二〕〔へ・へ・ふ・ふる・ふれ・へよ〕(1)随行させる。(2)付加する。(3)例える。

〈A〉-823-のたまふ【宣ふ】〔他ハ四〕〔は・ひ・ふ・ふ・へ・へ〕(1)仰せになる。(2)上位者の言葉を言い聞かせる。

〈B〉-864-いなぶ【否ぶ・辞ぶ】〔他バ上二〕〔び・び・ぶ・ぶる・ぶれ・びよ〕〔他バ四〕〔は・び・ぶ・ぶ・べ・べ〕断わる。

〈C〉-855-うべなふ【諾ふ】〔他ハ四〕〔は・ひ・ふ・ふ・へ・へ〕(1)同意する。(2)承諾する。(3)謝罪する。

〈C〉-1343-なまなま【生生】〔形動ナリ〕〔なら・なり/に・なり・なる・なれ・なれ〕(1)しぶしぶ。(2)中途半端だ。未熟だ。

〈C〉-328-ひとだのめ【人頼め】〔形動ナリ〕〔なら・なり/に・なり・なる・なれ・なれ〕(空しい)期待を抱かせること。

〈A〉-1384-なめし【なめし】〔形ク〕〔から・く/かり・し・き/かる・けれ・かれ〕無礼だ。

〈A〉-713-あはれ【あはれ】〔名〕(1)しみじみとした情趣。(2)情愛。(3)恋情。(4)悲しみ。〔形動ナリ〕〔なら・なり/に・なり・なる・なれ・なれ〕(1)しみじみと心惹かれる。(2)見事だ。(3)いとおしい。(4)情愛が豊かだ。(5)心底寂しい。(6)可哀想だ。(7)尊い。〔感〕ああ。

〈A〉-80-くまなし【隈無し】〔形ク〕〔から・く/かり・し・き/かる・けれ・かれ〕(1)辺り一面が明るい。一点の曇りもない。(2)万事抜かりがない。万事に精通している。(3)大っぴらだ。

〈A〉-77-かげ【影・景】【陰・蔭】〔名〕【影・景】(1)光。(2)姿形。(3)鏡像。水鏡。(4)面影。(5)見る影もなくやつれた姿。(6)靈魂。遺影。遺勲。(7)幻影。(8)模造品。(9)陰影。(10)影身。【陰・蔭】

(11)物陰。(12)隠れ場所。(13)恩恵。庇護者。

〈B〉-422-うしなふ【失ふ】〔他ハ四〕(は・ひ・ふ・ふ・へ・へ)(1)喪失する。不明になる。(2)死別する。(3)抹殺する。(4)赦免する。(5)捨て去る。見逃す。(6)追放する。

〈C〉-417-しにかへる【死に返る】〔自ラ四〕(ら・り・る・る・れ・れ)(1)何度も何度も死ぬ。(2)死ぬほど苦しむ。(3)死ぬほど強く・・・。

〈B〉-1304-くす【屈す】〔自サ変〕(せ・し・す・する・すれ・せよ)(1)気が滅入る。(2)卑屈になる。

〈C〉-87-ひそむ【顰む】〔自マ四〕(ま・み・む・む・め・め)(1)泣き顔になる。(2)口元が歪む。〔他マ下二〕(め・め・む・むる・むれ・めよ)しかめ面をする。

〈C〉-903-ねをなく【音を泣く】〔連語〕《ね〔名〕+を〔格助〕+なく〔他カ四〕》泣く。

〈C〉-902-さくりもよよ【噦りもよよ】〔連語〕《さくる〔自ラ四〕+も〔格助〕+よよ〔副〕》泣きじゃくる。

〈C〉-904-しほたる【潮垂る】〔自ラ下二〕(れ・れ・る・るる・るれ・れよ)(1)びしょ濡れだ。(2)落涙する。

〈A〉-514-あした【朝】〔名〕(1)朝。(2)翌朝。(3)翌日。

〈A〉-66-あけぼの【曙・明ぼの】〔名〕早朝。

〈B〉-362-ありつる【有りつる・在りつる】〔連体〕さっきの。

〈B〉-361-ありける【有りける】〔連体〕先述の。

〈B〉-493-いまは【今は】〔名〕死に際。〔連接語〕《いま〔名〕+は〔係助〕》もはや。

〈A〉-1446-なくに【なくに】〔連接語〕《ず〔助動特殊型〕打消+に〔格助〕》(1)・・・ないのに。(2)・・・ないのになあ。

〈A〉-1311-さびし【寂し・淋し】〔形シク〕(しから・しく/しかり・し・しき/しかる・しけれ・しかれ)(1)寂しい。(2)物足りない。心細い。(3)やりきれない。(4)みすぼらしい。

〈A〉-912-つゆ【露】〔名〕(1)露。(2)涙。(3)儚いもの。(4)わずかばかり。(5)恩愛。〔副〕(1)全然・・・ない。(2)少しでも・・・なら。

〈A〉-636-しどけなし【しどけなし】〔形ク〕(から・く/かり・し・き/かる・けれ・かれ)(1)乱れている。(2)無造作だ。

〈B〉-1060-れいならず【例ならず】〔連接語〕《れい〔名〕+なり〔助動ナリ型〕断定+ず〔助動特殊型〕打消》(1)普通でない。(2)体調不良だ。

〈A〉-810-いぶせし【いぶせし】〔形ク〕(から・く/かり・し・き/かる・けれ・かれ)(1)憂鬱だ。(2)気持ち悪い。(3)気がかりだ。不審に思う。事情が知りたい。

〈B〉-509-きぞ【昨・昨夜・昨日】〔名〕昨夜。昨日。

〈B〉-83-さやけし【清けし・明けし】〔形ク〕(から・く/かり・し・き/かる・けれ・かれ)(1)鮮やかだ。(2)爽やかだ。(3)清らかだ。

〈A〉-494-かぎり【限り】〔名〕(1)限界。(2)期限。期間。終結。(3)ありったけ。(4)・・・に限り。(5)最期。葬儀。(6)極致。(7)最大限。最低限。

〈A〉-192-きよげ【清げ】〔形動ナリ〕(なら・なり/に・なり・なる・なれ・なれ)(1)清浄感がある。(2)整然としている。

〈A〉-934-こと【異・別・殊】〔名〕他の・・・。〔形動ナリ〕(なら・なり/に・なり・なる・なれ・なれ)(1)異なる。(2)格別だ。

〈B〉-462-あなた【彼方・貴方】〔代名〕【彼方】(1)遠方。(2)以前。(3)今後。(4)あの御方。

〈C〉-988-こし【輿】〔名〕(1)輿。(2)上げ輿。神輿。

〈B〉-370-せうそこ【消息】〔名・自サ変〕[せ・し・す・する・すれ・せよ](1)動静。(2)通信(文)。(3)訪問。面会要請。

〈C〉-458-こち【東風】〔名〕東風。

〈A〉-529-とく【疾く】〔副〕(1)早速。(2)もう。

〈C〉-868-もどく【擬く・抵悟く・牴悟く】〔他カ四〕[か・き・く・く・け・け](1)真似る。(2)逆らう。非難する。

〈B〉-85-ほのか【仄か】〔形動ナリ〕[なら・なり／に・なり・なる・なれ・なれ](1)ぼんやりしている。(2)ちょっぴりだ。

〈C〉-306-かさね【重ね・襲】〔名〕(1)重ね。(2)重ね着。襲。(3)下襲。(4)襲の色目。〔接尾〕・・・揃い。

〈A〉-1491-まれ【まれ】〔連接語〕《も〔係助〕+あり〔自ラ変〕》いずれにせよとにかく。

〈B〉-726-とまれかくまれ【とまれかくまれ】〔連語〕《と〔格助〕+も〔係助〕+あり〔補動ラ変〕+かく〔副〕+も〔係助〕+あり〔補動ラ変〕》ともかくも。

〈B〉-956-ものものし【物物し】〔形シク〕[しから・しく／しかり・し／しき／しかる・しけれ・しかれ](1)堂々たるものだ。(2)大袈裟だ。

〈B〉-324-えうなし【要無し】〔形ク〕[から・く／かり・し・きき／かる・けれ・かれ]不要だ。役立たずだ。

〈B〉-546-はつか【僅か】〔形動ナリ〕[なら・なり／に・なり・なる・なれ・なれ](1)僅かだ。(2)一瞬。

〈A〉-677-ゆゆし【由由し・忌忌し】〔形シク〕[しから・しく／しかり・し／しき／しかる・しけれ・しかれ](1)畏れ多い。(2)素晴らしい。(3)忌まわしい。(4)ひどい。(5)甚だしい。

Story_7:『尊犬猫』

〈B〉-188-たふとし【尊し・貴し】〔形ク〕[から・く/かり・し・き/かる・けれ・かれ](1)高貴だ。(2)敬うべきだ。価値が高い。(3)有り難い。

〈A〉-1322-ありがたし【有り難し】〔形ク〕[から・く/かり・し・き/かる・けれ・かれ](1)稀に見る。(2)無類の見事さだ。(3)恐れ多い。かたじけない。(4)難しい。生き辛い。

〈A〉-737-さる【然る】〔連体〕(1)そのような。(2)それ相応の。(3)とある。

〈C〉-124-くらうど【蔵人】〔名〕(1)蔵人。(2)女蔵人。

〈A〉-625-らうたし【らうたし】〔形ク〕[から・く/かり・し・き/かる・けれ・かれ](1)いたわしい。(2)かわいい。

〈A〉-299-たぶ【賜ぶ・給ぶ】〔他バ四〕[ば・び・ぶ・ぶ・べ・べ]下さる。〔補動バ四〕[ば・び・ぶ・ぶ・べ・べ]お・・・になる。

〈A〉-1178-せち【切】〔形動ナリ〕[なら・なり/に・なり・なる・なれ・なれ](1)痛切だ。(2)切実だ。(3)重大だ。

〈B〉-71-あけくれ【明け暮れ】〔名〕朝晩。日常。〔副〕常日頃。

〈B〉-670-うつくしむ【慈しむ・愛しむ】〔他マ四〕[ま・み・む・む・め・め]大事にする。

〈B〉-1003-いぬ【寝ぬ】〔自ナ下二〕[ね・ね・ぬ・ぬる・ぬれ・ねよ]就寝する。

〈C〉-371-ありつく【有り付く】〔自カ四〕[か・き・く・く・け・け](1)住み着く。身を固める。(2)慣れる。(3)生計を立てる。(4)・・・に生まれつく。〔他カ下二〕[け・け・く・くる・くれ・けよ](1)落ち着かせる。身を固めさせる。(2)慣れさせる。

〈A〉-1337-そぞろ【漫ろ】〔形動ナリ〕[なら・なり/に・なり・なる・なれ・なれ](1)ただ何となく。(2)こんな筈ではないのだけれど。(3)気にも留めない。関係ない。(4)よくない。(5)無暗矢鱈と・・・だ。(6)そわそわしている。

〈A〉-985-ありく【歩く】〔自カ四〕[か・き・く・く・け・け](1)出歩く。移動する。(2)訪ね回る。(3)・・・して回る。(4)・・・して過ごす。

〈C〉-1198-うったへに【うったへに】〔副〕(1)決して・・・ない。(2)ただひたすらに。

〈C〉-17-おもなる【面馴る】〔自ラ下二〕[れ・れ・る・るる・るれ・れよ](1)見慣れる。馴染む。(2)馴れ馴れしくなる。

〈A〉-1155-むつかし【難し】〔形シク〕[しから・しく/しかり・し・しき/しかる・しけれ・しかれ](1)不快だ。(2)煩わしい。(3)しょーもない。(4)無気味だ。

〈C〉-373-うちあり【打ち有り】〔自ラ変〕[ら・り・る・る・れ・れ](1)たまたまそこにある。(2)ありふれた。

〈B〉-477-てうど【調度】〔名〕(1)調度品。(2)武具。

〈A〉-1444-せで【せで】〔連接語〕《す〔自サ変〕[他サ変]+で〔接助〕》・・・しないで。

〈A〉-518-ひぐらし【日暮らし】〔副〕終日。

〈B〉-283-はたらく【働く】〔自カ四〕[か・き・く・く・け・け](1)動く。(2)役立つ。(3)思考する。動揺する。(4)労働する。

〈C〉-1004-ふす【伏す・臥す】〔自サ四〕[さ・し・す・す・せ・せ](1)俯す。(2)横になる。(3)潜伏する。(4)死ぬ。〔他サ下二〕[せ・せ・す・する・すれ・せよ](1)倒す。(2)寝かす。(3)潜伏させる。

〈B〉-466-いづく【何処】〔代名〕どこ。

〈C〉-186-あてはか【貴はか】〔形動ナリ〕〔なら・なり／に・なり・なる・なれ・なれ〕見た目が上品だ。

〈B〉-926-ことのは【言の葉】〔名〕⑴言葉。⑵和歌(の言葉)。

〈C〉-1340-すずろごと【漫ろ言・漫ろ事】〔名〕【漫ろ言】⑴どうでもいいようなつまらぬ話。【漫ろ事】⑵どうでもいいようなつまらぬ事。

〈A〉-709-あな【あな】〔感〕ああ。

〈A〉-1323-めざまし【目覚まし】〔形シク〕〔しから・しく／しかり・し・しき／しかる・しけれ・しかれ〕⑴唖然とさせられる。⑵意外に素晴らしい。

〈C〉-799-なでふ【なでふ】〔副〕⑴どうして・・・か？⑵どうして・・・なものか(否、・・・ない)。〔連体〕⑴どんな・・・か？⑵大した・・・ではない。⑶何々とかいう・・・。

〈B〉-830-さしいらへ【差し答へ】〔名〕⑴応答。⑵合奏。合唱。⑶差し出口。

〈B〉-1010-きしょく【気色】〔名〕⑴気色ばむこと。面持ち。⑵御内意。⑶御寵愛。⑷気分。〔自サ変〕〔せ・し・する・すれ・せよ〕改まった態度を取る。

〈C〉-1369-こころやすし【心安し】〔形ク〕〔から・く／かり・し・き／かる・けれ・かれ〕⑴安心だ。⑵気安い。⑶たやすい。

〈B〉-770-さるべき【然るべき】〔連接語〕《さり〔自ラ変〕＋べし〔助動ク型推量〕》⑴然るべき。⑵立派な。⑶宿命的な。

〈A〉-1427-にこそ【にこそ】〔連接語〕《なり〔助動ナリ型〕断定＋こそ〔係助〕》⑴・・・で(あって)。・・・に(存在して)。《に〔格助〕＋こそ〔係助〕》⑵・・・に。《に〔接助〕＋こそ〔係助〕》⑶・・・だからこそ。

〈C〉-1400-さとし【聡し】〔形ク〕〔から・く／かり・し・き／かる・けれ・かれ〕⑴聡明だ。⑵分別がある。

〈C〉-757-さのみやは【然のみやは】〔連接語〕《さ〔副〕＋のみ〔副助〕＋やは〔係助〕》そんなにも・・・ではあるまい。

〈C〉-1072-またし【全し】〔形ク〕〔から・く／かり・し・き／かる・けれ・かれ〕⑴完全無欠だ。⑵無事息災だ。⑶正直だ。馬鹿正直だ。

〈B〉-1140-うらむ【恨む・怨む】〔他マ上二〕〔み・み・む・むる・むれ・みよ〕〔他マ四〕〔ま・み・む・む・め・め〕⑴憎む。⑵愚痴をこぼす。⑶仕返しする。⑷遺憾に思う。⑸むせび泣く。

〈C〉-1234-わかつ【分かつ・別つ】〔他タ四〕〔た・ち・つ・つ・て・て〕⑴別々にする。⑵分配する。⑶見分ける。

〈A〉-740-さらぬ【然らぬ】〔連接語〕《さり〔自ラ変〕＋ず〔助動特殊型打消〕》⑴その他の。⑵それほどでもない。

〈A〉-317-はかなし【果無し・果敢無し】〔形ク〕〔から・く／かり・し・き／かる・けれ・かれ〕⑴甲斐がない。⑵頼りない。⑶はかない。⑷ほんのちょっとした。⑸取るに足らない。⑹浅はかだ。

〈B〉-289-とく【徳・得】〔名〕⑴道徳。人徳。⑵功徳。⑶天賦の才。⑷威信。⑸利益。成功。富。⑹恩恵。

〈C〉-41-よそふ【寄そふ・比ふ】〔他ハ下二〕〔へ・へ・ふ・ふる・ふれ・へよ〕⑴関係付ける。⑵なぞらえる。

〈C〉-683-たへ【妙】〔形動ナリ〕〔なら・なり／に・なり・なる・なれ・なれ〕⑴霊妙だ。⑵抜群に上手だ。

〈B〉-1376-やすらふ【休らふ】〔自ハ四〕〔は・ひ・ふ・ふ・へ・へ〕⑴ためらう。⑵立ち止まる。⑶滞在する。

⑷休息する。〔他ハ下二〕[へ・へ・ふ・ふる・ふれ・へよ]休ませる。

〈A〉-628-いはけなし【稚なし】〔形ク〕[から/く/かり・し・き/かる・けれ・かれ]幼少だ。子供っぽい。

〈B〉-1201-よに【世に】〔副〕⑴非常に。⑵全然・・・ない。

〈B〉-566-をりしもあれ【折しもあれ】〔連接語〕《をりしも[副]+あり[補動ラ変]》その折りも折り。

　〈C〉-101-くだんの【件の】〔連体〕⑴既述の。⑵例の。

〈B〉-1275-ひかふ【控ふ】〔自ハ下二〕[へ・へ・ふ・ふる・ふれ・へよ]⑴待つ。⑵側にいる。〔他ハ下二〕[へ・へ・ふ・ふる・ふれ・へよ]⑴引き止める。まさぐる。⑵差し控える。⑶内密にする。

〈B〉-1218-こしらふ【慰ふ・誘ふ・拵ふ】〔他ハ下二〕[へ・へ・ふ・ふる・ふれ・へよ]【慰ふ・誘ふ】⑴宥め賺す。⑵丸め込む。【拵ふ】⑶用意する。⑷うまくやりくりする。

〈C〉-1276-のどむ【和む】〔他マ下二〕[め・め・む・むる・むれ・めよ]⑴落ち着かせる。⑵ゆったりとやる。ほどほどにする。⑶先延ばしする。

〈C〉-53-みなひと【皆人】〔名〕その場の全員。

〈C〉-583-かつがつ【かつがつ】〔副〕⑴どうにか。⑵ようやく。⑶とりあえず。⑷続々と。⑸更にまた。⑹早くも。

〈A〉-1291-なぐさむ【慰む】〔自マ四〕[ま・み・む・む・め・め]気が晴れる。〔他マ下二〕[め・め・む・むる・むれ・めよ]⑴気晴らしをする。⑵なだめすかす。介抱する。〔他マ四〕[ま・み・む・む・め・め]⑴気晴らしをする。⑵もてあそぶ。

　〈C〉-198-きざみ【刻み】〔名〕⑴階層。等級。⑵・・・の折り。⑶刻み。刻み加減。

　〈C〉-816-さしいづ【差し出づ】〔自ダ下二〕[で・で・づ・づる・づれ・でよ]⑴光が差す。⑵現われる。⑶しゃしゃり出る。〔他ダ下二〕[で・で・づ・づる・づれ・でよ]⑴差し出す。⑵口に出す。

〈A〉-454-かど【角】【才】〔名〕【角】⑴尖端部。⑵隅っこ。⑶切っ先。⑷とげとげしさ。難点。【才】⑸見所。⑹才気。

　〈C〉-748-さても【然ても】〔副〕⑴そうではあっても。⑵そのままで。〔接続〕それにつけても。〔感〕何とまあ。

〈B〉-1219-あへしらふ【あへしらふ】〔他ハ四〕[は・ひ・ふ・ふ・へ・へ]⑴応対する。⑵もてなす。⑶取り合わせる。

　〈C〉-586-たまさか【偶・邂逅】〔形動ナリ〕[なら・なり/に・なり・なる・なれ・なれ]⑴たまたまだ。⑵たまにしかない。⑶万が一。

　〈C〉-1018-けしきおぼゆ【気色覚ゆ】〔連語〕《けしき[名]+おぼゆ[他ヤ下二]》⑴趣深く感じる。⑵空恐ろしく感じる。

〈B〉-564-をりから【折柄】〔名〕よい折り。〔副〕その折りも折り。

　〈C〉-1129-ここちなし【心地無し】〔連語〕《ここち[名]+なし[形ク]》思慮がない。

〈B〉-230-ざれこと【戯れ言】【戯れ事】〔名〕【戯れ言】⑴冗談。【戯れ事】⑵戯れ。

〈B〉-356-ききなす【聞き做す】〔他サ四〕[さ・し・す・す・せ・せ]聞いて・・・と思う。

　〈C〉-849-いで【いで】〔接続〕さて。〔感〕⑴さあ。⑵こらこら。いや。⑶いやはや。

〈A〉-1330-つたなし【拙し】〔形ク〕[から/く/かり・し・き/かる・けれ・かれ]⑴卑しい。⑵未熟だ。⑶運が悪い。⑷

みっともない。
〈B〉-1496-によりて【に依りて・に因りて・に由りて】〔連接語〕《に〔格助〕+よる〔自四〕+て〔格助〕》・・・であるが故に。・・・によって。
〈B〉-1251-ろなう【論無う】〔副〕無論。
〈A〉-1495-もて【以て】〔連接語〕《もつ〔他タ四〕+て〔接助〕》(1)・・・でもって。(2)・・・ゆえに。(3)・・・して〜する。(4)それでもって。
〈B〉-380-もちゐる【用ゐる】〔他ワ上一〕〔ゐ・ゐ・ゐる・ゐる・ゐれ・ゐよ〕(1)使用する。(2)採用する。(3)取り上げる。(4)留意する。
〈B〉-319-そこはかとなし【そこはかとなし】〔連語〕《そこ〔代名〕+はか〔名〕+と〔格助〕+なし〔形ク〕》はっきりしない。
〈A〉-248-ゆゑ【故】〔名〕(1)原因。(2)由緒。(3)上品な嗜好。(4)風情。(5)縁故。血縁(者)。(6)異変。(7)・・・のゆえに。(8)・・・にもかかわらず。
〈A〉-204-そらごと【空言・虚言】〔名〕嘘。
〈A〉-589-ただ【直】【唯・只】【徒・常・只】〔形動ナリ〕〔なら・なり/に・なり・なる・なれ・なれ〕【直】(1)まっすぐだ。(2)じかだ。(3)生のままだ。【徒・常・只】(4)普段通りだ。(5)無料だ。〔副〕【直】(1)じかに。(2)すぐ。(3)すぐ。(4)素直に。(5)ちょうど・・・のようなものだ。【唯・只】(6)わずかに。(7)ただもう。(8)とにかく。
〈B〉-1351-すくすくし【すくすくし】〔形シク〕〔しから・しく/しかり・し・しき/しかる・しけれ・しかれ〕(1)真面目だ。(2)融通が利かない。(3)無愛想だ。
〈C〉-1258-むねむねし【宗宗し】〔形シク〕〔しから・しく/しかり・し・しき/しかる・しけれ・しかれ〕(1)主立っている。(2)しっかりしている。
〈B〉-1171-たいだいし【怠怠し】〔形シク〕〔しから・しく/しかり・し・しき/しかる・しけれ・しかれ〕(1)もってのほかだ。(2)足下が怪しい。(3)先が思いやられる。
〈A〉-1284-ほだし【絆】〔名〕(1)手枷足枷。(2)しがらみ。
〈B〉-711-あなかしこ【あな畏】〔連語〕《あな〔感〕+かしこし〔形ク〕》(1)おお怖い。(2)勿体ない。(3)恐れ入りますが。(4)決して。(5)かしこ。

Story_8:『斜め名』

〈A〉-1355-なのめ【斜め】〔形動ナリ〕[なら・なり/に・なり・なる・なれ・なれ](1)平凡だ。目立った難点はない。(2)不十分だ。(3)並々ならず。

〈A〉-1086-おもしろし【面白し】〔形ク〕[から・く/かり・しき/かる・けれ・かれ](1)見た目に心地よい。(2)愉快だ。

〈B〉-641-わらはべ【童部】〔名〕(1)子供(達)。(2)召使いの少年。(3)愚妻。

〈C〉-989-わしる【走る】〔自ラ四〕[ら・り・る・る・れ・れ](1)走る。(2)あくせくする。

〈A〉-379-ゐる【率る】〔他ワ上一〕[ゐ・ゐ・ゐる・ゐる・ゐれ・ゐよ](1)引き連れる。(2)携行する。

〈C〉-680-いましむ【戒む・警む】〔他マ下二〕[め・め・む・むる・むれ・めよ](1)訓戒する。(2)禁止する。(3)警戒する。(4)緊縛する。監禁する。(5)懲らしめる。

〈A〉-315-かひなし【甲斐無し】〔形ク〕[から・く/かり・しき/かる・けれ・かれ](1)甲斐がない。(2)何とも頼りない。

〈A〉-216-あそぶ【遊ぶ】〔自バ四〕[ば・び・ぶ・ぶ・べ・べ](1)芸能(詩歌・管弦・舞踊等)にいそしむ。(2)遊楽(狩猟・行楽・酒宴等)をする。(3)遊び戯れる。(4)そぞろ歩く。〔他バ四〕[ば・び・ぶ・ぶ・べ・べ]演奏する。

〈A〉-226-たはぶる【戯る】〔自ラ下二〕[れ・れ・る・るる・るれ・れよ](1)ふざける。(2)遊興する。(3)淫らなことをする。

〈B〉-37-すだく【集く】〔自カ四〕[か・き・く・く・け・け](1)群がる。(2)鳴き騒ぐ。

〈A〉-1132-さがなし【さがなし】〔形ク〕[から・く/かり・しき/かる・けれ・かれ](1)意地悪だ。(2)口が悪い。(3)困ったものだ。

〈A〉-1281-かしこまる【畏まる】〔自ラ四〕[ら・り・る・る・れ・れ](1)畏れ多く思う。(2)謹慎する。謝罪する。(3)受諾する。(4)お礼を言う。(5)端座する。

〈B〉-658-おきな【翁】〔名〕(1)老人。(2)年寄り。(3)古老。

〈B〉-642-わらは【童・妾】〔名〕【童】(1)子供。(2)召使いの少年。(3)(召使いの)少女。(4)ざんばら髪。【妾】(5)わたくし。

〈C〉-795-なぞ【何ぞ】〔連接語〕《なに〔代名〕+ぞ〔係助〕》(1)一体全体・・・？！(2)何で・・・！？〔副〕(1)何故・・・？(2)どうして・・・なものか。

〈B〉-159-にぎははし【賑はし】〔形シク〕[しから・しく/しかり・し・しき/しかる・しけれ・しかれ](1)富み栄えている。(2)賑やかだ。(3)やたらと多い。

〈C〉-21-こころづく【心付く】〔自カ四〕[か・き・く・く・け・け](1)分別が付く。色気付く。(2)思い付く。気付く。(3)気に入る。〔他カ下二〕[け・け・く・くる・くれ・けよ](1)気付かせる。(2)心を寄せる。

〈B〉-725-とかく【とかく】〔名〕是非。〔副〕(1)あれやこれや。(2)とにもかくにも。

〈B〉-873-いひけつ【言ひ消つ】〔他タ四〕[た・ち・つ・つ・て・て](1)言いよどむ。(2)否定する。(3)非難する。

〈B〉-717-いかでか【如何でか】〔連接語〕《いかで〔副〕+か〔係助〕》(1)どのようにして・・・か。(2)どうして・・・なものか。(3)是非とも。

〈C〉-901-ざざめく【ざざめく】〔自カ四〕[か・き・く・く・け・け](1)ざわつく。(2)陽気に浮かれ騒ぐ。

〈C〉-1432-さればこそ【然ればこそ】〔連接語〕《さり〔自ラ変〕+ば〔接助〕+こそ〔係助〕》(1)ああ、やっぱりそう

だ。⑵そうであるからこそ・・・だ。

〈C〉-464-ここもと【此処許】〔代名〕⑴この近所。⑵当方。こちら。

〈A〉-938-ことわる【理る・断る・判る】〔他ラ四〕[ら・り・る・る・れ・れ]⑴判断する。⑵説明する。⑶予告する。

〈B〉-629-あどなし【あどなし】〔形ク〕[から・く/かり・し・き/かる・けれ・かれ]あどけない。

〈B〉-639-おとな【大人】〔名〕⑴成人。⑵立派な大人の男／女。⑶頭目。⑷古株。

〈B〉-213-まめまめし【忠実忠実し】〔形シク〕[しから・しく/しかり・し・しき/しかる・しけれ・しかれ]⑴誠実だ。忠実だ。⑵実用第一の。

〈A〉-1267-あぢきなし【あぢきなし】〔形ク〕[から・く/かり・し・き/かる・けれ・かれ]⑴無茶苦茶だ。⑵情けない。⑶虚しい。⑷切ない。⑸無性に。思いがけず。

〈C〉-1408-ざりける【ざりける】〔連接語〕《ぞ〔係助〕+あり〔自ラ変〕+けり〔助動ラ変型〕過去》・・・だったのだなあ。

〈C〉-705-ある【荒る】〔自ラ下二〕[れ・れ・る・るる・るれ・れよ]⑴荒天になる。⑵荒廃する。⑶人心がすさむ。⑷しらける。

〈C〉-537-かかるほどに【斯かる程に】〔連接語〕《かかり〔自ラ変〕+ほどに〔接続〕》そうこうしているうちに。

〈C〉-1314-つれもなし【つれもなし】〔形ク〕[から・く/かり・し・き/かる・けれ・かれ]⑴素知らぬ顔だ。⑵冷淡だ。⑶何も起こらない。⑷思うに任せない。

〈A〉-1167-うとまし【疎まし】〔形シク〕[しから・しく/しかり・し・しき/しかる・しけれ・しかれ]⑴遠ざけたい。⑵不気味だ。

〈A〉-746-さて【然て・扨】〔副〕⑴そのままで。⑵それ以外の。〔接続〕⑴そうして。⑵ところで。〔感〕⑴それにしても。⑵どうかね。

〈C〉-19-みつく【見付く】〔自カ四〕[か・き・く・く・け・け]馴染む。〔他カ下二〕[け・け・く・くる・くれ・けよ]見つける。

〈C〉-900-ささめく【ささめく】〔自カ四〕[か・き・く・く・け・け]⑴ひそひそ話す。⑵ひそひそ噂する。⑶ざわつく。

〈C〉-535-ややあって【稍有って】〔連接語〕《やや〔副〕+あり〔自ラ変〕+て〔接助〕》少し経ってから。

〈C〉-1193-おのがじし【己がじし】〔副〕それぞれに。

〈B〉-687-けしからず【異しからず・怪しからず】〔連語〕《けし〔形シク〕+ず〔助動特殊型〕打消》⑴異様だ。⑵感心しない。⑶なかなかのものだ。

〈B〉-1326-きょうず【興ず】〔自サ変〕[ぜ・じ・ず・ずる・ずれ・ぜよ]面白がる。

〈C〉-506-すでに【已に・既に】〔副〕⑴もはや・・・している。⑵今まさに・・・しようとする。⑶現に・・・している。⑷すべて。

〈A〉-1457-つべし【つべし】〔連接語〕《つ〔助動サ下二型〕完了+べし〔助動ク型〕推量》⑴・・・しそうだ。⑵・・・できそうだ。⑶・・・すべきだ。⑷・・・するつもりだ。

〈B〉-459-こ【此・是】〔代名〕これ。

〈B〉-1054-またなし【又無し】〔形ク〕[から・く/かり・し・き/かる・けれ・かれ]比類なき素晴らしさだ。

〈B〉-292-こころう【心得】〔自ア下二〕[え・え・う・うる・うれ・えよ]⑴理解する。⑵用心する。⑶熟達する。⑷引き受ける。

〈A〉-43-よすが【縁・因・便】〔名〕(1)拠り所。(2)縁者。(3)手づる。(4)手段。
〈C〉-528-きと【きと】〔副〕(1)さっと。(2)不意に。(3)僅かに。(4)きりっと。
〈C〉-284-なりはひ【生業】〔名〕(1)農業。農作物。(2)仕事。

Story_9:『空蝉説』

〈B〉-1103-うつせみ【現身】【空蝉】〔名〕【現身】(1)人(の身)。(2)この世。【空蝉】(3)もぬけの殻。空疎な事柄。(4)蝉。

〈B〉-1426-とこそ【とこそ】〔連接語〕《と〔格助〕+こそ〔係助〕》(1)・・・だと。(2)・・・ということだ。(3)さあ・・・せよ。

〈B〉-1260-せん【詮】〔名〕(1)結局。(2)手立て。(3)効能。(4)主眼点。

　〈C〉-488-せんだち【先達】〔名〕(1)先輩。(2)指導者。(3)先導役の修験者。

〈B〉-570-とばかり【とばかり】〔連接語〕《と〔格助〕+ばかり〔副助〕》・・・とだけ。〔副〕しばらく。

〈A〉-1303-くんず【屈ず】〔自サ変〕〔ぜ・じ・ず・ずる・ずれ・ぜよ〕(1)気が滅入る。(2)卑屈になる。

〈A〉-512-またの【又の・亦の】〔連接語〕《また〔副〕+の〔格助〕》(1)翌・・・。(2)別の。

　〈B〉-831-いはく【言はく・曰く】〔連体形〕・・・の言うことには。

〈A〉-1224-おきつ【掟つ】〔他タ下二〕〔て・て・つ・つる・つれ・てよ〕(1)意図する。(2)指図する。(3)取り計らう。

　〈B〉-1290-たふ【堪ふ・耐ふ】〔自ハ下二〕〔へ・へ・ふ・ふる・ふれ・へよ〕(1)・・・せずにいられる。(2)・・・できる。(3)・・・し続ける。

　〈B〉-102-おろす【下ろす・降ろす】〔他サ四〕〔さ・し・す・す・せ〕(1)下ろす。(2)退位・辞任・降格させる。(3)こき下ろす。(4)剃髪する。(5)退出させる。(6)おこぼれを与える。(7)新品をおろす。(8)摺り下ろす。(9)・・・枚におろす。(10)妊娠中絶する。(11)落とす。(12)吹き下ろす。

　　〈C〉-156-かずまふ【数まふ】〔他ハ下二〕〔へ・へ・ふ・ふる・ふれ・へよ〕物の数に入れる。

　〈B〉-762-さらば【然らば】〔接続〕(1)それならば。(2)それなのに。〔感〕さようなら。

〈A〉-1197-たえて【絶えて】〔副〕(1)全然・・・ない。(2)実に・・・。(3)ぱったりと・・・なくなる。

〈B〉-1416-えさらず【え避らず】〔連接語〕《え〔副〕+さる〔他ラ四〕+ず〔助動特殊型打消〕》不可避的に。

〈B〉-563-をりふし【折節】〔名〕(1)その時々。(2)季節。場面。〔副〕(1)時折。(2)その折も折り。

　　〈C〉-1077-さまかふ【様変ふ】〔連語〕《さま〔名〕+かふ〔他ハ下二〕》(1)趣向を変える。(2)装いを変える。(3)出家する。

　　〈C〉-1050-すぐれて【勝れて】〔副〕際立って。

　〈B〉-1463-あへなむ【敢へなむ】〔連接語〕《あふ〔自ハ下二〕+ぬ〔助動ナ変型完了〕+む〔助動マ四型推量〕》(1)やむを得まい。(2)差し支えあるまい。《あふ〔自ハ下二〕+なむ〔終助〕》(3)どうか我慢してやってほしい。

　　〈C〉-766-さらぬだに【然らぬだに】〔連接語〕《さり〔自ラ変〕+ず〔助動特殊型打消〕+だに〔副助〕》ただでさえ・・・なのに。

　　〈C〉-200-はした【端・半・半端】〔名・形動ナリ〕〔なら・なり/に・なり・なる・なれ・なれ〕(1)どっちつかずだ。(2)半端だ。(3)半人前だ。下男。下女。

　〈B〉-892-ずんず【誦ず】〔他サ変〕〔ぜ・じ・ず・ずる・ずれ・ぜよ〕口ずさむ。

〈A〉-281-うたて【うたて】〔形動ナリ〕〔なら・なり/に・なり・なる・なれ・なれ〕(1)嫌な感じだ。(2)気の毒だ。〔副〕(1)ますます。(2)不気味に。(3)嫌なことに。

　　〈C〉-1321-めでまどふ【愛で惑ふ】〔自ハ四〕〔は・ひ・ふ・ふ・へ・へ〕大絶賛する。狂喜乱舞する。

〈C〉-1328-きょうにいる【興に入る】〔連語〕《きょう〔名〕＋に〔格助〕＋いる〔自ラ四〕》ひたすらに面白がる。

〈C〉-1213-あない【案内】〔名〕(1)内情。(2)記録。〔名・他サ変〕[せ・し・す・する・すれ・せよ](1)事情聴取。状況説明。(2)伺候、取り次ぎ。(3)招待。先導。

〈C〉-1017-けしきづく【気色付く】〔自カ四〕[か・き・く・く・け・け](1)兆しが現われる。(2)一風変わっている。

〈C〉-1385-すいさん【推参】〔名・自サ変〕[せ・し・す・する・すれ・せよ]押しかけること。〔名・形動ナリ〕[なら・なり／に・なり・なる・なれ・なれ]出しゃばり。

〈A〉-1145-にくし【憎し】〔形ク〕[から・く／かり・し・き／かる・けれ・かれ](1)気に入らない。(2)醜悪だ。(3)・・・しにくい。(4)なかなかのものだ。

〈B〉-1301-てうず【調ず】〔他サ変〕[ぜ・じ・ず・ずる・ずれ・ぜよ](1)調達する。調整する。(2)調理する。(3)懲らしめる。(4)調伏する。

〈C〉-875-はらだつ【腹立つ】〔自タ四〕[た・ち・つ・つ・て・て](1)立腹する。(2)喧嘩する。

〈B〉-1333-びんあし【便悪し】〔形シク〕[しから・しく／しかり・し・しき／しかる・しけれ・しかれ]不都合だ。

〈B〉-871-けつ【消つ】〔他タ四〕[た・ち・つ・つ・て・て](1)消す。(2)抹消する。(3)滅ずる。貶す。押さえ付ける。(4)・・・ない。

〈C〉-532-ゆくりか【ゆくりか】〔形動ナリ〕[なら・なり／に・なり・なる・なれ・なれ](1)思いがけない。(2)考えが足りない。

〈C〉-1383-ゐやゐやし【礼礼し】〔形シク〕[しから・しく／しかり・し・しき／しかる・しけれ・しかれ]礼儀正しい。

〈B〉-1370-めやすし【目安し・目易し】〔形ク〕[から・く／かり・し・き／かる・けれ・かれ]見苦しくない。

〈C〉-701-ふつつか【不束】〔形動ナリ〕[なら・なり／に・なり・なる・なれ・なれ](1)太くて丈夫だ。(2)不格好だ。(3)無風流だ。(4)短慮だ。

〈A〉-604-いたし【痛し・甚し】〔形ク〕[から・く／かり・し・き／かる・けれ・かれ](1)甚だしく。(2)見事だ。(3)痛い。(4)心苦しい。

〈C〉-1397-かんのう【堪能】〔名・形動ナリ〕[なら・なり／に・なり・なる・なれ・なれ](1)一芸に秀でること。達人。(2)刻苦勉励。

〈C〉-327-ちからおよばず【力及ばず】〔連語〕《ちから〔名〕＋および〔自バ四〕＋ず〔助動詞特殊型打消〕》仕方がない。

〈A〉-678-いむ【忌む】【斎む】〔自マ四〕[ま・み・む・む・め・め]【斎む】精進潔斎する。物忌みをする。〔他マ四〕[ま・み・む・む・め・め]【忌む】(1)忌避する。(2)厭う。

〈A〉-1277-おづ【怖づ・懼づ】〔自ダ上二〕[ぢ・ぢ・づ・づる・づれ・ぢよ](1)怖がる。(2)憚る。

〈C〉-1382-ゐやなし【礼無し】〔形ク〕[から・く／かり・し・き／かる・けれ・かれ]無礼だ。

〈A〉-236-ものうし【物憂し】〔形ク〕[から・く／かり・し・き／かる・けれ・かれ](1)億劫だ。(2)辛い。

〈C〉-805-こととふ【言問ふ】〔自ハ四〕[は・ひ・ふ・ふ・へ・へ](1)口をきく。(2)親しげに話す。愛の言葉を交わす。(3)質問する。(4)訪問する。お便りする。

〈C〉-950-ことそぐ【言削ぐ】【事削ぐ】〔自ガ四〕[が・ぎ・ぐ・ぐ・げ・げ]【言削ぐ】(1)言葉少なに言う。【事削ぐ】(2)簡略に行なう。

〈C〉-773-そこな【其処な】〔連体〕そこの…。

〈B〉-846-さらにもあらず【更にもあらず】〔連語〕《さら〔形動ナリ〕＋も〔係助〕＋あり〔補助ラ変〕＋ず〔助動詞特殊型〕打消〕》別にどうということもない。

〈C〉-886-ひがぎき【僻聞き】〔名〕聞き違い。

〈C〉-727-とざまかうざま【とざまかうざま】〔連接語〕《と〔副〕＋さま〔名〕＋かう〔副〕＋さま〔名〕》あれこれ。

〈B〉-1402-さかしら【賢しら】〔名・自サ変〕[せ・し・す・する・すれ・せよ]告げ口。〔名・形動ナリ〕[なら・なり／に・なり・なる・なれ・なれ](1)利口ぶること。(2)出しゃばり。

〈C〉-342-しれもの【痴れ者】〔名〕(1)愚か者。(2)求道者。その道の達人。

〈A〉-897-かしかまし【囂し】〔形シク〕[しから・しく／しかり・し・しき／しかる・しけれ・しかれ](1)やかましい。(2)口やかましい。

〈B〉-946-ことごとし【事事し】〔形シク〕[しから・しく／しかり・し・しき／しかる・しけれ・しかれ]大袈裟だ。

〈C〉-1318-めづらか【珍か】〔形動ナリ〕[なら・なり／に・なり・なる・なれ・なれ](1)もの珍しい。(2)変だ。

〈A〉-243-をこがまし【痴がまし】〔形シク〕[しから・しく／しかり・し・しき／しかる・しけれ・しかれ]馬鹿みたいだ。

〈C〉-845-よのつね【世の常】〔連語〕《よ〔名〕＋の〔格助〕＋つね〔名・形動ナリ〕》(1)ありきたり。(2)何とも言いようがない。

〈B〉-577-かぬ【兼ぬ・予ぬ】〔他ナ下二〕[ね・ね・ぬ・ぬる・ぬれ・ねよ](1)兼備する。兼務する。(2)…に及ぶ。(3)予想する。心配する。(4)配慮する。

〈B〉-165-かずなし【数無し】〔連語〕《かず〔名〕＋なし〔形〕》(1)取るに足らない。(2)無数だ。

〈C〉-776-ここだ【幾許】〔副〕(1)こんなに沢山。(2)こんなにも甚だしく。

〈B〉-899-とよむ【響む・動む】〔自マ四〕[ま・み・む・む・め・め](1)鳴り響く。(2)大騒ぎする。〔他マ下二〕[め・め・む・むる・むれ・めよ]鳴り響かせる。

〈B〉-998-ね【音】〔名〕音声。

〈C〉-881-すがむ【眇む】〔自マ四〕[ま・み・む・む・め・め]片目を細める。斜視である。〔他マ下二〕[め・め・む・むる・むれ・めよ]斜に構えて眺める。

〈B〉-246-あさむ【あさむ・浅む】〔自マ四〕[ま・み・む・む・め・め]【浅む】意外に思う。〔他マ四〕[ま・み・む・む・め・め]【あさむ】侮る。

〈A〉-706-おどろおどろし【おどろおどろし】〔形シク〕[しから・しく／しかり・し・しき／しかる・しけれ・しかれ](1)ものものしい。(2)騒々しい。ぎょっとする。(3)物凄い。

〈A〉-1445-ねど【ねど】〔連接語〕《ず〔助動詞特殊型〕打消＋ど〔接助〕》…ないが。

〈C〉-1347-なほあらじ【猶有らじ】〔連語〕《なほ〔副〕＋あり〔自ラ変〕＋じ〔助動詞特殊型〕打消推量》捨て置くわけには行かない。

〈C〉-1192-ひとやりならず【人遣りならず】〔連語〕《ひと〔名〕＋やる〔他ラ四〕＋なり〔助動ナリ型〕断定＋ず〔助動詞特殊型〕打消》自分からしたことだ。

〈C〉-615-こころやまし【心疾し・心疼し】〔形シク〕[しから・しく／しかり・し・しき／しかる・しけれ・しかれ](1)不愉快だ。(2)もどかしい。

Story_10:『出づる世、捨つる世』

〈A〉-161-ときめく【時めく】〔自力四〕〔か・き・く・く・け・け〕(1)繁栄する。(2)恩顧を受ける。

〈A〉-199-しな【階・品・級・科】〔名〕(1)階段。(2)身分。(3)品格。(4)差異。(5)状況。(6)品目。

〈C〉-288-つと【苞・苴】〔名〕(1)藁苞。(2)贈答品。

〈C〉-941-ことごと【事事】【悉・尽】〔名〕【事事】あれこれ。〔副〕【悉・尽】(1)全部。(2)全く・・・ない。

〈C〉-1344-なかんづく【就中】〔副〕とりわけ。

〈C〉-580-かねて【予て】〔連接語〕《かぬ〔他ナ下二〕+て〔接助〕》・・・以前に。〔副〕(1)前もって。(2)以前。

〈A〉-915-きこえ【聞こえ】〔名〕評判。

〈B〉-749-さこそ【然こそ】〔連接語〕《さ〔副〕+こそ〔係助〕》(1)あんなにも。(2)さぞ。(3)たとえ・・・とはいえ。

〈A〉-1316-つれづれ【徒然】〔名・形動ナリ〕〔なら・なり／に・なり・なる・なれ・なれ〕(1)単調だ。(2)退屈だ。(3)やるせない。〔副〕(1)長々と。(2)退屈しのぎに。(3)しんみりと。

〈A〉-1230-したたむ【認む】〔他マ下二〕〔め・め・む・むる・むれ・めよ〕(1)準備する。(2)管理する。(3)片付ける。(4)書き記す。(5)食事する。〔補動マ下二〕〔め・め・む・むる・むれ・めよ〕確かに・・・する。すっかり・・・し通す。

〈B〉-100-くだり【件・条】〔名〕(1)一節。(2)既述の件。

〈B〉-1113-げにげにし【実に実にし】〔形シク〕〔しから・しく／しかり・し・しき／しかる・しけれ・しかれ〕(1)もっともだと思う。(2)堅実だ。(3)まことしやかだ。

〈B〉-832-いふやう【言ふ様】〔連接語〕《いふ〔自ハ四〕〔他ハ四〕+やう〔名〕》・・・の言うことには。

〈C〉-58-よをすつ【世を捨つ】〔連語〕《よ〔名〕+を〔格助〕+すつ〔他タ下二〕》出家する。

〈B〉-1065-しく【及く・若く・如く】〔自力四〕〔か・き・く・く・け・け〕(1)追い付く。(2)匹敵する。

〈A〉-316-あへなし【果へ無し】〔形ク〕〔から・く／かり・し・き／かる・けれ・かれ〕(1)処置なしだ。(2)がっかりだ。(3)無惨だ。

〈A〉-732-さ【然】〔副〕そう。

〈C〉-255-よしなしごと【由無し事】〔名〕無意味なこと。

〈C〉-560-いとま【暇】〔名〕(1)合間。(2)余暇。(3)ゆとり。(4)服喪(期間)。忌引。(5)辞職(願)。(6)離別。暇乞い。(7)隙間。

〈C〉-919-みやうもん【名聞】〔名〕世間での評判。〔形動ナリ〕〔なら・なり／に・なり・なる・なれ・なれ〕売名行為。

〈B〉-531-ゆくりなし【ゆくりなし】〔形ク〕〔から・く／かり・し・き／かる・けれ・かれ〕(1)思いがけない。(2)考えが足りない。

〈C〉-793-あれかにもあらず【吾かにもあらず】〔連語〕《あれ〔代名〕+か〔終助〕+なり〔助動ナリ型断定〕+も〔係助〕+あり〔補動ラ変〕》茫然自失だ。

〈B〉-421-うす【失す】〔自サ下二〕〔せ・せ・す・する・すれ・せよ〕(1)消滅する。(2)死亡する。(3)行方不明になる。

〈A〉-325-むなし【空し・虚し】〔形シク〕[しから・しく／しかり・し・しき／しかる・しけれ・しかれ](1)空っぽだ。(2)事実無根だ。(3)無駄だ。(4)儚い。(5)死んでいる。

〈A〉-1128-こころあり【心有り】〔自ラ変〕[ら・り・る・るれ・れ](1)思いやりがある。(2)思慮分別がある。(3)情趣を解する。

〈C〉-1092-かうみゃう【高名】〔名・自サ変〕[せ・し・す・する・すれ・せよ](1)手柄。(2)武勲。〔名・形動ナリ〕[なら・なり／に・なり・なる・なれ・なれ]評判。

〈A〉-1182-ひたぶる【一向・頓】〔形動ナリ〕[なら・なり／に・なり・なる・なれ・なれ](1)一途だ。(2)強引だ。(3)ひたすら。(4)一向に・・・ない。

〈A〉-1138-うるさし【煩し】〔形ク〕[から・く／かり・し・しき／かる・けれ・かれ](1)煩わしい。(2)わざとらしい。(3)実に抜かりがない。(4)優秀だ。

〈C〉-470-いほ【庵・廬】〔名〕(1)草庵。(2)旅の宿。(3)拙宅。

〈B〉-1472-にし【にし】〔連接語〕《ぬ[助動ナ変型]完了+き[助動特殊型]過去》(1)・・・してしまった〜。《なり[助動ナリ型]断定+し[副助]》(2)・・・で。《に[格助]+し[副助]》(3)・・・に。

〈C〉-1185-わざと【態と】〔副〕(1)意図的に。(2)格別に。(3)本格的な。

〈C〉-1048-こころまさり【心勝り】〔名・自サ変〕[せ・し・す・する・すれ・せよ]予想以上。

〈B〉-1221-いとなむ【営む】〔他マ四〕[ま・み・む・む・め・め](1)忙しく立ち働く。(2)取り仕切る。勤行を行なう。(3)支度をする。(4)作る。

〈A〉-1078-やう【様】〔名〕(1)様子。(2)様式。(3)手段。(4)事情。(5)同類。(6)・・・なことには。〔接尾〕(1)・・・風。(2)・・・の仕方。

〈C〉-1418-ぬかも【ぬかも】〔連接語〕《ず[助動特殊型]打消+かも[終助]》(1)・・・ないものだなあ。(2)・・・ないかなあ。

〈A〉-530-とし【疾し】【敏し・聡し】【利し・鋭し】〔形ク〕[から・く／かり・し・しき／かる・けれ・かれ]【疾し】(1)素早い。(2)早期だ。(3)激しい。【敏し・聡し】(4)敏捷だ。(5)鋭敏だ。【利し・鋭し】(6)鋭利だ。

〈A〉-991-いそぎ【急ぎ】〔名〕(1)大急ぎ。急用。(2)準備。

〈A〉-990-いそぐ【急ぐ】〔自ガ四〕[が・ぎ・ぐ・ぐ・げ・げ]急ぐ。〔他ガ四〕[が・ぎ・ぐ・ぐ・げ・げ]準備する。

〈A〉-383-をり【居り】〔自ラ変〕[ら・り・る・るれ・れ](1)じっとしている。(2)ある。(3)・・・にある。〔補動ラ変〕[ら・り・る・るれ・れ](1)ずっと・・・している。(2)・・・やがる。

〈C〉-587-うたかた【泡沫】〔名〕水の泡。〔副〕決して・・・ない。束の間も・・・ない。

〈C〉-320-おびたたし【夥し】〔形シク〕[しから・しく／しかり・し・しき／しかる・しけれ・しかれ]尋常一様ではない。

〈B〉-1202-よも【よも】〔副〕まさか。

〈A〉-386-さうらふ【候ふ】〔自ハ四〕[は・ひ・ふ・ふ・へ・へ](1)伺候する。お仕えする。(2)ございます。〔補動ハ四〕[は・ひ・ふ・ふ・へ・へ]・・・です。

Story_11:『生知り種』

〈B〉-1255-くさ【種・類】〔名〕(1)種。(2)種類。〔接尾〕(1)…種。(2)…の題材。

〈B〉-360-ありし【有りし・在りし】〔連体〕(1)かつての。(2)生前の。往年の。(3)先述の。

〈B〉-341-しれごと【痴れ言】【痴れ事】〔名〕【痴れ言】(1)笑い話。愚かな話。【痴れ事】(2)笑える事。愚挙。

〈B〉-840-かけまく【掛けまく・懸けまく】〔連接語〕《かく[他四]＋む[助動マ四型]推量》口に出して言うのも畏れ多い。

〈A〉-1282-かしこし【畏し・恐し】【賢し】〔形ク〕[から・く/かり・し・き/かる・けれ・かれ]【畏し・恐し】(1)恐ろしい。(2)畏れ多い。(3)極めて高貴だ。【賢し】(4)賢明だ。(5)抜群だ。(6)好都合だ。(7)物凄く。(8)よくもまぁ。

〈A〉-122-おほん【大御・御】〔名〕御…。〔接頭〕御…。

〈A〉-388-つかうまつる【仕うまつる】〔自ラ四〕[ら・り・る・る・れ・れ]お仕え申し上げる。〔他ラ四〕[ら・り・る・る・れ・れ]…してさしあげる。〔補動ラ四〕[ら・り・る・る・れ・れ]…申し上げる。

〈B〉-787-それがし【某】〔代名〕(1)某…。(2)私。

〈C〉-974-にふだう【入道】〔名・自サ変〕[せ・し・す・する・すれ・せよ](1)出家。(2)在家。

〈A〉-521-つきごろ【月頃】〔名〕数ヶ月来。

〈B〉-786-なにがし【何某・某】〔名〕(1)某…。(2)何とか。〔代名〕この…。

〈A〉-808-いぶかし【訝し】〔形シク〕[しから・しく/しかり・し・しき/しかる・しけれ・しかれ](1)気がかりだ。(2)疑わしい。(3)憂鬱だ。(4)よく知りたい。…たい。

〈C〉-1398-いうそく【有識・有職】〔名〕(1)学識(者)。至芸(の人)。教養(人)。(2)儀式通。〔形動ナリ〕[なら・なり/に・なり・なる・なれ・なれ]博識だ。

〈C〉-1058-よにしらず【世に知らず】〔連語〕《よ[名]＋に[格助]＋しる[他ラ四]＋ず[助動特殊型]打消》類稀な素晴らしさだ。

〈A〉-967-しるし【印・璽】【徴】【験】【標・印・証】〔名〕【標・印・証】(1)目印。(2)証拠。(3)紋章。(4)合図。【徴】(5)兆候。【験】(6)霊験。(7)甲斐。【標・印・証】(8)首級。【印・璽】(9)神璽。

〈C〉-973-しゃうにん【聖人・上人】〔名〕(1)聖人。(2)和尚様。

〈C〉-972-さうにん【相人】〔名〕人相見。

〈B〉-218-しらぶ【調ぶ】〔他バ下二〕[べ・べ・ぶ・ぶる・ぶれ・べよ](1)調律する。(2)演奏する。(3)調子づく。(4)吟味する。

〈C〉-929-つくばのみち【筑波の道】〔連語〕《つくば[地名]＋の[格助]＋みち[名]》連歌。

〈C〉-1037-かたがた【方方】〔名〕(1)あちこち。(2)あれこれ。(3)方達。(4)あちこちの部屋。〔代名〕あなた方。〔副〕(1)あれこれと。(2)いずれにせよ。

〈C〉-1361-もてはやす【もて映す・もて栄す】〔他サ四〕[さ・し・す・す・せ](1)囃し立てる。(2)歓待する。(3)際立たせる。

〈C〉-917-きこゆる【聞こゆる】〔連体〕評判の。

〈A〉-744-さながら【然ながら・宛ら】〔副〕(1)そのまま。(2)すべて。(3)全く・・・ない。(4)まるで・・・のよう。〔接続〕しかしながら。

〈A〉-47-ぐす【具す】〔自サ変〕[せ・し・す・する・すれ・せよ](1)具備する。(2)同行する。(3)連れ添う。〔他サ変〕[せ・し・す・する・すれ・せよ](1)備える。(2)帯同する。(3)携帯する。

　〈C〉-963-へんげ【変化】〔名・自サ変〕[せ・し・す・する・すれ・せよ](1)化身。(2)化け物。(3)変化。

〈B〉-332-なんどもおろかなり【なんども疎かなり】〔連語〕《など〔副〕+いふ〔他ハ四〕+も〔係助〕+おろか〔形動ナリ〕》・・・などという形容では到底言い足りない。

〈B〉-1254-さだめて【定めて】〔副〕(1)・・・するのは必定だ。(2)さだめし。

　〈C〉-1199-はた【将】〔副〕(1)ひょっとして。(2)必ずや。(3)案の定。(4)まるで・・・ない。(5)とは言うものの。(6)これまた。(7)ましてや。(8)これはまた。〔接続〕AはたまたB。

〈B〉-1253-いちぢゃう【一定】〔名・形動ナリ〕[なら・なり/に・なり・なる・なれ・なれ](1)一定している。(2)間違いない。〔副〕必ずや。

〈A〉-1447-ねば【ねば】〔連接語〕《ず〔助動特殊型〕打消+ば〔接助〕》(1)・・・ないので〜。(2)・・・ないと常に〜。(3)・・・ないのに〜。

　〈C〉-923-くちのは【口の端】〔名〕人の噂。

〈A〉-1214-あつかふ【扱ふ】〔他ハ四〕[は・ひ・ふ・ふ・へ・へ](1)面倒を見る。(2)噂する。口出しする。(3)持て余す。(4)看病する。(5)処理する。(6)仲裁する。

〈B〉-1356-なのめならず【斜めならず】〔連語〕《なのめ〔形動ナリ〕+ず〔助動特殊型〕打消》並々ならず。

〈B〉-1436-ごと【如】〔助動語幹〕[○・ごと・ごと・○・○・○]・・・のように。

〈B〉-93-おぼめかし【おぼめかし】〔形シク〕[しから・しく/しかり・し・しき/しかる・しけれ・しかれ](1)不明瞭だ。(2)不案内だ。不安だ。(3)有耶無耶だ。

〈B〉-784-たそ【誰ぞ】〔連接語〕《た〔代名〕+そ〔係助〕》誰が・・・か?

〈B〉-242-をこ【痴・烏許・尾籠】〔名・形動ナリ〕[なら・なり/に・なり・なる・なれ・なれ]馬鹿。

〈A〉-1331-うちつけ【打ち付け】〔形動ナリ〕[なら・なり/に・なり・なる・なれ・なれ](1)出し抜けだ。(2)軽率だ。(3)ぶしつけだ。

〈B〉-171-ぢげ【地下】〔名〕(1)下級貴族。(2)下々の民。

〈B〉-111-くものうへ【雲の上】〔名〕(1)天上。(2)宮中。

〈A〉-1067-おほけなし【おほけなし】〔形ク〕[から・く/かり・し・き/かる・けれ・かれ](1)分不相応だ。(2)恐れ多い。

〈B〉-731-かかる【懸かる・掛かる】〔自ラ四〕[ら・り・る・る・れ・れ](1)引っ掛かる。寄り掛かる。(2)頼る。(3)恩恵に浴する。(4)身に降りかかる。(5)降下する。滴下する。(日・月が)空に懸かる。(6)関係する。連座する。(7)目に付く。(8)かかりきりになる。(9)殺される。(10)襲い掛かる。(11)差し掛かる。(12)巻き付く。〔補動ラ四〕[ら・り・る・る・れ・れ](1)・・・し始める。(2)ほとんど・・・しかかる。

〈B〉-980-まゐらす【参らす】〔他サ下二〕[せ・せ・す・する・すれ・せよ]差し上げる。〔補動サ下二〕[せ・せ・す・する・すれ・せよ]・・・して差し上げる。

〈B〉-884-ひがひがし【僻僻し】〔形シク〕[しから・しく/しかり・し・しき/しかる・しけれ・しかれ](1)普通じゃない。(2)素

直じゃない。
〈C〉-843-いはむかたなし【言はむ方無し】〔連語〕《いふ〔自ハ四〕+他ハ四〕+む〔助動マ四型〕推量+かた〔名〕+なし〔形ク〕》何とも言いようがない。

〈A〉-397-せさせたまふ【せさせ給ふ】〔連接語〕《す〔助動サ下二型〕使役・尊敬+さす〔助動サ下二型〕使役・尊敬+たまふ〔補動ハ四〕》(1)・・・おさせになる。《す〔他サ変〕+さす〔助動サ下二型〕使役・尊敬+たまふ〔補動ハ四〕》(2)・・・おさせになる。(3)お・・・になる。

〈B〉-763-されば【然れば】〔接続〕(1)それゆえに。(2)話は変わって。さて。〔感〕(1)いやはや。(2)いや、その事なんですがね。

〈C〉-1261-しょせん【所詮】〔名〕要点。〔副〕結局。

〈B〉-393-たてまつりたまふ【奉り給ふ】〔連接語〕《たてまつる〔他ラ四〕+たまふ〔補動ハ四〕》(1)差し上げなさる。《たてまつる〔補動ラ四〕+たまふ〔補動ハ四〕》(2)御・・・申し上げなさる。《たてまつる〔他ラ四〕+たまふ〔補動ハ四〕》(3)お乗りになる。お召しになる。

〈A〉-1390-おぼしめす【思し召す】〔他サ四〕〔さ・し・す・す・せ〕お思いになる。

〈A〉-395-せたまふ【せ給ふ】〔連接語〕《す〔助動サ下二型〕使役・尊敬+たまふ〔補動ハ四〕》(1)・・・おさせになる。(2)お・・・になる。

〈C〉-469-いづら【何ら】〔代名〕どこ。どちら。〔感〕(1)あら?(2)いかが。

〈C〉-398-しめたまふ【しめ給ふ】〔連接語〕《しむ〔助動マ下二型〕使役・尊敬+たまふ〔補動ハ四〕》(1)・・・させなさる。(2)・・・あそばす。

〈A〉-385-さぶらふ【候ふ・侍ふ】〔自ハ四〕〔は・ひ・ふ・ふ・へ・へ〕(1)伺候する。お仕えする。(2)参上する。(3)お手元にある。(4)ございます。〔補動ハ四〕〔は・ひ・ふ・ふ・へ・へ〕・・・です。

〈C〉-121-ごたち【御達】〔名〕御婦人(方)。

〈B〉-119-かんだちめ【上達部】〔名〕公卿。

〈A〉-392-たてまつる【奉る】〔自ラ四〕〔ら・り・る・る・れ・れ〕お乗りになる。〔他ラ下二〕〔れ・れ・る・るる・るれ・れよ〕(1)差し上げる。(2)参上させる。〔他ラ四〕〔ら・り・る・る・れ・れ〕(1)差し上げる。(2)参上させる。(3)召し上がる。(4)お召しになる。〔補動ラ四〕〔ら・り・る・る・れ・れ〕お・・・申し上げる。

〈B〉-821-そうす【奏す】〔他サ変〕〔せ・し・す・する・すれ・せよ〕(1)申し上げる。(2)演奏する。

〈B〉-490-もと【元・本・原】【下】【許】【元・故・旧】〔名〕【下】(1)下方。【元・本・原】(2)根もと。(3)根本。(4)原因。由来。(5)和歌の上の句。(6)元手。【許】(7)所在地。近辺。【元・故・旧】(8)往時。〔副〕【元・故・旧】以前には。昔から。〔接尾〕【本】・・・本。

〈B〉-1241-さす【さす】〔接尾サ四型〕(1)・・・しかけてやめる。(2)・・・し始めたばかりだ。

〈A〉-860-いさよふ【いさよふ】〔自ハ四〕〔は・ひ・ふ・ふ・へ・へ〕ためらう。

〈A〉-29-あはひ【間】〔名〕(1)間隔。(2)間柄。(3)釣り合い。(4)情勢。

〈A〉-263-あし【悪し】〔形シク〕〔しから・しく/しかり・し・しき/しかる・しけれ・しかれ〕(1)不正な。(2)具合が悪い。(3)だるい。不快だ。(4)醜悪だ。(5)下手くそだ。(6)粗末だ。(7)荒々しい。(8)貧窮した。(9)・・・しにくい。

〈A〉-1367-ところせし【所狭し】〔形ク〕〔から・く/かり・し・しき/かる・けれ・かれ〕(1)狭苦しい。(2)気詰まりだ。(3)

仰々しい。(4)威風堂々たるものだ。(5)厄介だ。

〈B〉-876-はらあし【腹悪し】〔形シク〕[しから・しく/しかり・し・しき/しかる・しけれ・しかれ](1)意地悪だ。(2)怒りっぽい。

〈C〉-1327-きょうがる【興がる】〔自ラ四〕[ら・り・る・る・れ・れ](1)面白がる。不思議に思う。(2)奇妙だ。ふざけている。

〈B〉-377-あるは【或は】〔連接語〕《あり〔自ラ変〕＋は〔係助〕》ある者は。〔接続〕あるいはまた。

〈B〉-116-じゃうらふ【上臈】〔名〕(1)高僧。(2)上流階級。高位高官。(3)貴婦人。

〈B〉-166-かずならず【数ならず】〔連語〕《かず〔名〕＋なり〔助動ナリ型断定〕＋ず〔助動特殊型打消〕》取るに足らない。

〈C〉-581-かけて【掛けて・懸けて】〔連接語〕《かく〔他カ四〕＋て〔接助〕》(1)・・・を兼ねて。(2)・・・に亘って。(3)・・・に向かって。〔副〕(1)絶対に・・・ない。(2)少しでも・・・すれば。(3)心にかけて。

〈B〉-344-しるべ【導・知る辺】〔名〕(1)道標。(2)手引き(書)。(3)知り合い。

〈B〉-1215-あつかひぐさ【扱ひ種】〔名〕(1)話題。(2)被庇護者。厄介な案件。

〈C〉-1220-いひしろふ【言ひしろふ】〔他ハ四〕[は・ひ・ふ・ふ・へ・へ](1)語り合う。(2)議論する。

〈A〉-1068-かたはらいたし【傍ら痛し】〔形ク〕[から・く/かり・し・き/かる・けれ・かれ](1)心苦しい。(2)見苦しい。(3)ばつが悪い。(4)お笑いぐさだ。

〈B〉-339-しる【痴る】〔自ラ下二〕[れ・れ・る・るる・るれ・れよ](1)ぼける。(2)ふざけている。

〈C〉-503-いまに【今に】〔連接語〕《いま〔名〕＋に〔格助〕》(1)いまだに。(2)そのうちに。

〈C〉-285-れう【料】〔名〕(1)材料。(2)対価。(3)ため。

〈C〉-352-われはがほ【我は顔】〔名・形動ナリ〕[なら・なり/に・なり・なる・なれ・なれ]得意顔。

〈B〉-175-ぬすびと【盗人】〔名〕(1)泥棒。(2)見下げ果てたやつ。

〈A〉-22-こころづきなし【心付き無し】〔形ク〕[から・く/かり・しき/かる・けれ・かれ](1)心引かれない。(2)気に入らない。

〈B〉-1499-らく【らく】〔接尾〕(1)・・・な事。(2)・・・なことには。(3)・・・であることよ。

〈C〉-507-すなはち【即ち・乃ち・則ち】〔名〕(1)即時。(2)当時。直後。〔副〕即座に。〔接続〕(1)つまり。(2)そこで。(3)・・・ならば、その時には～。

〈C〉-936-ことさら【殊更】〔形動ナリ〕[なら・なり/に・なり・なる・なれ・なれ](1)格別な感じだ。(2)意図的だ。〔副〕(1)意図的に。(2)特に。

〈B〉-758-さりとも【然りとも】〔副〕いくら何でも・・・だろう。〔接続〕そうは言っても。

Story_12:『恋得る目、恋ふる目』

〈C〉-930-うたあはせ【歌合はせ】〔名〕歌合わせ。

〈C〉-1208-もよほす【催す】〔他サ四〕[さ・し・す・す・す・せ](1)促す。(2)引き起こす。(3)召集する。(4)挙行する。(5)準備する。

〈C〉-424-ちる【散る】〔自ラ四〕[ら・り・る・る・れ・れ](1)散る。こぼれる。(2)散乱する。(3)離散する。(4)落ち着かない。(5)世間に知れる。

〈C〉-178-あま【海人・海士・蜑・海女】〔名〕(1)漁師。(2)海女。

〈B〉-1033-かたうど【方人】〔名〕(1)・・・側の人。(2)味方。

〈C〉-870-なんず【難ず】〔他サ変〕[ぜ・じ・ず・ずる・ずれ・ぜよ]非難する。

〈C〉-168-かろし【軽し】〔形ク〕[から・く/かり・し・き/かる・けれ・かれ](1)軽量だ。(2)大したことはない。(3)身分が低い。(4)軽薄だ。

〈B〉-112-くものうへびと【雲の上人】〔名〕(1)貴人。(2)四位以下で昇殿を許された者。

〈C〉-172-ただびと【直人・徒人】〔名〕(1)生身の人間。(2)臣下。(3)一般貴族。

〈C〉-800-なにかは【何かは】〔連接語〕《なに[代名]+か[係助]+は[係助]》(1)何が・・・か？《なに[副]+か[係助]+は[係助]》(2)どうして・・か？(3)どうして・・・なものか。(4)いえいえ。

〈B〉-867-あらがふ【諍ふ・争ふ】〔自ハ四〕[は・ひ・ふ・ふ・へ・へ](1)反論する。(2)拒絶する。(3)賭け事をする。

〈B〉-202-そら【空・虚】〔名〕(1)空中。(2)高所。(3)空模様。時節。(4)場面。(5)心持ち。立場。〔形動ナリ〕[なら・なり/に・なり・なる・なれ・なれ](1)上の空だ。(2)いい加減だ。(3)虚しい。(4)丸暗記して。〔接頭〕(1)当てにならない。(2)偽りの。(3)何となく・・・。

〈A〉-1244-たがふ【違ふ】〔自ハ四〕[は・ひ・ふ・ふ・へ・へ](1)食い違う。(2)背く。(3)変調を来たす。〔他ハ下二〕[へ・へ・ふ・ふる・ふれ・へよ](1)変える。(2)背く。(3)間違える。(4)「方違へ」をする。

〈C〉-467-いづくはあれど【何処はあれど】〔連語〕《いづく[代名]+は[係助]+あり[自ラ変]+ど[接助]》他の場所はともかくとして。

〈C〉-1064-べち【別】〔名・形動ナリ〕[なら・なり/に・なり・なる・なれ・なれ](1)異なる。(2)格別だ。

〈B〉-114-てんじゃうびと【殿上人】〔名〕殿上人。

〈A〉-228-あざる【狂る・戯る・鯘る】〔自ラ下二〕[れ・れ・る・るる・るれ・れよ]【狂る・戯る】(1)ふざける。(2)打ち解ける。(3)色っぽく振る舞う。【鯘る】(4)腐敗する。〔自ラ四〕[ら・り・る・る・れ・れ]【狂る・戯る】騒然となる。

〈B〉-115-じゃうず【上衆・上種】〔名〕高貴な人物。

〈A〉-1469-なめり【なめり】〔連接語〕《なり[助動ナリ型断定]+めり[助動ラ変型推量]》・・・であるようだ。

〈A〉-896-ののしる【罵る】〔自ラ四〕[ら・り・る・る・れ・れ](1)大声を出す。(2)やかましく鳴る。うるさく鳴く。(3)評判になる。(4)勢いに乗る。(5)罵倒する。

〈B〉-1036-かたみに【互に】〔副〕各々。

〈C〉-1164-ゆるす【許す・緩す】〔他サ四〕[さ・し・す・す・せ・せ](1)緩める。(2)解放する。(3)免除する。(4)

許可する。⑸評価する。
〈B〉-1455-ためり【ためり】〔連接語〕《たり〔助動ラ変型〕完了＋めり〔助動ラ変型〕推量》・・・しているようだ。
　〈C〉-1051-さう【左右】〔名〕⑴左右。⑵指図。裁決。⑶つべこべ言うこと。⑷状況。⑸報告。
〈B〉-1163-とが【咎・科】〔名〕⑴欠点。⑵過失。
　〈C〉-842-いふかぎりにあらず【言ふ限りにあらず】〔連語〕《いふ〔自ハ四〕〔他ハ四〕＋かぎり〔名〕＋に〔格助〕＋あり〔補動ラ変〕＋ず〔助動特殊型〕打消》⑴問題外だ。⑵何とも言いようがない。
　〈C〉-1438-ことならば【同ならば】〔連接語〕《こと〔副〕＋なり〔助動ナリ型〕断定＋ば〔接助〕》同じことならば。
　〈C〉-1236-わきて【分きて・別きて】〔副〕とりわけ。
　〈C〉-1141-ゑんず【怨ず】〔他サ変〕〔ぜ・じ・ず・ずる・ずれ・ぜよ〕不満に思う。恨みがましくする。
〈B〉-1196-つやつや【つやつや】〔副〕⑴全く・・・ない。⑵全く。⑶じっくり。
〈B〉-1358-はえばえし【映え映えし】〔形シク〕〔しから・しく／しかり・し・しき／しかる・しけれ・しかれ〕⑴見栄えがする。
　⑵晴れがましい。
〈B〉-752-さしも【さしも】〔副〕⑴さほど・・・ない。⑵あんなにも。
　〈C〉-1188-ふりはへ【振り延へ】〔副〕殊更に。
　〈C〉-1034-かたひく【方引く・片引く】〔他カ四〕〔か・き・く・け・け〕肩入れする。
〈B〉-460-こなた【此方】〔代名〕⑴こちら。⑵・・・して以来。⑶今から・・・まで。⑷この人。⑸私。
　⑹あなた。
〈B〉-1295-みやる【見遣る】〔他ラ四〕〔ら・り・る・る・れ・れ〕あちらを見る。
〈B〉-1298-みおこす【見遣す】〔他サ下二〕〔せ・せ・す・する・すれ・せよ〕こちらを見る。
〈B〉-908-そでをしぼる【袖を絞る】〔連語〕《そで〔名〕＋を〔格助〕＋しぼる〔他ラ四〕》号泣する。
　〈C〉-1143-かこちがほ【託ち顔】〔名・形動ナリ〕〔なら・なり／に・なり・なる・なれ・なれ〕恨めしそうな顔付き。
〈B〉-1142-なげく【嘆く・歎く】〔自カ四〕〔か・き・く・け・け〕⑴溜息をつく。⑵悲嘆する。悲泣する。⑶哀願
　する。
〈B〉-672-かなしぶ【愛しぶ・悲しぶ・哀しぶ】〔他バ四〕〔ば・び・ぶ・ぶ・べ・べ〕【愛しぶ】⑴深く愛する。賞
　美する。【悲しぶ・哀しぶ】⑵悲しく思う。⑶哀れむ。⑷感激する。
〈B〉-267-をしむ【愛しむ・惜しむ】〔他マ四〕〔ま・み・む・む・め・め〕⑴とても愛おしい。⑵哀惜する。⑶物
　惜みする。⑷思う存分。
〈A〉-254-よしなし【由無し】〔形ク〕〔から・く／かり・し・き／かる・けれ・かれ〕⑴理由がない。⑵方法がない。⑶関
　係がない。⑷薄っぺらだ。⑸無意味だ。⑹人聞きが悪い。
　〈C〉-4-なさけおくる【情け後る】〔自ラ下二〕〔れ・れ・る・るる・るれ・れよ〕情に乏しい。
〈A〉-612-やさし【恥し・優し】〔形シク〕〔しから・しく／しかり・し・しき／しかる・しけれ・しかれ〕⑴辛い。⑵恥ずかしい。
　⑶慎ましい。⑷感心なことだ。⑸優雅だ。⑹心優しい。⑺易しい。
　〈C〉-877-よく【避く】〔他カ上二〕〔き・き・く・くる・くれ・きよ〕〔他カ四〕〔か・き・く・け・け〕〔他カ下二〕〔け・け・く・くる・くれ・けよ〕回
　避する。

Story_13:『得し花』

〈C〉-390-つかふ【仕ふ】〔自ハ下二〕〔へ・へ・ふ・ふる・ふれ・へよ〕(1)近仕する。(2)役人として働く。

〈B〉-1422-りけり【りけり】〔連接語〕《り〔助動ラ変型〕存続+けり〔助動ラ変型〕過去》(1)・・・している最中だった。(2)既に・・・していた。(3)・・・していた。(4)・・・だったのだなぁ。

〈B〉-133-きたのかた【北の方】〔名〕(1)奥方。(2)北方。

〈A〉-605-いたく【甚く】〔副〕(1)極端に。(2)それほど・・・ない(するな)。

〈C〉-609-いたがる【甚がる・痛がる】〔自ラ四〕〔ら・り・る・るれ・れ〕感心してみせる。

〈B〉-634-なまめく【生めく・艶めく】〔自力四〕〔か・き・く・く・け・け〕(1)若々しい。(2)意外に魅力的だ。(3)自然でさりげない魅力がある。(4)若ぶる。好色めく。

〈A〉-487-さき【先・前】〔名〕(1)先端。(2)前方。(3)過去。先代。(4)将来。(5)上位。重大事。(6)露払い。(7)先陣。

〈A〉-1027-めす【看す・見す】【召す】〔自サ四〕〔さ・し・す・す・せ・せ〕【召す】お乗りになる。〔他サ四〕〔さ・し・す・す・せ・せ〕【見す・看す】(1)御覧になる。(2)統治なさる。【召す】(3)お呼びになる。御寵愛になる。(4)お取り寄せになる。(5)お召しになる。・・・なさる。(6)任命なさる。(7)・・・とお呼びになる。〔補動サ四〕〔さ・し・す・す・せ・せ〕【召す】お・・・になる。

〈A〉-224-あるじ【主・主人】【饗】〔名〕【主・主人】(1)主人。(2)第一人者。〔名・自サ変〕〔せ・し・す・する・すれ・せよ〕【饗】接待。

〈C〉-375-ありありて【在り在りて】〔副〕(1)ずっとこのままで。(2)挙げ句の果てに。

〈C〉-765-さらでも【然らでも】〔連接語〕《さり〔自サ変〕+で〔接助〕+も〔接助〕》ただでさえ・・・なのに。

〈B〉-644-つま【夫・妻】〔名〕(1)夫。あなた。(2)妻。おまえ。(3)オス。メス。

〈C〉-1080-さるやう【然る様】〔連語〕《さる〔連体〕+やう〔名〕》それなりの訳。

〈A〉-1406-あめり【あめり】〔連接語〕《あり〔自ラ変〕+めり〔助動ラ変型〕推量》あるようだ。

〈C〉-125-あそん【朝臣】〔名〕(1)朝臣。(2)君。(3)朝臣。

〈C〉-1462-ななむ【ななむ】〔連接語〕《ぬ〔助動ナ変型〕完了+なむ〔終助〕》・・・てしまってほしい。

〈C〉-286-ろく【禄】〔名〕(1)報酬。(2)御祝儀。

〈B〉-1279-はばかる【憚る】〔自ラ四〕〔ら・り・る・る・れ・れ〕(1)邪魔で進めない。(2)広がる。幅を利かす。〔他ラ四〕〔ら・り・る・る・れ・れ〕遠慮する。

〈C〉-1486-べくは【べくは】〔連接語〕《べし〔助動ク型〕推量+は〔係助〕》もし・・・出来るならば。もし・・・する運命ならば。もし・・・するつもりならば。

〈C〉-1437-ことは【同は】〔副〕同じことならば。

〈A〉-817-まうす【申す】〔他サ四〕〔さ・し・す・す・せ・せ〕(1)申し上げる。・・・という名でいらっしゃる。(2)お願いする。(3)・・・し申し上げる。(4)差し上げる。(5)・・・と言います。〔補動サ四〕〔さ・し・す・す・せ・せ〕お・・・申し上げる。

〈C〉-309-かりぎぬ【狩衣】〔名〕狩衣。

〈C〉-599-なよよか【なよよか】〔形動ナリ〕〔なら・なり/に・なり・なる・なれ・なれ〕(1)柔軟だ。(2)柔和だ。

〈C〉-84-けざやか【けざやか】〔形動ナリ〕[なら・なり／に・なり・なる・なれ・なれ](1)対照的だ。際立つ。(2)露骨だ。

〈C〉-1075-かたちあり【形有り】〔連語〕《かたち[名]+あり[自ラ変]》美貌だ。

〈B〉-137-にょうばう【女房】〔名〕(1)女房。(2)侍女。(3)妻。(4)女性。

〈C〉-103-かしらおろす【頭下ろす】〔連語〕《かしら[名]+おろす[他ラ四]》剃髪する。

〈B〉-976-ひじり【聖】〔名〕(1)高僧。(2)修行僧。(3)聖人君子。(4)名人。(5)天皇。

〈C〉-498-のちのよ【後の世】〔連語〕《のち[名]+の[格助]+よ[名]》(1)後世。(2)来世。

〈B〉-453-ほとり【辺】〔名〕(1)辺境。(2)近辺。(3)近親者。

〈B〉-898-かまびすし【喧し・囂し】〔形ク〕[から・く／かり・し・き／かる・けれ・かれ]〔形シク〕[しから・しく／しかり・し・しき／しかる・しけれ・しかれ]騒がしい。

〈B〉-463-かしこ【彼処】〔代名〕彼方。

〈A〉-982-まうづ【参づ・詣づ】〔自ダ下二〕[で・で・づる・づれ・でよ](1)参詣する。(2)参上する。

〈C〉-290-せうとく【所得】〔名・自サ変〕[せ・し・す・する・すれ・せよ]得ること。

〈C〉-645-やもめ【寡・寡婦】〔鰥〕〔名〕【寡・寡婦】(1)独身女。【鰥】(2)独身男。

〈A〉-297-えさす【得さす】〔連接語〕《う[他ア下二]+さす[助動サ下二型]使役・尊敬》与える。〔補動サ下二〕[せ・せ・す・する・すれ・せよ]〔補動サ下二〕[せ・せ・す・する・すれ・せよ]〔補動サ下二〕[せ・せ・す・する・すれ・せよ]・・・してくれる。

〈C〉-294-えたる【得たる】〔連語〕《う[他ア下二]+たり[助動ラ変型]完了》得意の。

〈C〉-1479-めや【めや】〔連接語〕《む[助動マ四型]推量+や[終助]》(1)・・・(し)ないであろう。(2)・・・などするつもりはない。

〈A〉-708-おどろかす【驚かす】〔他サ四〕[さ・し・す・す・せ](1)起こす。(2)びっくりさせる。(3)気付かせる。(4)忘れた頃にやって来る。久々に手紙を書く。

〈A〉-1283-かしづく【傅く】〔他カ四〕[か・き・く・く・け・け](1)愛育する。(2)お世話申し上げる。

〈B〉-567-ほどこそあれ【程こそ有れ】〔連接語〕《ほど[名]+こそ[係助]+あり[自ラ変]》(1)確かに・・・することはあったが、しかし〜。(2)・・・するや否や〜。

〈C〉-265-まろぶ【転ぶ】〔自バ四〕[ば・び・ぶ・ぶ・べ・べ]転がる。倒れる。

〈B〉-7-むつまし【睦まし】〔形シク〕[しから・しく／しかり・し・しき／しかる・しけれ・しかれ](1)親密だ。(2)慕わしい。

〈C〉-654-いもせ【妹背】〔名〕(1)恋人どうし。夫婦。(2)兄妹。姉弟。

〈B〉-850-いざなふ【誘ふ】〔他ハ四〕[は・ひ・ふ・ふ・へ・へ]勧誘する。

〈A〉-1000-ぬ【寝・寐】〔自ナ下二〕[ね・ね・ぬ・ぬる・ぬれ・ねよ]寝る。共寝する。

〈C〉-969-かたたがへ【方違へ】〔名〕方違へ。

〈C〉-223-あるじまうけ【饗設け】〔名・自サ変〕[せ・し・す・する・すれ・せよ]接待。御馳走。

〈B〉-643-め【妻】【女】【牝・雌】〔名〕【妻】(1)妻女。(2)雌。【女】(3)女性。

〈C〉-1288-あへて【敢へて】〔副〕(1)無理を承知で。思い切って。(2)無理に・・・はしない。(3)全然・・・ない。

〈C〉-637-みだりがはし【濫りがはし・猥りがはし】〔形シク〕[しから・しく／しかり・し・しき／しかる・しけれ・しかれ](1)

乱雑だ。(2)乱暴だ。(3)淫乱だ。

〈C〉-312-ひたたれ【直垂】〔名〕(1)直垂。(2)直垂衾。

〈C〉-307-あこめ【袙・袙】〔名〕(1)袙。(2)袙。

〈C〉-1021-きげん【機嫌・譏嫌】〔名〕(1)他人の非難。(2)他人の思惑。(3)時機。(4)状況。(5)気分。

〈C〉-970-かたふたがる【方塞がる】〔自ラ四〕[ら・り・る・る・れ・れ]方塞りになっている。

〈A〉-955-ものし【物し】〔形シク〕[しから・しく/しかり・し・しき/しかる・しけれ・しかれ](1)無気味だ。(2)気に食わない。

〈C〉-679-ものいみ【物忌み・斎戒】〔名・自サ変〕[せ・し・す・する・すれ・せよ](1)精進潔斎。(2)物忌。(3)物忌の札。

〈C〉-437-はかなくなる【果無くなる・果敢無くなる】〔連語〕《はかなし〔形ク〕+なる〔自ラ四〕》死ぬ。

〈C〉-436-むなしくなる【空しくなる・虚しくなる】〔連語〕《むなし〔形シク〕+なる〔自ラ四〕》死ぬ。

〈C〉-431-かぎりあるみち【限りある道】〔連語〕《かぎり〔名〕+あり〔自ラ変〕+みち〔名〕》死ぬこと。

〈B〉-719-いかがはせむ【如何はせむ】〔連語〕《いかが〔副〕+は〔係助〕+す〔自サ変〕+む〔助動マ四型推量〕》(1)どうしたらよいだろうか。(2)どうなるというのか(どうしようもないではないか)。

〈C〉-433-ともかくもなる【ともかくもなる】〔連語〕《と〔格助〕+も〔係助〕+かく〔副〕+も〔係助〕+なる〔自ラ四〕》死ぬ。

〈B〉-1300-こほつ【毀つ】〔他タ四〕[た・ち・つ・つ・て・て](1)破壊する。(2)除去する。

〈C〉-544-やおそき【や遅き】〔連接語〕《や〔格助〕+おそし〔形ク〕》・・・するのが待ち遠しい。

〈C〉-1378-しづごころ【静心】〔名〕心穏やかなこと。

〈C〉-909-まくらうく【枕浮く】〔連語〕《まくら〔名〕+うく〔自カ四〕》枕を泣き濡らす。

〈C〉-497-のちのこと【後の事】〔名〕(1)将来の事。来世の事。(2)死後の法事。(3)後産。

〈B〉-592-やつす【窶す・俏す】〔自サ四〕[さ・し・す・す・せ・せ]くつろぐ。〔他サ四〕[さ・し・す・す・せ・せ](1)目立たぬ身なりをする。(2)僧形になる。(3)熱中する。(4)似せる。

〈C〉-695-むくつけなし【むくつけなし】〔形ク〕[から・く/かり・し・き/かる・けれ・かれ](1)無気味だ。(2)呆れた。風情も何もあったものじゃない。

〈C〉-1325-むねつぶる【胸潰る】〔連語〕《むね〔名〕+つぶる〔自ラ下二〕》胸がどきどきする。

〈A〉-234-うし【憂し】〔形ク〕[から・く/かり・し・き/かる・けれ・かれ](1)憂鬱だ。(2)気が乗らない。(3)薄情だ。〔接尾ク型〕・・・したくない。

〈B〉-764-さらで【然らで】〔連接語〕《さり〔自ラ変〕+で〔接助〕》そうではなくて。

〈C〉-979-みかうしまゐる【御格子参る】〔連語〕《み〔接頭〕+かうし〔名〕+まゐる〔他ラ四〕》格子戸を上げて(下げて)差し上げる。

〈A〉-984-まかづ【罷づ】〔自ダ下二〕[で・で・づ・づる・づれ・でよ](1)退出申し上げる。(2)おいとま申し上げて行く(来る)。(3)行きます。〔他ダ下二〕[で・で・づ・づる・づれ・でよ]お下げする。

〈C〉-415-いきいづ【生き出づ】〔自ダ下二〕[で・で・づ・づる・づれ・でよ]息を吹き返す。生きた心地がする。

〈B〉-960-もののけ【物の怪・物の気】〔名〕物の怪。

〈C〉-1428-ごさんなれ【ごさんなれ】〔連接語〕《に〔格助〕+こそ〔係助〕+あり〔自ラ変〕+なり〔助動ラ変型伝聞推量〕》(1)どうやら・・・であるようだ。《に〔格助〕+こそ〔係助〕+あり〔自ラ変〕+なり〔助動ナリ型断定〕》(2)・・・である。

〈C〉-435-あさましくなる【あさましくなる】〔連語〕《あさまし〔形シク〕+なる〔自ラ四〕》亡くなる。

〈B〉-145-おとど【大殿・大臣】〔名〕(1)御殿。(2)大臣。(3)・・・様。

〈C〉-430-よみぢ【黄泉】〔名〕(1)あの世。(2)死出の旅立ち。

〈C〉-616-こころのおに【心の鬼】〔連語〕《こころ〔名〕+の〔格助〕+おに〔名〕》(1)疑心暗鬼。(2)良心の呵責。

〈B〉-883-ひがめ【僻目】〔名〕(1)横目。(2)見間違い。

〈B〉-418-わうじゃう【往生】〔名・自サ変〕[せ・し・す・する・すれ・せよ](1)極楽往生。(2)死ぬこと。(3)諦めること。

〈B〉-300-たうぶ【賜ぶ・給ぶ】〔他バ四〕[ば・び・ぶ・ぶ・べ・べ]下さる。〔補動バ四〕[ば・び・ぶ・ぶ・べ・べ]お・・・になる。

〈B〉-712-あなかま【あな喧】〔連語〕《あな〔感〕+かまし〔形ク〕》やかましい。静かに。

〈C〉-473-やりみづ【遣り水】〔名〕遣り水。

〈C〉-1152-けうにして【希有にして】〔連語〕《けう〔名・形動ナリ〕+して〔接助〕》辛うじて。

〈C〉-1189-はふはふ【這ふ這ふ】〔副〕やっとの思いで。慌てふためいて。

〈C〉-155-ひととなる【人と成る】〔連語〕《ひと〔名〕+と〔格助〕+なる〔自ラ四〕》(1)成人する。(2)正気に返る。

〈B〉-722-いかにも【如何にも】〔連接語〕《いかに〔副〕+も〔係助〕》(1)いかようにも。(2)決して・・・ない。(3)何が何でも。(4)はなはだ。(5)おっしゃる通りです。

〈A〉-264-わろし【悪し】〔形ク〕[から・く／かり・し・き／かる・けれ・かれ](1)よくない。(2)正しくない。(3)醜悪だ。(4)下手だ。(5)衰退している。貧乏だ。(6)たちが悪い。

〈A〉-1248-たばかる【謀る】〔他ラ四〕[ら・り・る・る・れ・れ](1)謀略を巡らす。(2)計画する。(3)相談する。

〈B〉-420-きゆ【消ゆ】〔自ヤ下二〕[え・え・ゆ・ゆる・ゆれ・えよ](1)消滅する。(2)失せる。(3)死滅する。(4)気絶する。

〈B〉-1454-だにも【だにも】〔連接語〕《だに〔副助〕+も〔係助〕》(1)・・・でさえも。(2)せめて・・・だけでも。

〈A〉-419-いぬ【往ぬ・去ぬ】〔自ナ変〕[な・に・ぬ・ぬる・ぬれ・ね](1)立ち去る。帰る。(2)過ぎ去る。(3)亡くなる。

〈B〉-906-ひつ【漬つ・沾つ】〔他タ下二〕[て・て・つ・つる・つれ・てよ]浸す。〔自タ四〕[た・ち・つ・つ・て・て]〔自タ上二〕[ち・ち・つ・つる・つれ・ちよ]浸る。

〈B〉-511-かへるとし【返る年】〔連語〕《かへる〔自ラ四〕+とし〔名〕》翌年。

〈B〉-510-こぞ【去年】【昨夜】〔名〕【去年】(1)去年。【昨夜】(2)昨夜。(一説に)今夜。

〈C〉-50-おのがどち【己がどち】〔名〕仲間同士。〔副〕仲間内で。

〈C〉-1377-おちゐる【落ち居る】〔自ワ上一〕[ゐ・ゐ・ゐる・ゐる・ゐれ・ゐよ](1)くつろいで座る。(2)定着する。(3)安心する。

〈C〉-1374-うしろめたなし【後ろめたなし】〔形ク〕[から・く／かり・し・き／かる・けれ・かれ](1)気懸かりだ。(2)要注意だ。(3)後ろ暗い。

〈C〉-105-かざりをおろす【飾りを下ろす】〔連語〕《かざり〔名〕+を〔格助〕+おろす〔他サ四〕》頭を丸める。

〈B〉-557-しだい【次第】〔名〕(1)順序。(2)経緯。〔接尾〕(1)・・・のままに。(2)・・・するや否や。

〈A〉-274-すさぶ【荒ぶ・遊ぶ】〔自バ上二〕[び・び・ぶ・ぶる・ぶれ・びよ]〔自バ四〕[ば・び・ぶ・ぶ・べ・べ](1)ますます盛

大学入試古文対策→ http://fusaugatari.com

んになる。(2)勝手気ままに…する。(3)わずかに…する。〔補動バ上二〕〔び・び・ぶ・ぶる・ぶれ・びよ〕〔補動バ四〕〔ば・び・ぶ・ぶ・べ・べ〕(1)盛んに…する。(2)勝手気ままに…する。(3)…しなくなる。

⟨B⟩-844 いふばかりなし【言ふ計り無し】〔連語〕《いふ〔他ハ四〕＋ばかり〔副助〕＋なし〔形ク〕》何とも言いようがない。

⟨C⟩-1059 よににず【世に似ず】〔連語〕《よ〔名〕＋に〔格助〕＋にる〔自ナ上一〕＋ず〔助動特殊型打消〕》無類のものだ。

⟨A⟩-620 こちたし【言痛し・事痛し】〔形ク〕〔から・く／かり・し・き／かる・けれ・かれ〕(1)世間が大騒ぎしている。(2)多すぎる。(3)仰々しい。

⟨C⟩-698 よだけし【弥猛し】〔形ク〕〔から・く／かり・し・き／かる・けれ・かれ〕(1)大袈裟だ。(2)面倒臭い。

⟨C⟩-1144 にくむ【憎む】〔他マ四〕〔ま・み・む・む・め・め〕(1)不快に思う。(2)責める。

⟨A⟩-1429 ばこそ【ばこそ】〔連接語〕《ば〔接助〕＋こそ〔係助〕》(1)もし…ならばきっと～。(2)…だからこそ～だ。(3)実際、…ないのだから。

⟨C⟩-33 あふせ【逢ふ瀬】〔名〕逢い引き(の場面)。

⟨A⟩-231 あく【飽く・厭く】〔自力四〕〔か・き・く・く・け・け〕(1)満足する。(2)げんなりする。(3)十分…する。(4)あまりにも…しすぎる。

⟨C⟩-233 あかぬわかれ【飽かぬ別れ】〔連語〕《あく〔自力四〕＋ず〔助動特殊型打消〕＋わかれ〔名〕》惜別。

⟨C⟩-64 よがれ【夜離れ】〔名〕男女間の仲が冷えること。

⟨B⟩-539 まにまに【随に】〔連接語〕《まにま〔名〕＋に〔格助〕》(1)…通りに。(2)…につれて。

⟨A⟩-1379 つきづきし【付き付きし】〔形シク〕〔しから・しく／しかり・し・しき／しかる・しけれ・しかれ〕(1)相応しい。(2)もっともらしい。

⟨C⟩-1137 うれたし【概たし】〔形ク〕〔から・く／かり・し・き／かる・けれ・かれ〕腹立たしい。

⟨C⟩-1107 うつしざま【現し様】〔名・形動ナリ〕〔なら・なり／に・なり・なる・なれ・なれ〕(1)日常生活。(2)正気。

Story_14:『宿り絵』

〈B〉-523-さいつころ【先つ頃】〔名〕先頃。

〈B〉-524-なかごろ【中頃】〔名〕(1)そう遠くない昔。(2)かつて。

　〈C〉-788-くれがし【某】〔代名〕だれそれ。

〈A〉-657-おとうと【弟・妹】〔名〕弟。妹。

〈A〉-65-あかつき【暁】〔名〕早暁。

〈B〉-907-ひる【干る・乾る】〔自ハ上一〕[ひ・ひ・ひる・ひる・ひれ・ひよ] (1)乾く。(2)干潮になる。水かさが減る。

〈A〉-1380-つきなし【付き無し】〔形ク〕[から・く／かり・し・き／かる・けれ・かれ] (1)不似合いだ。(2)好感が持てない。(3)手だてがない。(4)頼りない。

　〈C〉-382-ゐざる【膝行る・居ざる】〔自ラ四〕[ら・り・る・る・れ・れ] (1)膝行する。(2)這うように進む。

〈B〉-35-きぬぎぬ【衣衣・後朝】〔名〕(1)後朝の別れ。情事の翌朝。(2)離別。

　〈C〉-62-よさり【夜さり】〔名〕夜になる頃。今夜。

〈B〉-986-かちより【徒歩より・徒より】〔連語〕《かち〔名〕＋より〔格助〕》徒歩で。

〈A〉-983-まかる【罷る】〔自ラ四〕[ら・り・る・る・れ・れ] (1)地方に任官する。(2)退出申し上げる。(3)行きます。(4)参上する。(5)この世を去る。(6)・・・致します。万一・・・なら。

〈B〉-67-あさぼらけ【朝朗け】〔名〕明け方。

〈B〉-79-くま【隈・曲】〔名〕(1)曲がり角。(2)片隅。片田舎。(3)陰。(4)隠し事。(5)短所。(6)・・・なところ。(7)隈取り。

〈B〉-574-ひにけに【日に異に】〔連語〕《ひ〔名〕＋に〔格助〕＋けに〔副〕》日増しに。

〈B〉-1006-いぎたなし【寝汚し】〔形ク〕[から・く／かり・し・き／かる・けれ・かれ] (1)熟睡している。寝入ってしまった。(2)朝寝坊だ。

〈A〉-591-なやまし【悩まし】〔形シク〕[しから・しく／しかり・し・しき／しかる・しけれ・しかれ] (1)だるい。(2)病気だ。心苦しい。

〈A〉-981-もていく【もて行く】〔自カ四〕[か・き・く・く・け・け] だんだん・・・ていく。

　〈C〉-63-よは【夜半】〔名〕夜。

　〈C〉-179-そま【杣】〔名〕(1)伐採用樹木。(2)伐採用山林。(3)木樵。

　〈C〉-181-えびす【夷・戎】〔名〕(1)田舎者。(2)坂東武者。(3)東国の人間。(4)異邦人。

　〈C〉-180-やまがつ【山賤】〔名〕(1)山に住む下層民。(2)山の家。粗末な家屋。

　〈C〉-249-ゆゑゆゑし【故故し】〔形シク〕[しから・しく／しかり・し・しき／しかる・しけれ・しかれ] 格調高い。格式張っている。

　〈C〉-465-そこもと【其処許】〔代名〕その場所。

〈A〉-1310-さぶ【荒ぶ・寂ぶ・錆ぶ】〔自バ上二〕[び・び・ぶ・ぶる・ぶれ・びよ]【荒ぶ・寂ぶ】(1)衰亡する。荒れ果てる。(2)寂しく思う。(3)古びる。時の重みが感じられる。【錆ぶ】(4)色褪せる。錆びる。

〈C〉-104-みぐしおろす【御髪下ろす】〔連語〕《み〔接頭〕+くし〔名〕+おろす〔他サ四〕》出家する。
〈A〉-1207-かまふ【構ふ】〔自ハ下二〕[へ・へ・ふ・ふる・ふれ・へよ]身構える。正装する。〔自ハ四〕[は・ひ・ふ・ふ・へ・へ]関与する。〔他ハ下二〕[へ・へ・ふ・ふる・ふれ・へよ](1)組み立てる。話をでっち上げる。(2)準備する。身構える。(3)企てる。(4)やりくりする。
〈B〉-1079-あるやう【有る様】〔連語〕《あり〔自ラ変〕+やう〔名〕》(1)有様。(2)事情。
〈C〉-457-をちこち【彼方此方・遠近】〔名〕(1)遠くと近く。あちらこちら。(2)未来と現在。
〈C〉-449-しりへ【後・後方】〔名〕(1)後方。(2)後手。
〈C〉-1076-かたちをかふ【形を変ふ】〔連語〕《かたち〔名〕+を〔格助〕+かふ〔他ハ下二〕》出家する。
〈C〉-451-かへさ【帰さ】〔名〕帰り道。
〈C〉-910-きりふたがる【霧り塞がる】〔自ラ四〕[ら・り・る・る・れ・れ](1)濃霧で先が見えない。(2)目の前が暗くなる。
〈A〉-515-つとめて【つとめて】〔名〕(1)早朝。(2)翌朝。
〈C〉-964-げん【験】〔名〕(1)霊験。(2)効き目。
〈C〉-975-そうづ【僧都】〔名〕僧都。
〈C〉-968-かぢ【加持】〔名〕加持祈祷。
〈C〉-1392-ものもおぼえず【物も覚えず】〔連語〕《もの〔名〕+も〔係助〕+おぼゆ〔他ヤ下二〕+ず〔助動特殊型打消〕》(1)無我夢中だ。(2)無茶苦茶だ。
〈C〉-600-たゆし【弛し・懈し】〔形ク〕[から・く/かり・し・き/かる・けれ・かれ](1)かったるい。(2)のろのろしている。(3)ゆったりしている。
〈A〉-590-なやむ【悩む】〔自マ四〕[ま・み・む・む・め・め](1)病苦に悩む。(2)苦悩する。(3)とやかく言う。〔補動マ四〕[ま・み・む・む・め・め]うまく・・・しない。
〈B〉-434-いふかひなくなる【言ふ甲斐無くなる】〔連語〕《いふ〔他ハ四〕+かひ〔名〕+なし〔形ク〕+なる〔自ラ四〕》死ぬ。
〈B〉-1488-ざらまし【ざらまし】〔連語〕《ず〔助動特殊型打消〕+まし〔助動特殊型推量〕》(1)(もし・・・だったなら)〜なかっただろうに。(2)もし・・・なかったならば。
〈B〉-1309-しわぶ【為侘ぶ】〔他バ上二〕[び・び・ぶ・ぶる・ぶれ・びよ]持て余す。
〈C〉-965-げんず【現ず・験ず】〔自サ変〕[ぜ・じ・ず・ずる・ずれ・ぜよ]姿を現わす。霊験あらたかである。〔他サ変〕[ぜ・じ・ず・ずる・ずれ・ぜよ]現出する。しでかす。
〈C〉-1470-ななり【ななり】〔接続語〕《なり〔助動ナリ型断定〕+なり〔助動ラ変型伝聞推量〕》(1)・・・であるようだ。(2)・・・だそうだ。
〈A〉-547-ふ【経・歴】〔自ハ下二〕[へ・へ・ふ・ふる・ふれ・へよ](1)経過する。(2)通過する。(3)経験する。
〈C〉-18-みなる【見馴る・見慣る】〔自ラ下二〕[れ・れ・る・るる・るれ・れよ](1)見慣れる。(2)馴染む。
〈A〉-251-よし【由・因・縁】〔名〕(1)原因。(2)二流の血統。(3)上品な嗜好。(4)風情。(5)縁故。血縁(者)。(6)方法。(7)様子。
〈C〉-1449-てば【てば】〔接続語〕《つ〔助動サ下二型完了〕+ば〔接助〕》・・・たならば。
〈C〉-1348-なほあり【猶有り】〔連語〕《なほ〔副〕+あり〔自ラ変〕》ただ手をこまねいている。

〈B〉-409-こもる【籠る・隠る】〔自ラ四〕[ら・り・る・る・れ・れ]⑴囲まれている。⑵充満している。⑶隠れる。⑷引き籠もる。⑸参籠する。⑹籠城する。⑺将来性がある。

〈B〉-1371-やすからず【安からず】〔連語〕《やすし[形ク]＋ず[助動特殊型]打消》⑴心穏やかでない。⑵不安だ。⑶とんでもない。

〈B〉-610-いたつく【労く・病く】〔自カ四〕[か・き・く・く・け・け]⑴病気になる。疲弊する。⑵骨を折る。〔他カ四〕[か・き・く・く・け・け]いたわる。

〈C〉-1172-けだい【懈怠】〔名・自サ変〕[せ・し・す・する・すれ・せよ]⑴修行怠慢。⑵怠惰。

〈B〉-769-さりぬべし【然りぬべし】〔連接語〕《さり[自ラ変]＋ぬ[助動ナ変型]完了＋べし[助動ク型]推量》⑴当然そうあるべきだ。⑵相当なものだ。

〈B〉-768-さること【然る事】〔連語〕《さる[連体]＋こと[名]》⑴そのようなこと。⑵然るべきこと。⑶言うまでもないこと。⑷たいしたこと。

〈C〉-1465-らむ【らむ】〔連接語〕《り[助動ラ変型]存続＋む[助動マ四型]推量》・・・ていることだろう。

〈B〉-1481-をや【をや】〔連接語〕《を[格助]＋や[係助]》⑴・・・を～だろうか？⑵・・・を～ということはあるまい。⑶・・・でさえ～なのだ、まして───が～なのは言うまでもない。《を[間助]＋や[間助]》⑷・・・だなあ。

〈C〉-237-うむ【倦む】〔自マ四〕[ま・み・む・む・め・め]嫌気がさす。

〈C〉-1352-なみなみ【並み並み】〔名〕同程度。〔形動ナリ〕[なら・なり／に・なり・なる・なれ・なれ]ありきたりだ。

〈C〉-1176-おしたつ【押し立つ】〔自タ四〕[た・ち・つ・つ・て・て]強引に振る舞う。〔他タ下二〕[て・て・つ・つる・つれ・てよ]⑴無理強いする。⑵堅く閉ざす。

〈B〉-492-つひ【終】〔名〕⑴晩年。臨終。⑵結末。

Story_15:『紫陽花恋』

〈B〉-128-とうぐう【東宮・春宮】〔名〕(1)東宮御所。(2)皇太子。
〈B〉-401-いますがり【在すがり・坐すがり】〔自ラ変〕[ら・り・る・れ・れ]いらっしゃる。おありになる。〔補動ラ変〕[ら・り・る・れ・れ]・・・(て／で)いらっしゃる。
〈A〉-647-めのと【乳母・傅】〔名〕【乳母】(1)乳母。【傅】(2)御守役。
〈B〉-626-いたいけ【幼気】〔形動ナリ〕[なら・なり／に・なり・なる・なれ・なれ]何とも可愛い。
〈B〉-640-ちご【児・稚児】〔名〕(1)乳飲み子。子供。(2)お寺の小僧。
〈B〉-1420-なりき【なりき】〔連接語〕《なり[助動ナリ型]断定+き[助動特殊型]過去》・・・であった。
　　〈C〉-130-せちゑ【節会】〔名〕節会。
〈A〉-9-ねんごろ【懇】〔形動ナリ〕[なら・なり／に・なり・なる・なれ・なれ](1)熱心だ。(2)親密だ。(3)度を超している。
〈B〉-638-らうがはし【乱がはし】〔形シク〕[しから・しく／しかり・し・しき／しかる・しけれ・しかれ](1)乱雑だ。(2)無礼だ。(3)耳障りだ。
〈B〉-1280-ところおく【所置く】〔自カ四〕[か・き・く・く・け・け](1)遠慮する。(2)一目置く。
〈B〉-1391-おもほす【思ほす】〔他サ四〕[さ・し・す・す・せ・せ]お思いになる。
〈B〉-404-まします【坐します】〔自サ四〕[さ・し・す・す・せ・せ](1)(・・・に)おられる。(2)(・・・を)お持ちでいらっしゃる。〔補動サ四〕[さ・し・す・す・せ・せ](1)・・・でいらっしゃる。(2)・・・でいらっしゃる。
〈B〉-127-みこ【御子・皇子】〔名〕(1)皇子。皇女。(2)親王。
〈A〉-1433-もぞ【もぞ】〔連接語〕《も[係助]+ぞ[係助]》(1)・・・したりするといけない。(2)・・・もまた。
〈A〉-513-つごもり【晦・晦日】〔名〕(1)月末。(2)末日。
　　〈C〉-475-みす【御簾】〔名〕貴所の簾。
〈B〉-822-けいす【啓す】〔他サ変〕[せ・し・す・する・すれ・せよ]申し上げる。
　　〈C〉-1169-けけし【けけし】〔形シク〕[しから・しく／しかり・し・しき／しかる・しけれ・しかれ]変によそよそしい。
　　〈C〉-914-さみだる【五月雨る】〔自ラ下二〕[れ・れ・る・るる・るれ・れよ]五月雨が降る。
〈A〉-110-くもゐ【雲居・雲井】〔名〕(1)天空。(2)雲。(3)遙か彼方。(4)宮中。都。
　　〈C〉-56-あめがした【天が下】〔名〕(1)この世。(2)天下。国家。国政。
〈B〉-1414-えあらず【えあらず】〔連接語〕《え[副]+あり[補動ラ変]+ず[助動特殊型]打消》到底・・・できない。
　　〈C〉-403-おもと【御許】〔名〕(1)御座所。(2)・・・の方。(3)御方。〔代名〕(1)あなた。(2)あの方。
　　〈C〉-1272-めもあや【目も奇】〔形動ナリ〕[なら・なり／に・なり・なる・なれ・なれ](1)目も眩むほど素晴らしい。(2)見るに堪えない。
　　〈C〉-135-にょうご【女御】〔名〕女御。
〈A〉-925-ためし【例し・試し】〔名〕(1)見本。(2)前例。(3)証拠。(4)試し切り。
〈B〉-693-いちはやし【逸早し】〔形ク〕[から・く／かり・し・き／かる・けれ・かれ](1)霊験あらたかだ。(2)激越だ。(3)性急だ。
　　〈C〉-136-かうい【更衣】〔名〕(1)衣替え。(2)更衣。

〈C〉-134-みやすどころ【御息所】〔名〕(1)帝の御寵愛を受ける女官。(2)皇太子妃。親王妃。

〈C〉-578-かねごと【予言】〔名〕予言。約束。

〈A〉-191-きよし【清し】〔形ク〕[から・く/かり・し・き/かる・けれ・かれ](1)清らかに美しい。(2)爽快だ。(3)心がきれいだ。(4)潔い。(5)きれいさっぱり。

〈B〉-1150-からし【辛し】〔形ク〕[から・く/かり・し・き/かる・けれ・かれ](1)塩辛い。(2)ひどい。(3)切ない。(4)不愉快だ。(5)危うい。

〈B〉-295-えたり【得たり】〔連語〕《う[他ア下二]＋たり[助動ラ変型]完了》やった。

〈A〉-399-います【在す・坐す】〔自サ変〕[せ・し・す・する・すれ・せよ](1)いらっしゃる。おありになる。(2)行かれる。来られる。〔自サ四〕[さ・し・す・す・せ](1)いらっしゃる。おありになる。(2)行かれる。来られる。〔他サ下二〕[せ・せ・す・する・すれ・せよ]居ていただく。行かせ申し上げる。〔補動サ変〕[せ・し・す・する・すれ・せよ]・・・(て／で)いらっしゃる。〔補動サ四〕[さ・し・す・す・せ]・・・(て／で)いらっしゃる。

〈C〉-468-いづち【何方・何処】〔代名〕どの方向。〔副〕どの方向へ。

〈B〉-1001-いをぬ【寝を寝】〔連接語〕《い[名]＋を[係助]＋ぬ[自下二]》寝る。

〈B〉-443-あからめ【傍目】〔名・自サ変〕[せ・し・す・する・すれ・せよ](1)よそ見。(2)心変わり。(3)雲隠れ。

〈B〉-126-みや【宮】〔名〕(1)神社。(2)御所。皇族の居所。(3)・・・宮。

〈C〉-129-みゆき【行幸・御幸】〔名〕天皇(上皇・法皇・女院)のお出まし。

〈A〉-217-あそばす【遊ばす】〔他サ四〕[さ・し・す・す・せ](1)管弦・詩歌・遊芸などをなさる。(2)・・・なさる。

〈B〉-131-みかど【御門・帝】〔名〕(1)御門。(2)皇居。皇室。(3)天皇。皇国。

〈B〉-824-のたまはす【宣はす】〔他サ下二〕[せ・せ・す・する・すれ・せよ]仰せになる。

〈C〉-481-もろこし【唐土】〔名〕中国。

〈C〉-480-てんぢく【天竺】〔名〕(1)インド。(2)空。

〈C〉-602-わななく【戦慄く】〔自力四〕[か・き・く・く・け・け](1)ぶるぶる震える。(2)声・音が震える。(3)縮れる。曲がりくねる。(4)動揺が走る。

〈B〉-400-ます【座す・坐す】〔自サ四〕[さ・し・す・す・せ](1)(・・・に／・・・で)いらっしゃる。(2)いらっしゃる。〔補動サ四〕[さ・し・す・す・せ]お・・・になる。

〈A〉-1028-ごらんず【御覧ず】〔他サ変〕[ぜ・じ・ず・ずる・ずれ・ぜよ]御覧になる。

〈A〉-303-かづく【被く・潜く】〔自力四〕[か・き・く・く・け・け]【潜く】潜水する。海藻類を採る。〔他力下二〕[け・け・く・くる・くれ・けよ]【被く】(1)すっぽりかぶせる。(2)褒美をやる。【潜く】(3)潜水させる。〔他力四〕[か・き・く・く・け・け]【被く】(1)すっぽりかぶる。(2)褒美を戴く。

〈C〉-556-みすつ【見捨つ】〔他タ下二〕[て・て・つ・つる・つれ・てよ]置き去りにする。

〈C〉-542-やにはに【矢庭に】〔副〕すぐさま。

Story_16:『見し夢』

〈C〉-987-あじろ【網代】〔名〕(1)網代。(2)網代。(3)網代車。

〈C〉-98-あげず【上げず】〔連接語〕《あぐ[他ガ下二]＋ず[助動詞接続型]打消》・・・と間を空けずに。

〈A〉-240-うきよ【憂き世】【浮き世】〔名〕【憂き世】(1)辛い世の中。しんどい世間。(2)悩み多き男女関係。

〈B〉-16-ならひ【慣らひ・習ひ】〔名〕(1)習慣。(2)風習。世の常。(3)学習(内容)。

〈C〉-911-そでかたしく【袖片敷く】〔連語〕《そで[名]＋かた[接頭]＋しく[他カ四]》独り寝をする。

〈A〉-551-ふる【古る・旧る】〔自ラ上二〕[り・り・る・るる・るれ・りよ](1)古ぼける。(2)年老いる。(3)感銘が薄らぐ。

〈B〉-1014-かをる【薫る】〔自ラ四〕[ら・り・る・る・れ・れ](1)いい臭いがする。(2)ほんのり美しい。(3)霞みたなびく。

〈C〉-1324-むねはしる【胸走る】〔連語〕《むね[名]＋はしる[自ラ四]》胸がどきどきする。

〈B〉-1005-いざとし【寝聡し】〔形ク〕[から・く／かり・し・き／かる・けれ・かれ]寝起きがよい。目が覚めやすい。

〈B〉-1431-あらばこそ【あらばこそ】〔連接語〕《あり[自ラ変]＋ば[接助]＋こそ[係助]》(1)(まずあり得ないことだが)もし・・・だとしたら。(2)・・・だなんてことはあり得ない。

〈C〉-376-ありのすさび【有りの遊び】〔連語〕《あり[自ラ変]＋の[格助]＋すさび[名]》惰性的生活態度。忘恩。

〈C〉-1114-ゆめあはせ【夢合はせ】〔名〕夢占い(をする人)。

〈C〉-94-おぼほる【溺ほる】【惚ほる】〔自ラ下二〕[れ・れ・る・るる・るれ・れよ]【溺ほる】(1)溺れる。(2)涙に咽ぶ。【惚ほる】(3)よくわからない。(4)惚ける。呆然とする。(5)耽溺する。(6)とぼける。

〈C〉-646-とじ【刀自】〔名〕(1)主婦。(2)女性。(3)家政婦。(4)宮中の女雑用係。

〈B〉-1306-おもひいる【思ひ入る】〔自ラ四〕[ら・り・る・る・れ・れ](1)思い詰める。(2)望んで入る。〔他ラ下二〕[れ・れ・る・るる・るれ・れよ]心に刻む。

〈A〉-741-さらぬ【避らぬ】〔連接語〕《さる[他ラ四]＋ず[助動詞接続型]打消》避けようがない。

〈C〉-1259-ぎ【儀】【義】〔名〕【儀】(1)儀式。式次第。(2)理由。(3)成り行き。【義】(4)道理。(5)教義。(6)意味。【儀】(7)・・・につきまして、ですが。

〈C〉-144-じゅだい【入内】〔名・自サ変〕[せ・し・す・する・すれ・せよ]入内。

〈B〉-874-おもひけつ【思ひ消つ】〔他タ四〕[た・ち・つ・つ・て・て](1)無理にも忘れようとする。(2)軽視する。無視する。

〈C〉-495-ご【期】〔名〕(1)時期。(2)限度。(3)臨終。

〈B〉-205-そらだのめ【空頼め】〔名〕空約束をすること。

〈C〉-838-とか【とか】〔連接語〕《と[格助]＋か[係助]》(1)・・・が原因で～なのか。(2)・・・とかいうことだ。

〈B〉-674-いつくし【厳し・美し】〔形シク〕[しから・しく／しかり・し・しき／しかる・しけれ・しかれ](1)厳かだ。(2)厳格だ。(3)美麗である。

〈B〉-676-いはふ【斎ふ】【祝ふ】〔他ハ四〕[は・ひ・ふ・ふ・へ・へ]【斎ふ】(1)祭祀を執り行なう。(2)守護する。(3)精進潔斎する。【祝ふ】(4)祈願する。祝福する。

〈C〉-734-しかすがに【然すがに】〔副〕…ではあるが、そうは言ってもやはり〜である。いくら…だとしても、〜はあるまい。

〈B〉-742-さらぬわかれ【避らぬ別れ】〔連語〕《さる[他ラ四]＋ず[助動辞特殊型]打消]＋わかれ[名]》避けようのない運命の死別。

〈B〉-959-ものぐるほし【物狂ほし】〔形シク〕[しから・しく/しかり・し・しき/しかる・しけれ・しかれ](1)どことなく変だ。(2)狂ったようだ。

〈C〉-485-こしかた【来し方】〔名〕(1)ここまでの経路。(2)過去。

〈C〉-603-ゑふ【酔ふ】〔自ハ四〕[は・ひ・ふ・ふ・へ・へ](1)酔っぱらう。(2)食中毒になる。(3)乗り物酔いする。(4)心を奪われる。

〈C〉-147-おほとなぶら【大殿油】〔名〕殿中の灯火。

〈C〉-685-くし【奇し】〔形シク〕[しから・しく/しかり・し・しき/しかる・しけれ・しかれ]神秘的だ。

〈A〉-278-すごし【凄し】〔形ク〕[から・く/かり・し・き/かる・けれ・かれ](1)荒涼としている。(2)無気味だ。(3)素晴らしい。

〈A〉-146-おほとのごもる【大殿籠る】〔自ラ四〕[ら・り・る・る・れ・れ]お休みになる。

〈C〉-861-いさよひのつき【十六夜の月】〔名〕十六晩目の月。

〈C〉-232-あかなくに【飽かなくに】〔連接語〕《あく[自カ四]＋ず[助動辞特殊型]打消]＋に[接助]》まだ飽き足りないのに。

〈B〉-1181-しふ【強ふ】〔他ハ上二〕[ひ・ひ・ふ・ふる・ふれ・ひよ]強行する。

〈A〉-266-をし【愛し】【惜し】〔形シク〕[しから・しく/しかり・し・しき/しかる・しけれ・しかれ]【愛し】(1)とても愛おしい。【惜し】(2)失いたくない。名残が尽きない。

〈C〉-913-しぐれ【時雨】〔名〕(1)驟雨。(2)涙。落涙。

〈C〉-123-おほんぞ【御衣】〔名〕お召し物。

〈C〉-1285-しがらみ【柵】〔名〕(1)柵。(2)阻害要因。

〈B〉-1154-がてに【がてに】〔連接語〕《かつ[補動サ下二]＋ず[助動辞特殊型]打消]》…し難くて。

〈B〉-796-などか【などか】〔副〕(1)何故…か？(2)どうして…なものか。

〈B〉-1238-きる【切る】〔自ラ下二〕[れ・れ・る・るる・るれ・れよ](1)途切れる。(2)決着が付く。(3)逸脱する。〔他ラ四〕[ら・り・る・る・れ・れ](1)切る。(2)期限を設定する。(3)決着を付ける。(4)…し尽くす。

〈C〉-1119-たまのを【玉の緒】〔名〕(1)玉飾り。(2)束の間の時。(3)生命力。

〈C〉-310-さしぬき【指貫】〔名〕指貫。

〈C〉-1118-たま【玉・珠】〔名〕(1)宝玉。(2)涙、露、滴。(3)玉のような。〔接頭〕美しい。

〈C〉-402-おまし【御座】〔名〕(1)御座所。(2)御敷物。

〈C〉-287-はむ【食む】〔他マ四〕[ま・み・む・む・め・め](1)飲食する。口をぱくつかせる。(2)害する。(3)頂戴する。

〈B〉-1464-つらむ【つらむ】〔連接語〕《つ[助動サ下二型]完了]＋らむ[助動ラ四型]現在推量]》(1)既にもう…してしま

っていることだろう。(2)今まで・・・し続けてきたのだろう。

〈B〉-76-つきかげ【月影】〔名〕(1)月明かり。(2)月の姿。(3)月下の姿。

〈C〉-1490-てまし【てまし】〔連接語〕《つ〔助動サ下二型〕完了+まし〔助動特殊型〕推量》(1)もし・・・てしまったならば。(2)きっと・・・だっただろうに。(3)果たして・・・なものかどうか。(4)どうか・・・してほしい。

〈B〉-1425-こそなからめ【こそなからめ】〔連接語〕《こそ〔係助〕+なし〔形ク〕+む〔助動マ四型〕推量》・・・ないのは仕方ないにしても。

〈C〉-1461-てむや【てむや】〔連接語〕《つ〔助動サ下二型〕完了+む〔助動マ四型〕推量+や〔終助〕》(1)・・・してはくれまいか。(2)・・・だろうか(いや、ない)。

〈A〉-95-あがる【上がる・揚がる・騰がる】〔自ラ四〕[ら・り・る・る・れ・れ](1)上がる。高くなっている。(2)昇進する。(3)あがる。(4)その昔は。(5)参上する。(6)のぼせる。〔他ラ四〕[ら・り・る・る・れ・れ]召し上がる。

〈C〉-1483-さしもやは【さしもやは】〔連接語〕《さしも〔副〕+やは〔係助〕》そんなことがあろうか?いや、ない。

〈B〉-508-けふ【今日】〔名〕本日。

〈A〉-1448-なば【なば】〔連接語〕《ぬ〔助動ナ変型〕完了+ば〔接助〕》・・・たならば。

〈C〉-536-とばかりありて【とばかりありて】〔連接語〕《とばかり〔副〕+あり〔自ラ変〕+て〔接助〕》しばらくしてから。

〈C〉-1302-ちゃうず【打ず】〔他サ変〕[ぜ・じ・ず・ずる・ずれ・ぜよ]殴打する。

〈C〉-582-かつ【且つ】〔副〕(1)一方では・・・、他方では~。(2)次から次へと。(3)一方。(4)一瞬。(5)既に。〔接続〕さらにまた。

〈C〉-338-ほく【惚く】〔自カ四〕[か・き・く・く・け・け]〔自カ下二〕[け・け・くる・くれ・けよ]呆ける。

〈B〉-429-みまかる【身罷る】〔自ラ四〕[ら・り・る・る・れ・れ]死ぬ。

〈C〉-755-さもあれ【然も有れ】〔連接語〕《さ〔副〕+も〔係助〕+あり〔補helpラ変〕》(1)もうどうにでもなれ。(2)それはそうかもしれないが。

〈C〉-780-あまり【余り】〔名〕(1)残り。(2)・・・のあまり。〔形動ナリ〕[なら・なり/に・なり・なる・なれ・なれ]あんまりだ。〔副〕(1)あまりにも。(2)さほど・・・ない。〔接尾〕(1)・・・あまり。(2)・・・と・・・。

〈A〉-1195-むげ【無下・無碍】〔名・形動ナリ〕[なら・なり/に・なり・なる・なれ・なれ](1)最低だ。(2)身分が卑しい。無学だ。(3)甚だしい。(4)無惨だ。(5)正真正銘の。

〈C〉-1211-たくむ【工む・巧む】〔他マ四〕[ま・み・む・む・め・め](1)計画する。(2)技巧を凝らす。

〈C〉-1246-さた【沙汰】〔名・他サ変〕[せ・し・す・する・すれ・せよ](1)審議。訴訟。(2)処理。(3)指図。(4)音信。(5)噂話。(6)教義。

〈B〉-1407-あなり【有なり】〔連接語〕《あり〔自ラ変〕+なり〔助動ラ変型〕伝聞推量》あるという話だ。

〈B〉-1133-さがし【険し・嶮し】〔形シク〕[しから・しく/しかり・し・しき/しかる・しけれ・しかれ](1)険しい。(2)危険だ。

〈C〉-1227-しおく【為置く・仕置く】〔他カ四〕[か・き・く・く・け・け]・・・しておく。

〈A〉-185-あて【貴】〔形動ナリ〕[なら・なり/に・なり・なる・なれ・なれ](1)高貴だ。(2)気品がある。

〈C〉-771-さるべきにや【然るべきにや】〔連接語〕《さり〔自ラ変〕＋べし〔助動ク型推量〕＋なり〔助動ナリ型断定〕＋や〔係助〕》(1)それも当然の事なのだろうか？(2)こうなる運命だったのだろうか。

〈C〉-880-けどほし【気遠し】〔形ク〕〔から・く／かり・し・き／かる・けれ・かれ〕(1)遙か彼方に思われる。遠い昔のようだ。(2)物寂しい。(3)親しみにくい。(4)世間離れしている。

〈C〉-1237-わくらばに【わくらばに】〔副〕たまたま。とりわけ。

〈C〉-952-ことのたより【事の便り】〔連語〕《こと〔名〕＋の〔格助〕＋たより〔名〕》(1)事のついで。(2)折々の便宜。

〈A〉-820-きこしめす【聞こし召す】〔他サ四〕〔さ・し・す・す・せ・せ〕(1)お聞きになる。(2)召し上がる。(3)御統治なさる。

〈C〉-1497-にとりて【にとりて】〔連接語〕《に〔格助〕＋とる〔他ラ四〕＋て〔接助〕》・・・に関連して。

〈B〉-132-ゐん【院】〔名〕(1)大きな屋敷。(2)（上皇・法皇・女院）の御所。(3)上皇。法皇。女院。

〈B〉-225-まらうと【客人・賓】〔名〕客人。

〈C〉-1110-ざね【ざね】〔接尾〕(1)・・・の本源。(2)主・・・。

〈A〉-482-いにしへ【古へ】〔名〕(1)古代。(2)過去。

〈A〉-1473-にか【にか】〔連接語〕《に〔格助〕＋か〔係助〕》(1)・・・に～ということはあるまい。・・・に～なのか？《なり〔助動ナリ型断定〕＋か〔係助〕》(2)・・・ということはあるまい。・・・なのか？

〈B〉-428-くもがくる【雲隠る】〔自ラ四〕〔ら・り・る・る・れ・れ〕〔自ラ下二〕〔れ・れ・る・るる・るれ・れよ〕(1)姿が見えなくなる。(2)お亡くなりになる。

〈C〉-59-よをそむく【世を背く】〔連語〕《よ〔名〕＋を〔格助〕＋そむく〔他カ下二〕》出家する。

〈B〉-107-そのかみ【其の上】〔名〕(1)その当時。(2)過去。(3)その時。

〈C〉-922-ひとのくち【人の口】〔連語〕《ひと〔名〕＋の〔格助〕＋くち〔名〕》世間の話題。

Story_17:『似非風語り』

〈C〉-176-えせ【似非】〔形動ナリ〕[なら・なり/に・なり・なる・なれ・なれ](1)にせの。(2)ひどい。

〈C〉-924-よのためし【世の例】〔連語〕《よ[名]+の[格助]+ためし[名]》(1)先例。(2)世の習い。(3)立派なお手本。(4)世間の語り種。

〈C〉-97-あがりたるよ【上がりたる世】〔連語〕《あがる[自ラ四]+たり[助動ラ変型]完了+よ[名]》上代。

〈B〉-99-くだる【下る・降る】〔自ラ四〕[ら・り・る・る・れ・れ](1)下る。(2)下向する。(3)時代が下る。定刻を過ぎる。(4)下げ渡される。(5)命令が下る。(6)低落する。(7)降伏する。

〈C〉-710-あなう【あな憂】〔連語〕《あな[感]+うし[形ク]》ああ嫌だ。

〈B〉-426-くたす【腐す・朽たす】〔他サ四〕[さ・し・す・す・せ・せ](1)朽ち果てさせる。(2)悪口を言う。(3)やる気をなくさせる。

〈B〉-1156-むつかる【憤る】〔自ラ四〕[ら・り・る・る・れ・れ](1)ぐずる。(2)むっとする。嫌がる。(3)文句を言う。

〈C〉-885-ひがごころ【僻心】〔名〕(1)ひねくれ心。(2)誤解。

〈A〉-333-おろか【疎か・愚か】〔形動ナリ〕[なら・なり/に・なり・なる・なれ・なれ](1)いいかげんだ。(2)いくら言っても言葉が足りない。(3)未熟だ。(4)愚かだ。

〈C〉-258-よし【縦し】〔副〕(1)まあ、しようがない。(2)よしんば・・・でも。

〈A〉-887-ひがこと【僻事】〔名〕(1)悪事。(2)間違い。

〈A〉-1159-かごと【託言】〔名〕(1)口実。(2)愚痴。言い掛かり。

〈B〉-1046-たぐひ【比・類】〔名〕(1)同種のもの。(2)仲間。(3)・・・な連中。

〈A〉-681-いまいまし【忌ま忌まし】〔形シク〕[しから・しく/かり・し・しき/しかる・しけれ・しかれ](1)はばかられる。(2)不吉だ。汚らわしい。(3)歯痒い。(4)しゃくにさわる。

〈C〉-848-いはれぬ【言はれぬ】〔連接語〕《いふ[自ハ四][他ハ四]+る[助動ラ下二型]自発・可能・受身・尊敬+ず[助動特殊型]打消]》無茶な。

〈A〉-109-うへ【上】〔名〕(1)上方。(2)表面。(3)近辺。(4)帝。主人。貴人。貴人の妻。(5)御座所。御前。(6)事情。(7)その上。(8)こうなった以上は。(9)・・・の貴婦人。・・・の奥方様。〔接尾〕・・・様。

〈B〉-140-おほやけ【公】〔名〕(1)宮中。(2)朝廷。政府。幕府。(3)天下人。(4)天下国家の事。他人事。世間。

〈C〉-863-もだす【黙す・黙止す】〔自サ変〕[せ・し・す・する・すれ・せよ](1)沈黙する。(2)黙認する。

〈B〉-1042-なずらふ【準ふ・准ふ・擬ふ】〔自ハ四〕[は・ひ・ふ・ふ・へ・へ]匹敵する。〔他ハ下二〕[へ・へ・ふる・ふれ・へよ]同等のものとみなす。

〈B〉-48-つら【列・連】〔名〕(1)行列。(2)仲間。同類。

〈B〉-81-おもひぐまなし【思ひ隈無し】〔形ク〕[から・く/かり・し・しき/かる・けれ・かれ](1)浅はかだ。(2)思いやりがない。

〈A〉-329-いふかひなし【言ふ甲斐無し】〔形ク〕[から・く/かり・し・しき/かる・けれ・かれ](1)仕方がない。(2)つまら

ない。(3)無様だ。貧しい。卑しい。(4)言いようもないほど。

〈C〉-368-あるかなきか【有るか無きか】〔連語〕《あり〔自ラ変〕+か〔係助〕+なし〔形ク〕+か〔係助〕》(1)影が薄い。(2)衰弱しきっている。

〈C〉-256-よざま【善様】〔形動ナリ〕〔なら・なり／に・なり・なる・なれ・なれ〕よさそうだ。

〈C〉-1109-じち【実】〔名〕(1)真実。(2)実質。

〈C〉-369-ありやなしや【有りや無しや】〔連語〕《あり〔自ラ変〕+や〔終助〕+なし〔形ク〕+や〔終助〕》(1)安否。(2)真偽。有無。

〈C〉-663-たわやめ【手弱女】〔名〕手弱女。

〈C〉-194-けうら【清ら】〔形動ナリ〕〔なら・なり／に・なり・なる・なれ・なれ〕清らかに美しい。

〈A〉-692-いかめし【厳めし】〔形シク〕〔しから・しく／しかり・し・しき／しかる・しけれ・しかれ〕(1)威風堂々たるものだ。(2)見るからにたくましい。(3)激烈な。

〈C〉-739-さらず【然らず】〔連接語〕《さり〔自ラ変〕+ず〔助動特殊型打消〕》そうではない。

〈A〉-440-あくがる【憧る】〔自ラ下二〕〔れ・れ・る・るる・るれ・れよ〕(1)さまよう。(2)幽体離脱する。魂が抜けたようになる。(3)心変わりする。

〈C〉-962-つはもの【兵】〔名〕(1)武装。(2)兵士。(3)猛者。

〈C〉-761-さはれ【然はれ】〔接続〕それはそうかもしれないが。〔感〕もうどうにでもなれ。

〈C〉-1336-まさなごと【真無事・正無事】〔名〕戯れ事。冗談。

〈B〉-1203-かならず【必ず】〔副〕(1)必ずや。(2)必ずしも・・・ない。(3)決して・・・するな。

〈A〉-854-むべ【宜】〔副〕なるほど。

〈C〉-364-あられぬ【有られぬ】〔連接語〕《あり〔自ラ変〕+る〔助動ラ下二型自発・可能・受身・尊敬〕+ず〔助動特殊型打消〕》(1)有り得ない。(2)とんでもない。

〈C〉-1160-かごとばかり【託言ばかり】〔連語〕《かごと〔名〕+ばかり〔副助〕》形だけ。

〈B〉-1413-えや【えや】〔連接語〕《え〔副〕+や〔係助〕》(1)どうして・・・だろうか？(2)一体どうして・・・というのか。

〈A〉-163-いやし【賤し・卑し】〔形シク〕〔しから・しく／しかり・し・しき／しかる・しけれ・しかれ〕(1)下賤の。(2)みすぼらしい。(3)品性が卑しい。(4)取るに足らない。

〈B〉-450-しりうごと【後う言】〔名〕噂話。

〈C〉-31-なからひ【仲らひ】〔名〕(1)付き合い。(2)血族。

〈A〉-212-まめ【忠実・真実】〔形動ナリ〕〔なら・なり／に・なり・なる・なれ・なれ〕(1)誠実だ。忠実だ。(2)熱心だ。(3)実用第一の。(4)丈夫だ。

Story_18:『古体の遊び』

〈B〉-598-おこる【起こる】〔自ラ四〕[ら・り・る・る・れ・れ](1)生まれる。(2)発病する。(3)盛り上がる。(4)決起する。

〈C〉-1187-わざわざし【態態し】〔形シク〕[しから・しく／しかり・し・しき／しかる・しけれ・しかれ]わざとらしい。

〈B〉-593-こうず【困ず】〔自サ変〕[ぜ・じ・ず・ずる・ずれ・ぜよ](1)困る。(2)疲れ果てる。

〈C〉-277-すさびごと【遊び事】【遊び言】〔名〕【遊び事】(1)慰みごと。【遊び言】(2)気紛れな言葉。

〈A〉-1216-あづかる【与る・預かる】〔自ラ四〕[ら・り・る・る・れ・れ](1)関わる。(2)・・・にありつく。(3)・・・していただく。〔他ラ四〕[ら・り・る・る・れ・れ](1)預かる。(2)受け持つ。

〈A〉-1443-ずして【ずして】〔連接語〕《ず[助動詞特殊型]打消+して[接助]》・・・なくて。

〈B〉-425-くつ【朽つ】〔自タ上二〕[ち・ち・つ・つる・つれ・ちよ](1)朽ち果てる。(2)衰える。(3)死滅する。

〈B〉-272-あらた【あらた】〔形動ナリ〕[なら・なり／に・なり・なる・なれ・なれ]霊験あらたかだ。

〈B〉-207-あだあだし【徒徒し】〔形シク〕[しから・しく／しかり・し・しき／しかる・しけれ・しかれ](1)いい加減だ。(2)移り気だ。

〈B〉-775-ここら【幾許】〔副〕(1)こんなに沢山。(2)こんなにも甚だしく。

〈B〉-1485-べくもあらず【べくもあらず】〔連接語〕《べし[助動ク型推量]+も[格助]+あり[補動ラ変]+ず[助動特殊型]打消》(1)・・・の筈がない。・・・そうにもない。(2)・・・できない。

〈C〉-1120-ことだま【言霊】〔名〕言霊。

〈A〉-1317-めづらし【珍し】〔形シク〕[しから・しく／しかり・し・しき／しかる・しけれ・しかれ](1)褒め讃えるべきだ。(2)目新しい。(3)滅多にない。例のない。

〈A〉-1335-まさなし【正無し】〔形ク〕[から・く／かり・し・き／かる・けれ・かれ](1)良くない。(2)予想外だ。(3)見苦しい。

〈C〉-689-けしかる【異しかる・怪しかる】〔連体形〕(1)異様だ。(2)奇抜で面白い。

〈C〉-1417-けだし【蓋し】〔副〕(1)多分・・・に違いない。(2)もし仮に・・・だとしたら。(3)もしかすると・・・かもしれない。(4)実に。

〈C〉-210-あだしごころ【徒し心】〔名〕浮気心。

〈C〉-1498-につきて【につきて】〔連接語〕《に[格助]+つく[自カ四]+て[格助]》・・・に関して。・・・ゆえに。

〈C〉-1108-うつしごころ【現し心】【移し心】〔名〕【現し心】(1)正気。(2)本心。【移し心】(3)浮気心。

〈B〉-1339-すずろはし【漫ろはし】〔形シク〕[しから・しく／しかり・し・しき／しかる・しけれ・しかれ](1)不思議と心が浮き立つ。(2)訳もなく不快だ。

〈B〉-321-ほいなし【本意無し】〔形ク〕[から・く／かり・し・き／かる・けれ・かれ](1)不本意だ。(2)気に食わない。

〈C〉-203-なかぞら【中空】〔名〕(1)中天。(2)途中。〔形動ナリ〕[なら・なり／に・なり・なる・なれ・なれ](1)中途半端だ。(2)上の空だ。

〈B〉-552-ふるさと【古里・故郷】〔名〕(1)旧都。歴史的名所。(2)馴染みの場所。(3)実家。

〈C〉-1134-おだし【穏し】〔形シク〕[しから・しく／しかり・し・しき／しかる・しけれ・しかれ](1)心安らかだ。(2)平穏無事

だ。(3)穏健だ。

〈A〉-206-あだ【徒】〔形動ナリ〕[なら・なり／に・なり・なる・なれ・なれ](1)はかない。(2)無益だ。(3)不誠実だ。

〈B〉-1245-まぎる【紛る】〔自ラ下二〕[れ・れ・る・るる・るれ・れよ](1)入り交じって見分けが付かない。(2)隠れる。(3)気を取られる。(4)忙殺される。

〈B〉-550-ひさし【久し】〔形シク〕[しから・しく／しかり・し・しき／しかる・しけれ・しかれ](1)時間が長い。(2)久しぶりだ。

〈C〉-1151-からくして【辛くして】〔副〕辛うじて。

〈A〉-270-あたらし【惜し】〔形シク〕[しから・しく／しかり・し・しき／しかる・しけれ・しかれ](1)惜しい。(2)素晴らしい。

Story_19:『戯れ言の葉』

〈C〉-927-やまとことば【大和言葉・大和詞】〔名〕(1)日本語。(2)和歌。

〈B〉-1100-まな【真名・真字】〔名〕(1)漢字。(2)楷書体。

〈B〉-1098-をとこで【男手】〔名〕(1)男性の筆跡。(2)漢字。

〈B〉-1257-むね【宗・旨】〔名〕【宗】(1)主立ったもの。【旨】(2)趣意。

〈B〉-1099-をんなで【女手】〔名〕(1)女性の筆跡。(2)ひらがな。

〈C〉-478-ひとのくに【人の国】〔連語〕《ひと[名]+の[格助]+くに[名]》(1)外国。(2)田舎。

〈C〉-573-ことにふれて【事に触れて】〔連語〕《こと[名]+に[格助]+ふる[自下二]+て[接助]》折に触れて。

〈B〉-1040-かなふ【叶ふ・適ふ】〔自ハ四〕[は・ひ・ふ・ふ・へ・へ](1)適合する。(2)望み通りになる。(3)・・・できる。(4)匹敵する。(5)・・・で済まされる。〔他ハ下二〕[へ・へ・ふ・ふる・ふれ・へよ]成就させる。

〈C〉-1396-やまとだましひ【大和魂】〔名〕(1)実務能力。(2)大和魂。

〈C〉-942-ことこと【異事】〔名〕他事。

〈B〉-479-から【唐・漢・韓】〔名〕(1)朝鮮半島。中国。外国。(2)外来の。

〈B〉-869-もどかし【もどかし】〔形シク〕[しから・しく/しかり・し・しき/しかる・しけれ・しかれ](1)非難されるべき。(2)じれったい。

〈A〉-15-ならふ【慣らふ・馴らふ】【習ふ】〔自ハ四〕[は・ひ・ふ・ふ・へ・へ]【慣らふ・馴らふ】(1)習慣となる。(2)慣れ親しむ。(3)模倣する。〔他ハ四〕[は・ひ・ふ・ふ・へ・へ]【習ふ】学ぶ。

〈A〉-540-ままに【儘に・随に】〔連接語〕《まま[名]+に[格助]》(1)・・・につれて。(2)・・・通りに。(3)・・・なので。(4)・・・と殆ど同時に。

〈B〉-1106-うつる【移る・遷る】〔自ラ四〕[ら・り・る・る・れ・れ](1)移動する。(2)異動する。(3)移る。伝染する。(4)色褪せる。(5)取り憑く。(6)過ぎ去る。移り変わる。(7)心変わりする。

〈A〉-1450-せば【せば】〔連接語〕《き[助動特殊型]過去+ば[接助]》もし仮に・・・だったとすれば。

〈A〉-365-あらまし【あらまし】〔名〕(1)予定。願望。(2)概略。(3)絵空事。〔副〕おおよそ。

〈B〉-1489-なまし【なまし】〔連接語〕《ぬ[助動ナ変型]完了+まし[助動特殊型]推量》(1)もし・・・てしまったならば。(2)きっと・・・だっただろうに。(3)・・・しておけばよかったのに。(4)果たして・・・なものかどうか。(5)どうか・・・してほしい。

〈C〉-1031-みえぬ【見えぬ】〔連接語〕《みゆ[自ヤ下二]+ず[助動特殊型]打消》(1)珍しい。殊更に目新しさを狙った。(2)姿が見えない。

〈C〉-801-なにすとか【何為とか】〔連接語〕《なに[代名]+す[他サ変]+と[格助]+か[係助]》(1)どうして・・・か？(2)どうして・・・なものか。

〈A〉-354-もてなす【もて成す】〔他サ四〕[さ・し・す・す・す・せ](1)処理する。(2)待遇する。(3)素振りを見せる。(4)もてはやす。(5)歓待する。

〈B〉-293-ところう【所得】〔他ア下二〕[え・え・う・うる・うれ・えよ](1)地位に恵まれる。(2)得意気に振る舞う。

〈C〉-340-しれじれし【痴れ痴れし】〔形シク〕[しから・しく/しかり・し・しき/しかる・しけれ・しかれ](1)馬鹿みたいだ。(2)そらとぼけている。

〈B〉-783-た【誰】〔代名〕誰。

〈C〉-798-なんでふ【何でふ】〔副〕どうして…するものか。〔感〕何ということを言うのだ。〔連体〕一体どういう…だというのか？

〈A〉-1153-かたし【難し】〔形ク〕〔から・く／かり・し・き／かる・けれ・かれ〕(1)容易ではない。(2)滅多にない。

〈B〉-688-けしうはあらず【異しうはあらず・怪しうはあらず】〔連語〕《けし〔形シク〕＋は〔係助〕＋あり〔補動ラ変〕＋ず〔助動特殊型打消〕》(1)なかなかのものだ。(2)むきになって否定するほどのこともない。

〈C〉-585-たまゆら【玉響】〔副〕(1)しばしの間。(2)ほのかに。

〈C〉-1043-なぞふ【準ふ・准ふ・擬ふ】〔他ハ下二〕〔へ・へ・ふ・ふる・ふれ・へよ〕同等のものとみなす。

Story_20:『しが僻目』

〈B〉-1105-うつし【現し・顕し】〖形シク〗[しから・しく／しかり・し・しき／しかる・しけれ・しかれ] (1)実在する。(2)正気である。

〈A〉-631-をさをさし【長長し】〖形シク〗[しから・しく／しかり・し・しき／しかる・しけれ・しかれ] (1)しっかりしている。(2)しっかりとは…ない。

〈C〉-1235-わく【別く・分く】〖他カ下二〗[け・け・く・くる・くれ・けよ] (1)別々にする。(2)分配する。(3)分け進む。〖他カ四〗[か・き・く・く・け・け] (1)別々にする。(2)見分ける。

〈C〉-1232-える【選る・択る】〖他ラ四〗[ら・り・る・る・れ・れ] 選別する。

〈B〉-1217-かかづらふ【拘ふ】〖自ハ四〗[は・ひ・ふ・ふ・へ・へ] (1)関係する。(2)従事する。(3)まとわりつく。(4)こだわる。(5)俗世に執着する。死にきれない。(6)道を探りつつ行く。

〈A〉-738-さる【避る】〖他ラ四〗[ら・り・る・る・れ・れ] (1)避ける。遠慮する。(2)断わる。

〈A〉-275-すさむ【荒む・進む・遊む】〖自マ四〗[ま・み・む・む・め・め] (1)ますます盛んになる。(2)勝手気ままに…する。(3)わずかに…する。〖他マ下二〗[め・め・む・むる・むれ・めよ] (1)ふと心に留める。(2)嫌う。〖補動マ四〗[ま・み・む・む・め・め] (1)盛んに…する。(2)勝手気ままに…する。(3)…しなくなる。

〈C〉-88-かすむ【掠む】〖他マ下二〗[め・め・む・むる・むれ・めよ] (1)掠奪する。(2)示唆する。(3)誤魔化す。

〈C〉-1500-みまくほし【見まく欲し】〖連接語〗《みる〖他マ上一〗+む〖助動マ四型推量〗+ほし〖形シク〗》見たい。

〈C〉-222-すかす【賺す】〖他サ四〗[さ・し・す・す・せ・せ] (1)欺く。(2)おだてる。(3)慰める。

〈A〉-326-いたづら【徒ら】〖形動ナリ〗[なら・なり／に・なり・なる・なれ・なれ] (1)虚しい。(2)暇だ。(3)がらんとしている。風情のかけらもない。

〈C〉-257-ようせずは【良うせずは】〖連接語〗《よく〖副〗+す〖自サ変〗+ず〖助動特殊型〗打消+は〖係助〗》下手をすると。

〈C〉-1063-たとしへなし【譬へ無し】〖形ク〗[から・く／かり・し・き／かる・けれ・かれ] (1)比べようがない。(2)まるで別人・別物のようだ。(3)甚だしく。

〈C〉-1229-おもひおく【思ひ置く】〖他カ四〗[か・き・く・く・け・け] (1)心に決めておく。(2)未練を残す。

〈A〉-730-かかり【斯かり】〖自ラ変〗[ら・り・る・る・れ・れ] こんなである。

〈B〉-1206-かまへて【構へて】〖副〗(1)よく注意して。(2)必ずや。(3)絶対に。

〈B〉-357-みなす【見做す】〖他サ四〗[さ・し・す・す・せ・せ] (1)…だと考える。(2)見届ける。(3)育成する。

〈C〉-1139-うるせし【うるせし】〖形ク〗[から・く／かり・し・き／かる・けれ・かれ] (1)よく気が利く。(2)優秀だ。

Story_21:『事無しび、事為す地』

〈C〉-949-ことなしび【事無しび】〔名〕何気ない素振り。

〈C〉-139-みやづかへ【宮仕へ】〔名〕(1)宮中での出仕。(2)奉公。(3)帰依。

〈C〉-215-まめごと【忠実事・実事】〔名〕地道にやること。仕事。

〈C〉-1231-したたか【したたか】〔形動ナリ〕〔なら・なり/に・なり・なる・なれ・なれ〕(1)堅牢だ。(2)屈強だ。気丈だ。(3)確かだ。(4)たっぷり・・・だ。・・・し過ぎだ。〔副〕ひどく。

〈C〉-856-むべむべし【宜宜し】〔形シク〕〔しから・しく/しかり・し・しき/しかる・しけれ・しかれ〕(1)正式な。(2)しっかりしている。

〈B〉-1024-うしろみ【後ろ見】〔名〕(1)後見人。(2)補佐役。

〈B〉-623-まいて【況いて】〔副〕(1)ましてや。(2)ますます。

〈A〉-106-かみ【上】〔名〕(1)上方。(2)川上。(3)上方。上京区。(4)昔。(5)冒頭部。上の句。(6)月初。(7)年長者。(8)帝。将軍。主君。(9)上座。

〈C〉-1223-いろふ【綺ふ・弄ふ】〔自ハ四〕〔は・ひ・ふ・ふ・へ・へ〕(1)関与する。(2)干渉する。〔他ハ四〕〔は・ひ・ふ・ふ・へ・へ〕(1)いじる。(2)逆らう。

〈A〉-1096-てづから【手づから】〔副〕(1)自分の手で。(2)自分から進んで。

〈C〉-150-あがためしのぢもく【県召しの除目】〔連語〕《あがためし〔名〕+の〔格助〕+ぢもく〔名〕》地方官任命。

〈A〉-345-しる【治る・領る】〔他ラ四〕〔ら・り・る・る・れ・れ〕(1)統治する。領有する。(2)世話をする。

〈B〉-151-ずりゃう【受領】〔名〕国司。

〈A〉-1173-おこたる【怠る】〔自ラ四〕〔ら・り・る・る・れ・れ〕〔他ラ四〕〔ら・り・る・る・れ・れ〕(1)怠ける。(2)油断する。過失を犯す。(3)途絶える。(4)快復する。

〈C〉-1175-つとむ【勤む・努む・勉む・務む】〔自マ下二〕〔め・め・む・むる・むれ・めよ〕(1)努力する。(2)勤行する。(3)気を付ける。(4)勤務する。

〈C〉-500-つひえ【費へ】【弊へ・潰へ】〔名〕【費え】(1)出費。浪費。(2)損失。(3)悪化。【弊え・潰え】(4)疲労。

〈C〉-279-くわうりゃう【荒涼・広量】〔名・形動ナリ〕〔なら・なり/に・なり・なる・なれ・なれ〕(1)曖昧だ。(2)度量が広い。(3)尊大だ。〔名・自サ変・形動ナリ〕〔(自サ変)せ・し・す・する・すれ・せよ:(形動ナリ)なら・なり/に・なり・なる・なれ・なれ〕(1)荒涼たる。(2)浅はかだなあ。

〈B〉-314-かひがひし【甲斐甲斐し】〔形シク〕〔しから・しく/しかり・し・しき/しかる・しけれ・しかれ〕(1)それだけの甲斐がある。(2)いかにも頼りになる感じだ。

〈A〉-335-おろそか【疎か】〔形動ナリ〕〔なら・なり/に・なり・なる・なれ・なれ〕(1)いいかげんだ。(2)簡素な造りだ。(3)まばらだ。(4)運が悪い。

〈C〉-1345-なかにも【中にも】〔連接語〕《なか〔名〕+に〔格助〕+も〔係助〕》とりわけ。

〈C〉-1081-おほやう【大様】〔形動ナリ〕〔なら・なり/に・なり・なる・なれ・なれ〕(1)堂々たる風格がある。(2)おおらかだ。〔副〕一般に。

〈C〉-149-つかさ【司・官・寮】〔名〕(1)役所。(2)役人。(3)位階。官職。

〈C〉-948-ことなし【事無し】〔形ク〕[から・く／かり・し・き／かる・けれ・かれ](1)平穏無事だ。(2)至極容易だ。(3)完全無欠だ。

〈A〉-594-あつし【篤し】〔形シク〕[しから・しく／しかり・し・き／しかる・しけれ・しかれ]衰弱している。弱々しい。

〈A〉-1375-うしろやすし【後ろ安し】〔形ク〕[から・く／かり・し・き／かる・けれ・かれ]安心だ。

〈C〉-888-まがこと【禍言】【禍事】〔名〕【禍言】(1)不吉な言葉。不吉な予言。【禍事】(2)凶事。

〈C〉-432-いかにもなる【如何にもなる】〔連語〕《いかなり〔形動ナリ〕＋も〔係助〕＋なる〔自ラ四〕》死ぬ。

〈B〉-1346-なほざり【等閑】〔形動ナリ〕[なら・なり／に・なり・なる・なれ・なれ](1)何ということもない。(2)いい加減だ。(3)ほどほどでよい感じだ。

〈B〉-138-つぼね【局】〔名〕(1)局。(2)局。

〈C〉-350-したり【爲たり】〔感〕(1)やったー。(2)やっちゃったー。

〈B〉-857-いさ【いさ】〔副〕(1)さあ、…ないですね。(2)さあ、どうだかわかりませんね。〔感〕(1)さあ…。(2)いえ。

〈C〉-1052-さうにおよばず【左右に及ばず】〔連語〕《さう〔名〕＋に〔格助〕＋および〔自バ四〕＋ず〔助動特殊型〕打消》(1)言うまでもない。(2)細かいことはどうでもいい。

〈A〉-1149-つらし【辛し】〔形ク〕[から・く／かり・し・き／かる・けれ・かれ](1)薄情だ。(2)苦しい。

〈B〉-142-わたくし【私】〔名〕(1)個人的なこと。(2)個人の思惑。〔代名〕私。

〈A〉-389-つかまつる【仕まつる】〔自ラ四〕[ら・り・る・る・れ・れ]お仕え申し上げる。〔他ラ四〕[ら・り・る・る・れ・れ](1)…してさしあげる。(2)…いたします。

〈B〉-182-ひな【鄙】〔名〕田舎。

〈C〉-951-ことにす【事にす】〔連接語〕《こと〔名〕＋に〔格助〕＋す〔他サ変〕》それでよしとする。

〈A〉-391-つかはす【遣はす・使はす】〔連語〕《つかふ〔他ハ四〕＋す〔助動サ四型〕尊敬・親愛〔上代語〕》お使いになる。〔他サ四〕[さ・し・す・す・す・せ](1)派遣なさる。(2)お与えになる。(3)派遣する。(4)くれてやる。

〈B〉-346-しろしめす【知ろし召す・領ろし召す】〔他サ四〕[さ・し・す・す・す・せ](1)御理解なさる。(2)お治めになる。(3)御世話なさる。

〈B〉-1452-ずんば【ずんば】〔連接語〕《ず〔助動特殊型〕打消＋は〔係助〕》もし…ないならば、〜。

〈C〉-1210-つくろふ【繕ふ】〔他ハ四〕[は・ひ・ふ・ふ・へ・へ](1)修繕する。(2)治療する。養生する。(3)化粧する。身だしなみを整える。(4)取り繕う。

〈B〉-1263-ずちなし【術無し】〔形ク〕[から・く／かり・し・き／かる・けれ・かれ]処置なしだ。

〈B〉-562-ふし【節】〔名〕(1)節。(2)機会。(3)事柄。(4)節回し。

〈B〉-38-たづき【方便】〔名〕(1)手段。(2)様子。

〈B〉-170-ともし【乏し・羨し】〔形シク〕[しから・しく／しかり・し・き／しかる・しけれ・しかれ](1)少ない。(2)貧乏だ。(3)羨ましい。(4)心引かれる。

〈C〉-157-かどひろし【門広し】〔連語〕《かど〔名〕＋ひろし〔形〕》一族が繁栄している。

〈B〉-221-すきずきし【好き好きし】〔形シク〕[しから・しく／しかり・し・き／しかる・しけれ・しかれ](1)恋愛に夢中だ。(2)物好きだ。その道にひたむきだ。

〈A〉-702-こちなし【骨無し】〔形ク〕[から・く／かり・しき／かる・けれ・かれ]武骨だ。
〈B〉-696-こはし【強し・剛し】【恐し】〔形ク〕[から・く／かり・しき／かる・けれ・かれ]【強し・剛し】(1)堅い。(2)ぎこちない。(3)頑固だ。(4)手強い。(5)険しい。
〈B〉-961-もののふ【物部・武士】〔名〕(1)文武の百官。(2)武士。
　〈C〉-148-とのゐ【宿直】〔名〕(1)宿直。(2)夜のお相手。
〈B〉-330-いへばさらなり【言へば更なり】〔連語〕《いふ〔他ハ四〕+ば〔接助〕+さら〔形動ナリ〕》何とも言いようがない。
　〈C〉-262-らうあり【労有り】〔連語〕《らう〔名〕+あり〔自ラ変〕》(1)心遣いが行き届いている。(2)熟練している。(3)趣深い。
〈B〉-1354-なべてならず【並べてならず】〔連語〕《なべて〔副〕+なり〔助動ナリ型〕断定+ず〔助動特殊型〕打消》並々ならず。
〈B〉-879-そばそばし【側側し】【稜稜し】〔形シク〕[しから・しく／しかり・し・しき／しかる・しけれ・しかれ]【側側し】(1)親しみ辛い。【稜稜し】(2)ごつごつしている。近寄り難い。
　〈C〉-141-くげ【公家】〔名〕(1)天皇。(2)朝廷。(3)朝臣。

Story_22:『残んの歌』

〈C〉-1062-れいは【例は】〔連接語〕《れい〔名〕+は〔係助〕》いつもは。

〈C〉-337-ほる【惚る】〔自ラ下二〕〔れ・れ・る・るる・るれ・れよ〕(1)ぼうっとする。(2)心を奪われる。(3)耄碌する。

〈C〉-743-さりあへず【避り敢へず】〔連接語〕《さる〔他ラ四〕+あふ〔補動ハ下二〕+ず〔助動特殊型打消〕》どうにも避けることができない。

〈C〉-833-いふぢゃう【言ふ定】〔連接語〕《いふ〔自ハ四〕〔他ハ四〕+ぢゃう〔名〕》・・・とは言うものの。

〈C〉-1460-なむや【なむや】〔連接語〕《ぬ〔助動ナ変型完了〕+む〔助動マ四型推量〕+や〔係助〕》(1)・・・してはくれまいか。(2)・・・だろうか(いや、ない)。

〈C〉-1468-さな【然な】〔連接語〕〔さ〔副〕+な〔副〕〕そんな風に・・・するな。

〈C〉-1441-なで【なで】〔連接語〕《ぬ〔助動ナ変型完了〕+で〔接助〕》・・・せずに。

〈C〉-1480-やはせぬ【やはせぬ】〔連接語〕《やは〔係助〕+す〔他サ変〕+ず〔助動特殊型打消〕》・・・しないか?・・・すればよいのに。

〈C〉-1478-ばや【ばや】〔連接語〕《ば〔接助〕+や〔係助〕》(1)もし・・・だとしたら～か?(2)・・・だから～なのか?

〈C〉-839-てへれば【者】〔接続〕・・・という次第で。

〈C〉-484-きしかた【来し方】〔名〕(1)過去。(2)ここまでの経路。

〈C〉-966-けにや【故にや】〔連接語〕《け〔名〕+なり〔助動ナリ型断定〕+や〔係助〕》・・・の故であろうか。

〈C〉-374-ともある【ともある】〔連接語〕《と〔副〕+も〔係助〕+あり〔自ラ変〕》ちょっとした。

〈B〉-753-さぞ【然ぞ】〔連接語〕《さ〔副〕+ぞ〔係助〕》(1)そうした状態で。(2)そうだ。〔副〕さぞかし・・・だろう。

〈B〉-407-おふ【生ふ】〔自ハ上二〕〔ひ・ひ・ふ・ふる・ふれ・ひよ〕(1)成長する。(2)生まれる。生える。

〈C〉-935-しゅしょう【殊勝】〔形動ナリ〕〔なら・なり／に・なり・なる・なれ・なれ〕(1)霊験あらたかだ。(2)神々しい。(3)けなげだ。

〈C〉-852-いざかし【いざかし】〔連語〕《いざ〔感〕+かし〔終助〕》さあさあ。

Author's Postscript

Some things in the world have to be seen to be believed. Some people in our world have to be reassured to believe anything (and believe *anything* they are reassured about). And some things in this universe had best be left unknown... at least unexplained offhand. Some facts about this book — Fusau Tales — its author (*one*, not many) will tell you here at the very end of it (one word too many?)... though there will be someone, inevitably, reading this at the very beginning.

■Author and His Aim at Creating "Fusau Tales"

Its author, *Jaugo Noto* (pseudonym, in case you wonder, meaning something like, but not limited to, one of verbose propensity), is an English teacher of Japanese nationality, specializing in systematically educating college-bound high school students in English grammar, sentence-structures, idiomatic expressions, vocabulary, reading & writing skill and finally dealing confidently with any *sane* questions asked in English exams by any Japanese colleges or universities: "Fusau Tales" is meant to do the same in "KOBUN (archaic Japanese literature)" in a totally systematic package of ancient Japanese vocabulary (1,500), auxiliary verbs (37), postpositional particles (77) and all major topics grammatical and otherwise instrumental in understanding old Japanese writings of the Heian era about one millennium old — packed in 22 Uta-Monogataries (crude tales in prose centering around some poetry I personally call "lyricalogues"): its English equivalent package is soon (hopefully) to come up, now that such high-density system of linguistic learning has been proven possible (and hopefully, successful) by the publication of "Fusau Tales".

作者あとがき

　世の中には、実際目の当たりにせねば到底信じられないものもある。我々の世には、何を信じるにしてもまず保証してもらわねば気が済まぬ人々（そして保証されれば*何でも*信じる人々）もいる。そしてまたこの宇宙には、知らずにいるのが一番よいものもある．．．少なくとも安直な解説は付けぬ方がいいこともある。この本—『扶桑語り』—に関するいくつかの事実は、その作者（一人である；大勢はいない）の口から読者に、この本の最後の最後に、伝えておこう（余計な差し出口、というものか？）．．．もっとも中には当然、ここから最初に読み始める読者もいるだろうが。

■作者とその『扶桑語り』創作の狙い

　この本の作者、之人冗悟（のと・じゃうご）—いぶかる方々のために申し添えれば、「口数の多い人」（その他）を意味する筆名である—は、日本国籍を持つ英語教師で、その専門は、大学を受験する高校生に、英語の文法・構文・熟語・単語・読解＆作文の作法を体系的に教え込み、最終的には、いかなる日本の大学入試の（マトモな）英語問題にも自信を持って取り組めるようにすること：『扶桑語り』はその同じ仕事を古文の世界で果たすべく作られたもので、古文単語（1500）、助動詞（37）、助詞（77）、主要文法事項その他、千年ほど昔の平安文物の理解に枢要な知識の全てをまとめて詰め込んだ22編の歌物語集である：こうした形で『扶桑語り』が世に出る（そして望むべくは、成功を収める）ことで、この種の高密度型語学修得システムがこの世にはあり得る、という事実の証明に成功したからには、同じく英語学習用のトータルパッケージ語学教材も（願わくば）そう遠くないうちに登場することであろう。

Author's postscript on "Fusau Tales"

■*KOBUN* Learning System by a Japanese *English* Teacher... WHY?

English as a subject of learning (if not as practical or cultural accomplishment) still reigns supreme in Japanese educational system, rivaled only by mathematics in its *psychological* importance. But English as a subject of Japanese college entrance examinations not always plays a decisive role, due to the fact that most Japanese students (and for that matter, professors) hardly have more than rudimentary command of English language: when most everyone (*examiners* often included!) is ignorant, perfect knowledge of English is to be admired but not required — not at least as much as most Japanese believe.

Consequently, excellence in English as a learning goal for would-be versity-students has gradually been overshadowed by the quest of conclusive initiative in mathematical achievement: if you excel in math, no matter how well or ill you fare in English, you'll have your day. English has seen better days in college exams these days. That much, I (as an English teacher) could stand and understand. What is more than I can stand or understand is the scandalous fact that some students more than capable in point-raking power in English tests often fail simply because they neglect (or practically *ignore)* KOBUN and get deservedly retaliated with poor marks... I couldn't afford to just sit still and watch my students fail, not due to my powerless assistance in English teaching but due to their brainless resistance to one-millennium-old Japanese, which could be waded through with little difficulty with a little vocabulary — too little to be called "a vocabulary" at all by English standards. That's why I decided to create "Fusau Tales" to prevent them from fumbling in the study of KOBUN. This attempt was also a preliminary step (or rather, practical experiment) for this author to tackle the same (but far tougher) task in the world of English, which has been under construction for over two decades... call this author a perfectionist or an idler, but *never a fiddler.*

『ふさうがたり(Fusau Tales)扶桑語り』作者あとがき

■日本人の*英語*教師による*古文*学習システム…そのワケは？
　学習教科としての(実用や教養としての、とは言わない)「英語」は今も日本の教育システムの中で枢要な地位を占めており、その(心理的)重要度に匹敵し得る学科は唯一「数学」のみである。が、日本の大学入試科目の一つとして見た場合、英語は必ずしも常に決定的役割を演じるとは言えない。ほとんどの日本の学生は(この意味では、大学教授も)英語に関してはしごく初歩的な語学力しか有していないからである：他人がほぼ全員(しばしば*出題者*までも！)無知な場面では、英語の知識は(あれば確かに素晴らしいが)なければならぬ必須のものではない—少なくとも、多くの日本人が思いこんでいるほどには、求められていないのだ。
　その結果、学生が大学生になるために目指す「卓越した英語力」という目標は、「数学」がデキるようになることで決定的優位に立とうとする気運の前に、だんだん影が薄くなってきている：数学にさえ秀でておれば、英語が得手だろうが不得手だろうが、最後の栄冠は手に入るのである。大学入試に於ける「英語」は、すでにもう盛りを過ぎた昔日の花形役者、なのである…と、そこまでは(英語教師としての)この自分にも、我慢も理解もできることではある。どうにも我慢ならず理解に苦しむのは、英語試験で点数をガッポリ稼ぐ能力に於いては並々ならぬものを持つはずの学生の一部が、古文を軽視(否、実質的に*無視*)した結果の当然の報いとして惨めな低得点という報復の憂き目に遭ったばかりに落第することがしばしばある、という実にけしからぬ事実の方である．．．自分としては、漫然とこれを看過して教え子達が落第するのをただ指をくわえて見ているわけには行かなかった。自分の英語指導力の至らなさによる落第ならともかく、わずかばかりの語彙(「英単語」の膨大さに比べれば「語彙」と呼ぶのさえおこがましいもの)さえあれば、さして苦もなく渡りきれるはずの千年昔の日本語への愚かな抵抗ゆえに落第する者たちを、見過ごすわけにも行かないのである。なればこそ自分は、彼らが古文学習で失態をやらかすのを防ぐべく、『扶桑語り』を創ることにした。この試みはまた、この作者が同種の(しかしはるかに困難な)仕事に英語世界で挑戦するための予行演習(というか、実用試験)でもあった：英語版の構築作業は、もう20年以上に渡り「工事中」なのである．．．「完全主義者」、「怠け者」、何とでも好きに呼んでもらって構わないが、この『扶桑語り』の筆者への「嘘つき」呼ばわりだけは、決してしないでいただきたい。

http://fusau.com　←古文全般　　　　受験対策→ http://fusaugatari.com

Author's postscript on "Fusau Tales"

■In the Beginning, There Was the WORD

First, I bought and examined 17 major vocabulary books of KOBUN available on the market to have a rough idea of what archaic words of Japanese were meant to be memorized by students and made favorite targets of in college entrance exams. All the words contained therein were compiled to construct a crude list of important KOBUN words.

That list, sadly, meant little more than any single vocabulary book: for, aside from the volume of words contained (which roughly ranged from 200 to 800), there was very little difference found among all major KOBUN vocabulary books available for my research at the time: any one book might as well have been a carbon copy (or part of it) of any other; the size or wording aside, they were virtually all the same... which led me, naturally, to the notion that, while the words found in *many* (*all*, in not a few cases) vocabooks must be among quintessential terms of ancient Japanese, should there be no other words too important to ignore in such books intended to provide students with adequate lists to make them feel confident of their archaic vocabulary?

In order to know the answer, I had to go on to the next, hideously tedious task: tackling dictionaries. I chose three(3) of the best (in my opinion) student-oriented (as opposed to purely academic) dictionaries, checking out all terms (I mean, every single meaning of every single word contained in those three dictionaries), adding any possibly important terms to the initially made list of (commercially) weighty KOBUN words, doing over the same task twice (twice more in one particular one) to make sure my selection of words was really adequate or reasonably significant. In case you don't know, *time is of the essence* in this kind of task — only, in this case, *taking your time* is essentially important; never try to get it finished as soon as possible, for such hasty attitudes will get you nowhere — I spent more than two(2) years on it.

■はじめにまず「単語」ありき

　まず最初に自分は、古文単語集の主立ったものとして市場で手に入る17冊を購入し、学生が暗記すべき大学入試でよく出る古語とはどのようなものかを大づかみに把握するべく、それら単語集の全収録語を一つにまとめて、重要古文単語集の（大雑把な）リストを作成してみた。

　この総括リストには、残念ながら、単語集一冊分以上の意味がほとんどなかった：　というのも、収録単語数の規模（だいたい200語から800語の範囲）を別にすれば、当時調査用に入手可能だった主たる古文単語集はどれも、ほとんど違いらしい違いがなかったからである。どの一冊も、他の任意の一冊の複写版（か、その一部）みたいなもので、それぞれの図体のデカさと言葉遣いの違いを除けば、実質的に五十歩百歩だったのである...こうなると自分としては次に、当然、こう考えざるをえない ─ 多くの（少なからぬ語について言えば、全ての）単語集に登場する語は、日本の古文の必須単語であるのは間違いなかろうが、それら以外の語は重要ではないのだろうか？　学生が自らの古語語彙に自信を持てるに十分なリストを提供するべく編まれたこの種の本として、無視するわけに行かぬ重要性を持つような古語は、他にまったく存在しないのだろうか？

　答を知るためには、次なる仕事（おそろしく退屈なやつ）へと、踏み出す必要があった：　辞書との格闘である。学生向けの（＝純粋に学術目的のものとは違う）辞書のうちから（自分なりの判断で）最も優れた3冊を選び、すべての語（即ち、それらの辞書に含まれる語を1語残らず、その語義も1つ残らず）くまなく吟味し、重要語候補があれば、最初に作った（本の形で市場に出す上で）重要な古文単語たちのリストに加えたのである。この作業を、自分は二度繰り返した（ある一冊の辞書に関しては、さらにまた二度同じ作業を上乗せした）：　自分の選んだ単語で本当に十分であり、それらの語は重要語扱いするのが当然の重みを持っていることを、確実に保証するためである。御存知ない方のために言っておくが、この種の仕事では「時間こそ命」──ただ、普通とは逆に、この場合「焦らずじっくり時間をかける」ことが本源的に重要なのである；　なるべく早く仕上げようとは絶対にしないこと…そんなせっかちで腰の浮いた態度では、まともな成果は得られない ─ 自分は、この作業に2年以上の時間をかけた。

Author's postscript on "Fusau Tales"

■After Consulting Dictionaries, Consult Professors thru Exams

This author's dictionary-consulted selection of important KOBUN words became about twice the volume of the thickest vocabook available at bookstores. As a teacher of English, particularly as an intensive and extensive worker in the realm of terminological selection, analysis and categorization (& frequent reorganization, I'd have to add), I had faith in my own list of four-digit MUST words of old Japanese. But I knew, of course, personal faith alone was hardly enough to convince anyone (myself least of all) in the true value of my voca-list.

The next logical step for me to take was to consult the opinions of professors in KOBUN, by actually reading and solving college/versity entrance exams and FEEL the weight of really important KOBUN terms, to reassure myself of and/or refine the contents of the *MUST words* list. In order to accomplish this mission, this author first made a discriminative selection (for good or bad) of *prestigious universities* foremost in the Japanese mind. Past entrance exams (about 30 years for each) of *Tokyo / Kyoto / Waseda / Jouchi (Sophia) & Rikkyo* universities (and the mind-boggling numbers of their departments) and others were Xeroxed, scanned, OCR-processed (meaning digitally translated), error-corrected and, finally, read, solved and cherished by the eyes and mind (or mind's eye) of this author. This 2-year long exam-tasting marathon resulted in well over 1,300 years' volume of KOBUN questions from various versities/departments, amounting almost to 400 different writings of various writers... Now you see what this book (and its author's mental capacity) is made of?

Thus was born my final ideal list — a practically perfect vocabook — of 1,500 important KOBUN words... but who would read through, let alone memorize, such a thick volume of mere words? To promote it to students, there would have to be some more trick to *sell* it by.

■辞書の次は(設問経由で)大学教授に相談

　この筆者が辞書と首っ引きで選んだ重要古文単語選集は、書店で手に入る最も分厚い単語集の約二倍にも及ぶ分量となった。英語教師として、とりわけ言葉の選別・分析・分類の集中的＆包括的作業の専門家として(それら作業の頻繁なやり直しのプロとして、とも付け加えずばなるまい)、自分は、四桁に達する古典的和語の自作リストの確かさに自信を持っていた。が、無論、個人的信念だけでは誰にも(とりわけ自分自身に)我が語彙リストの真価を確信させるに十分とは言えぬことも承知していた。

　そこで次に自分が取るべき必然の道筋は、大学入試問題を実際に読み、解き、真に重要な古文単語の重みを感じ取ることで、古文の大学教授達の意見を仰ぐこと — それによって、例の必須語リストの内容への確信を高め、あるいはその内容の更なる洗練を図ること、であった。この作戦遂行のために、この筆者はまず、日本人の意識の中で「一流大学」とされている大学を(良かれ悪しかれ)差別的に選び出し、*東京大学／京都大学／早稲田大学／上智大学／立教大学(+更に気が遠くなるほどに多数存在する各大学ごとの学部群！)* その他の(それぞれ約30年分ほどの)入試過去問を収集し、コピー機にかけ、スキャナーにかけ、OCRソフトで処理(＝「文字の形をした絵柄」から「コンピュータ検索可能な正真正銘の文字」へと「翻訳」)し、光学読み取り過程の判読ミスを修正した上で、最後にようやく、この筆者の目で(あるいは「心眼」で)その内容を読み、解き、じっくり味わう作業を行なったのである。2年にも及ぶこの入試問題鑑賞マラソンは、最終的に1300を優に超える様々な大学／学部の古文入試問題と、400にも達する幾多の作家の異なる作品群との格闘となる...この本が(そしてその作者の頭の中身が)どういう成り立ちをしているか、これでおわかりいただけたであろうか？

　かくて、我が理想のリストの最終形—現実的に考え得る限り最も完璧な1500の重要古語の単語集が誕生したのである...が、単語ばかりのそんな分厚い本を一体誰が最後まで読んで(ましてや、暗記して)くれるだろうか？　この単語集を学生向けに売り込むには、もっと何か売り物となる工夫を施さねばなるまい。

Author's postscript on "Fusau Tales"

■ If a Word List Is Not Enough, Let Stories Embrace Words & More

Words are meant to be used in sentences; sentences are made as part of a whole story; stories call for particular terms according to their own nature, their authors' social position, and, most importantly (especially in Japanese), to the time-period the terms & their meanings belong to.

Most sentences dealt with in KOBUN entrance exams to Japanese colleges/universities belong to one particular era — the Heian period, ranging roughly from 800 to 1200 A.D. That was the golden age of Japanese literary accomplishment, mostly by the hands of Court ladies, centering, therefore, around social affairs of purely personal kind — romantic involvement and its unhappy development, almost always; as such, they stipulate (without ever breeding) our personal commitment to the protagonists and harmonious hatred of their antagonists: no wonder KOBUN is much less popular among boys than among girls; it could also work as an introductory course to feminine psychology and behavior: at least, that was the major merit this author used to console himself with to endure the tedium of KOBUN in young boyish days.

So, when faced with the necessity to make some meaningful use of the vast volume of *MUST words,* the only logical choice left open for this author was this — make stories out of those 1,500 important words; in other words, make example sentences required of a vocabook collectively form one (or more than one) big picture(s); and, if the canvas for such pictures is large enough, just allow as many factors (other than words) as can play their respective roles in the stories. Happily, through the hellish ordeal of intensive & extensive exam-tasting process, I had acquired sufficient command of archaic Japanese — terms, expressions and grammar — to create stories of my own contriving. That is the last thing Japanese KOBUN experts would do; as luck would have it, this author was an ENGLISH expert.

『ふさうがたり(Fusau Tales)扶桑語り』作者あとがき

■「単語」だけでは足りぬなら、「物語」に単語(もその他も)を織り込もう

　単語は、文章の中で使うためにある；　文章は、物語の構成要素として存在する；　物語は、それに似付かわしい単語を求める。物語の特性や、筆者の社会的立場、そして(とりわけ日本語の場合)最も重要なこととして、どの時代に属するかに応じて、使うべき単語＋意味が決まってくる。

　日本の大学の古文入試問題で扱われる文章のほとんどは、ある一つの時代に属している　──　西暦で言えばだいたい紀元800〜1200年にかけての「平安時代」の文物が大部分なのである。この時代は、日本の文学的業績の黄金時代であり、その大部分は宮廷に身を置く女性達の手によるものである・・・がゆえに、これら平安文物は、純然たる私的性格の社会的出来事を中心に展開する；　そういうものであるから、これら女流文学は、語りの中心となる人物への個人的入れ込みと彼ら主人公に敵対する立場の連中への嫌悪感の共有とを(作品がそうした感情を醸成するよりもまず先に)前提条件として読者に強要してくるのである：　道理で、古文は、女子に比べて男子の間で人気がないわけだ；　扱い方によっては、古文はまた、女性心理と女の行動というものに対する入門講座としての機能をも果たし得るものではある(少なくとも、それが、どうしようもなく男子そのものだった若き日々にこの筆者が古文の退屈さに耐え忍ぶ上で個人的慰めとした最大の取り柄であったことだけは、間違いない)。

　そんなわけで、膨大な分量の*必須古語*群の意味ある使い道を考え出す必要に迫られた時、この筆者の眼前にぱっと開けた唯一の道は、1500の重要古語群を用いて物語群を創ることだった。言い換えれば、単語集には付き物の例文群が、まとまって一つの(あるいはそれ以上の)大きな(集合的)絵画を描くようにするわけである。絵を描くカンバスが十分広ければ、(単語だけなどとケチくさいことは言わず)可能な限り多くの要素を織り込んで、物語中でそれぞれの役柄を演じさせればいい。幸いにして、例の、地獄のような集中的かつ広範な入試問題鑑賞過程の試練を経て、自分は、自身の手になる物語を創造するに十分なだけの、古文単語・古典的言い回し・古式文法の駆使能力を手にしていた。擬古文の自作など、日本の古文のセンセイ方は夢にも思わぬかもしれないが、折悪しくと言うべきか幸運にもと言うべきか、この筆者は「英語」のプロだったのである。

Author's postscript on "Fusau Tales"

■ Fake-up Stories Have Their Own Freedom and Duties

In the world of personal creation, its author can be a God: he can make his own story any way he wants it to be. Such freedom often intoxicates writers to the point of meaningless (and often offensive) show of force... they let characters fight and win or lose, kill or be killed, love, hate, envy, agonize on whatever occasion the author-Gods happen to hit upon... just for the joy of arbitrary control of their kingdoms. Such ones are found in abundance in real life, you see; I used to wish all humans wrote some stories of their own on getting old enough to be able to exert negative social influence upon others — the realization of what a nasty tyrant an author could so easily be in the world of pure fiction could (at least in theory) warn him/her against becoming such a nuisance outside their fancy. In an age dominated by billions of blog-kings or twitter-queens, however, my personal wish for such ethical significance in the act of writing seems as archaic as my fake Heianese tales. How *time flies*! If a decade ago is already aeons ago, why should I not pretend I was writing tales 1,000 years back in time?

To make chronological truthfulness meaningless, I consciously wrote "timeless" tales. The stories or statements included in "Fusau Tales" — at least in their essence — might as well be spoken from the mouth of anyone, anywhere, of any given time period. I, as the author, ruled and controlled the whole universe of my writings, but I never put any single word in a story just to satisfy my personal pride in sovereignty: all the words, expressions, figures of speech, auxiliary verbs, prepositional particles, sentence structures, grammatically meaningful phrases, queerly archaic events or customs were put there *because they had to be taught to students*: I made a list of such "MUST-TEACH things" first, then exhausted the list by placing respective items/topics in the stories. Any tale is a vehicle for some particular purpose, not an end in itself.

『ふさうがたり(Fusau Tales)扶桑語り』作者あとがき

■えせものがたりには、似非なりの自由と義務あり

　個人的創造世界の中にあって、物語作者はある種の「神」になり得る：自身の物語は、自分の好きなように、いかようにでも作り得るのである。この自由に、作り手は往々にして正体を失うほど酔っ払い、まるで無意味な(そしてしばしば不愉快な)力を誇示する悪弊に陥る．．．作中の人物達を争わせ、勝ち負けを演じさせ、殺し殺され、作者という名の神の思い付くまま、ありとあらゆる口実作って愛憎・嫉妬・苦悩の見本市．．．それをひたすら、自身の王国を好き勝手に操る愉悦のために、するのである(・・・この種の連中を、読者も、実生活中にいくらでも発見できるであろう)。他人に悪しき社会的余波を及ぼし得る年齢に達した段階で、全ての人が、何か自作の物語を作ってみるとよい、と、昔、思ったことがある ― 純然たる創作世界の中で、「作者」なるものがいかに嫌味な暴君になり得るか(それもいともたやすく)・・・それを認識すれば、自分の好き勝手な想念の世界の外ではそんな迷惑な存在になるまいとする警戒心が(少なくとも理屈の上では)働くはずだから・・・だが、ブログの王様だのツイッターの女王様だのが我が物顔で君臨する時代にあっては、「ものを書く」という行為の持つそうした倫理的意義に期待するこの筆者の個人的願いなど、平安調に仕立て上げた我が擬古文物語集と同様に古びて見える。全く、時の飛び去る速さときたら・・・十年前すら既に遙かなる大昔なのだから、千年の時をさかのぼって書く振りしてみたところで、悪くはあるまい？

　「時」の制約に律儀に従っても意味はない ― その主張のために、自分は「時の枠に縛られない」物語を意識して書いてみた。『扶桑語り』の中のお話も台詞も ― 少なくとも本質的には ― どんな時代にどんな場所でどんな人物の口から語られても不思議はないと言えるもの。自らが書き綴る宇宙の全てを支配し操るのは、筆者としてのこの自分ではあるが、その世界を支配する個人的自尊心を満たすためにのみ物語世界に放り込んだ言葉など、一言もない： 全ての単語・表現・修辞・助動詞・助詞・構文・文法的に意味深長な言い回し・妙に古風な出来事や習俗は、*学生に教え込まねばならぬからこそそこに置かれているものばかり*。まず最初に「教えねばならぬ事柄」のリストを作り上げてから、しらみつぶしに全部使い切るまで、リスト上の事柄・テーマを逐一物語中へと織り込んである。お話はみな、特定の目的に至るための受け皿に過ぎず、物語それ自体を目的に書かれたものでは、ないのである。

Author's postscript on "Fusau Tales"

■Lurking Messages as Spice to Stories

Of course, a story is no mere collective of such tangible materials as words, expressions or grammar — it's some idea or ideal, atmosphere or philosophy, some intangible mood or current running through it, that pulls up the unseen strings of a story to keep it up as a meaningful entity. All my stories have their own message, which I will not mention in detail in mere words here, except that they are all different from tale to tale... to get rid of the tedium this author personally couldn't stand.

Such messages, however, are not my purpose of writing "Fusau Tales", as I already said, just fanciful accompaniment to "MUST-TEACH things" — since they are meant to be memorized, they had best be presented in some memorable clothing, don't you agree? Well, I don't expect you to agree to any particular message in my stories, but if you agree to disagree, I warrant there will be much scope for repeated exploration and discovery in those stories... each additional visit to their universe will make you the more substantially acquainted with things to remember about Heianese Japanese words, phrases, grammar or culture. A total package of KOBUN mastery — that's what "Fusau Tales" is meant to be, and I'm proudly sure any delving reader should find it just so... enjoy reading it as much as, or more than, I did writing!

■Too Dense Might Be Too Much —the Need for *Mastering Weapons*

The nature of "Fusau Tales" as a total package of everything to know about Heianese Japanese literature, naturally, requires not only the storybook but also some teacher or guidance to lead students through the thick forest of meanings; without such mentors, it could well be a mental torture, intellectual air too dense for anyone to casually breathe, always making readers discover something new, while making them feel anxious if there is nothing else they missed between the lines.

■物語に添える調味料としての、潜在的メッセージ

　無論、「物語」というものは、単語・表現・文法といった目に見えてわかる何かの単なる寄せ集めではない — 想念・理念、雰囲気や哲学、全編を貫く捉え所のないムードや流れ、それが、目に見えぬ糸で物語をしゃきっと引っ張り、意味ある統合体としての物語の一体感を保つのである。我が物語の全てにも、独自のメッセージがある···が、それをこの場で事細かに言葉の羅列で述べるつもりはない；ただ一言、込められたメッセージは、物語ごとにすべて異なる（作者自身が個人的に耐え難く感じるような退屈を追い払うために、そうしてある）とのみ、申し上げておこう。

　そうしたメッセージは、しかし、自分が『扶桑語り』を書く目的ではなく、（既述の通り）「教えねばならぬ事柄」への気の利いた添え物に過ぎない — 暗記してもらうために書いている以上、印象に残り易い包みに入れて差し出した方がいいに決まっている、であろう？　自分としては、物語に込めた個々のメッセージに読者が賛同してくれるとは期待していないが、賛同できようができまいがお付き合いいただけるようならば、幾度も繰り返し探訪しては何かしら発見できる余地が豊富にある物語群だということだけは、保証する．．．そうして訪れるたびごとに、物語世界への馴染みを深めた分だけ、平安時代の日本の言葉・言い回し・文法、そして文化に対する読者の馴染みもまた、しっかりと深まることであろう。古文修得のためのトータル・パッケージ — それが『扶桑語り』の目指すところであり、徹底的に掘り下げて読んでくれれば誰もがその本質を実感できるはず、と、自分は、誇らかに確信している．．．作者の自分が書くのを愉しんだのと同様（あるいはそれ以上に）、どうぞ楽しんでお読みください！

■濃すぎてお手上げ、の人もいる—だから必要な**マスタリング・ウェポン**

　平安日本文学に関して知るべき事柄全部入り教材としての『扶桑語り』の性格上、「物語本」のみならず、その濃密な意味の森を学生が迷わず踏破できるよう導く「教師」なり「道案内」なりも当然必要となる；そうした導き手抜きで向き合えば『扶桑語り』は一種の精神的拷問、あまりに濃密で気安く呼吸もできぬほどの知的空気に満ちている、と言えなくもない。読者には常に何か新たな発見がある一方で、見逃してしまった他の何かが行間にまだ隠れているのでは、との不安も付きまとうかもしれない。

Author's postscript on "Fusau Tales"

    To help students from such embarrassment throughout the systematically dense universe of terminologically, grammatically and culturally meaningful items, the author prepared *an Internet-based interactive guidance system of "Fusau Tales"*; in fact, this project was originally intended as such a computerized personal tutorial system, not as an independent book on paper. A traditional book version of it is meant to be a mere convenience to satisfy the need of some students to make the whole stories available at hand in some tangibly material form other than projected images on monitor screens of computers.

    As it turned out, however, the luxuriously dense nature of "Fusau Tales" as a grammatical textbook might be a disadvantage to frighten off some students. Most young Japanese rarely read or understand serious books with some meaningful streams of ideas. They are mostly passive, seldom active, in studying (or rather, being made to learn) anything, for whom the act of "discovering" or "realizing" so many meaningful items scattered all over the lines of 22 different stories would simply be a malicious obstacle race not at all to their fancy.

    So, the author of "Fusau Tales" decided also to publish a book intent especially on systematic mastery of old Japanese grammar and poetry, entitled *"KOBUN·WAKA*(Archaic Japanese Prose·Verse) *Mastering Weapon"* (which was originally meant as a teaching aid and confirming test for those students of "Fusau Tales" who sit before computers to learn it on-line). This is definitely a diversion from the author's original ideal, but the real world rarely pays homage to one's initial intention. Interactive version of "Fusau Tales" is a treasury of intellectual info, to the complete satisfaction of this mentally greedy author himself... but he also knows that most folks in Japan are not so greedy as himself (otherwise than materially), and he knows better than to deny them the possible method of easily mastering old Japanese grammar and TANKA poetry in a single book in quite a short period of time.

そうした戸惑いを覚えることなく、学生が語法的・文法的・文化的意味に満ちた事柄満載の体系的濃密宇宙を隅々まで探訪できるように、作者は、『扶桑語り』のインターネット版インタラクティブ（双方向型）指導システムも用意した ── というより、この企画は元来そうしたコンピュータ利用の個人指導システムを念頭に始まったものであり、紙の上に独立した本の形で成り立つものではなかったのである。在来型の「本」の体裁は、物語の全体像を（コンピュータのモニター画面上に投影された画像ではなく）手に触れて確かめられるような何らかの形で手元に置きたがる一部学生の欲求を満たすための便宜に過ぎないのだ。

しかし、実際のところ、文法書としては贅沢なまでに濃密な『扶桑語り』の性質は、一部の学生がおびえて逃げるほどの困った難点と言えなくもなかったのである。意味ある流れや想念を持った「まじめな本」を、日本の若年者の多くは滅多に読まないし理解もできない。彼らが何かを学ぶ（というより、学ばされる）際の態度は、多くの場合「外から"ああしろ、こうしろ"と言われた通りに動く」というものであって、「自ら積極的に動く」ことなど滅多になく、そんな彼らにとって、22編の異なる世界の行間の至る所に散りばめられた実に多くの意味ある事柄の"発見"だの"認識"だのといった行為など、悪意に満ちた障害物競走に過ぎず、全く彼らのお気に召さぬ代物でしかないかもしれないのだ。

であるから、『扶桑語り』の作者はまた、日本の古典文法・詩文を体系的に修得することに特化した**『古文・和歌マスタリング・ウェポン』**という名の本を出版することに決めた。これは元来、コンピュータの前でオンライン型の『扶桑語り』を学ぶ学生用の副教材＋確認試験用として作られたものだから、それを紙本として出すというのは、作者本来の理想からは明らかに逸脱するものである・・・が、現実世界が人の当初の思惑通りに動いてくれることなど滅多にないのである。インタラクティブ版の『扶桑語り』は、知的情報の宝庫として、精神的に貪欲なこの作者自身すらも完璧に満足させるもの・・・だが、日本人の多くがこの作者ほどは（物質面、以外では）欲深くないことも作者は知っており、そんな彼らに、一冊の本で実に短期間のうちに日本の古典文法と短歌を容易に修得可能な方法論を、与えずお預け食らわすような大人げない態度も、取れない作者なのである。

Author's postscript on "Fusau Tales"

 Japanese students nowadays NEVER study English grammar (or should I say, systematically conceptualized logic of any kind). Incredibly absurd as it may sound to any self-respecting intellectuals of the Western world, this is true — folks brought out from the Japanese educational mill since the late 1980's have hardly been trained in seeing any detail as part of a big picture: although the Japanese have NEVER been good at contextual comprehension, their bigoted cohesion to petty familiar circles, shocking blindness to the world outside their immediate vicinity, lack of foresight or any belief in their future, appear to be all-time-high in these opening years of the twenty-first century... all due, essentially, to their lack of contextual perspective — to see everything not as an entity complete in itself but as a manifestation of something larger lurking behind each phenomenon.

 Traditionally in the West, linguistic studies and historical science have played the role of such contextual enlightenment; in fortunate cases, the study of natural sciences can be expected to do the work too, in the hands of some exceptionally competent teachers, not in classrooms or labs but out in the field, in the meaningful palm of eloquent Nature... but they are all too vast for all but the undaunted students confidently powerful in mental capacity sufficient to tackle any riddles to their intellectual advantage. I intended to have "Fusau Tales" play the part of a miniature field for timid seekers of knowledge to make one new discovery after another to their intellectual satisfaction and personal growth in confidence. Still, I have to confess my lack of faith in moral capacity, intellectual tenacity and dogged determination of Japanese people in general these days... knowledge of KOBUN other than vocabulary might as well be taught in a separate, independent book of *"KOBUN·WAKA Mastering Weapon"* as in the densely suggestive universe of "Fusau Tales". At least, the book has the merit of letting them know what "systematical study" is.

『ふさうがたり(Fusau Tales)扶桑語り』作者あとがき

　昨今の日本の学生は、英文法を（あるいは、体系的に概念把握された
いかなる論理をも、と言うべきかもしれないが）*まったく学ばない*。知識人
を自負する西洋の人々にとっては信じ難いほど馬鹿げたことに聞こえる
かもしれないが、これは真実である ─ 1980年代後半以降の「学校と
いう名の日本の社会人製造工場」から出荷された面々は、任意の細部を
大局の一部分として見る訓練を、ほとんど全く受けていない：その歴史
の全てを通じて、日本人という人種が脈絡認識能力に優れていたためし
は*一度もなかった*のは事実であるが、日本人の狭苦しい馴染みの輪に
のみ偏屈にしがみつく根性も、自らのごく間近以外の世界に対する呆れ
るまでの無知蒙昧ぶりも、先々の見通しのなさも自らの将来への不信も、
21世紀初頭のいまや、歴史上かつてないほどの危険水準に達している
ように見える．．．そのすべてが、元をただせば、脈絡を加味して物事を
捉える能力に彼らが欠けているせいなのである ─ 万物を、それ自体で
完結した存在ではなく、個々の現象の背後に潜むより大きな何かの一部
が形を成して現れたものとして見る力のなさが、元凶なのである。

　そうした脈絡を掴むことの意味について、ハタと閃く形で学ばせてくれる
役割を、西洋世界で伝統的に果たし続けてきた教科が「語学」と「歴史」；
幸運な場合には、「自然科学」系教科の学習でもまた同種の役柄が期待
できる ─ 特別に有能な教師の手で、教室や実験室ではなく、外の世界、
意味深い雄弁なメッセージに満ちた「自然」の掌の上でのことである．．．
が、どれもみな、どんな謎にも取っ組み合って最後には自らの知的利点
に転じてしまうに十分なだけの自信満々の知力を誇る物怖じしない学生
でない限り、あまりに広大すぎて途方に暮れる世界の話である。自分は
『扶桑語り』に、おずおずと自信なさそうに知識を求める学生が一つまた
一つと新たな発見をすることで知的充足感の獲得と個人的自信の伸長を
得られるような、「箱庭世界」の役割を演じさせることを目指した・・・が、同
時にまた自分は、近年の日本人全般の精神の器の大きさ、知的粘り強さ、
不屈の決意といったものに、あまり信を置いていないことも白状せねば
ならない．．．「語彙」以外の古文の知識は、『扶桑語り』の濃密な示唆に
富む小宇宙の中でなくとも、別立て本**『古文・和歌マスタリング・ウェポン』**
に教わったって、いいわけである・・・少なくともこの本には「体系的学習」
の何たるかについて学習者に思い知らせる効用はあるのだから・・・。

Author's postscript on "Fusau Tales"

■If Grammar Gets Independent, How Could Words be Left Behind?

So long as this author separates grammatical teachings from "Fusau Tales" into an independent book, the vast number of important words scattered around in the 22 tales should also be served as a neat package in a single separate vocabook, independent of "Fusau Tales" — which led this author to re-organize the 1,500 KOBUN words into 126 semantic groups and to present them as bunches of similar words, lending themselves to mutual settlement in learners' memories. This book, *"KOBUN Words 1,500 Mastering Weapon"*, was not necessarily a divergence from the original path of "Fusau Tales": while the storybook is an extensively memorable collection of example sentences, the vocabulary book is an intensive formula for quick, systematic memorization of important archaic vocabulary of Japanese: they just go two separate ways to the same goal — perfect mastery of KOBUN words of importance — supplementing each other in their respective ways. The interactive learners of computerized lessons of "Fusau Tales" should have much to learn from the traditional paper book version of *"KOBUN Words 1,500 Mastering Weapon"*, and vice versa.

■After All, Who Would Read "Fusau Tales"?

Come to think of it, this author feels doubtful if there is any reader who reads "Fusau Tales" at all, either in printed form or on-line. Most students will opt for the paper versions of *"Mastering Weapon"* books, and those two books are guaranteed to do their jobs admirably. Even so, this author is proud of his own achievement, not just as a secure stepping stone to English mastery system in future, but as a collection of tales which he, in his remote adolescence, would have had pure fun reading, contributing to lessen the burden of mentally depressing days.

Summer 2011

author *Jaugo Noto*

■「文法」が独立するなら、「単語」だけ置いてけぼり、はあるまい？
　『扶桑語り』から「文法の授業」を分離独立させて一冊の別立て本にしてしまった作者としては、22編の物語全般に散りばめた膨大な重要古語も、『扶桑語り』からは独立した別冊子一つにこぢんまりまとまった単語集の形で提供するのが筋であろう ― ということでこの筆者は、1500の古文単語を126の意味別集団に再編成した上で、似たもの同士の言葉を束ねることで個々の古語の意味的連想が学習者の記憶への定着促進につながるような形を作り上げた。**『古文単語千五百マスタリング・ウェポン』**と名付けたこの書籍は、必ずしも『扶桑語り』本来の正道から外れるものではない：〝物語本〟の方は膨大な例文を連ねて印象に残り易くしたもの、〝単語集〟の方は古典的和語の重要語彙を迅速かつ体系的に暗記させるための短期集中方式 ― 二つ別々の道を辿りつつ、古文読解に役立つ重要語彙の完全制覇という同じ目標を目指すものであり、それぞれなりのやり方で、お互いの足りない点を補い合う相棒である。インタラクティブ（双方向型）のコンピュータ授業の形で『扶桑語り』を学ぶ者にとっても、昔ながらの紙本版**『古文単語千五百マスタリング・ウェポン』**から学べることは多かろう（そして逆もまた真なり、である）。

■結局のところ、誰が読むのか、『扶桑語り』？
　よくよく考えてみると、そもそも『扶桑語り』を紙本であれネット上であれ読んでくれる読者が果たしているのだろうか、という疑念を、筆者としては抱かざるを得なくなってくる。大抵の学生は紙版**『マスタリング・ウェポン』**の本たちを選ぶだろうし、実際あの二冊は、それぞれの仕事を各自見事に果たすこと請け合いなのである。が、それはまぁそれとして、この筆者としては、自らの成し遂げた仕事には満足している・・・いずれ世に出す英語修得用教材への確実な第一歩としてのみならず、筆者自身が（遠い昔の青春時代に）読んだとしても純粋に面白く、あれこれ気の重い日々の重圧を和らげてくれたであろう物語集としても、悪くはないと思うのだ。

2011(平成二十三)年、夏
作者　之人冗悟(のと・じゃうご)

COPYRIGHT DECLARATION AND
WARNINGS AGAINST UNAUTHORIZED USAGE

"Fusau Tales" is a collection of sentences specifically designed for educational use by duly authorized licensees and personal pleasure of its readers. Any other use of any part of *"Fusau Tales"* intending or involving commercial profit, consciously or otherwise, is hereby explicitly prohibited by the author as potential offense of civil nature without regard to *copyright belonging to Jaugo Noto*, with the sole (or dual) exception of the following two old Japanese verse too old to claim copyright by anyone:

●あそびをせんとやうまれけむたはぶれせんとやむまれけん
　あそぶこどものこゑきけばわがみさへこそゆるがるれ
●せりなづなごぎやうはこべらほとけのざすずなすずしろこれぞななくさ

…Recite or use them any way you want… do the same to any other part ONLY AFTER the copyright protection is gone, long after the earthly sojourn of the author on this planet…

　　　　　　著作権の宣言と不正規使用に対する警告
『ふさうがたり(Fusau Tales)扶桑語り』は、適正なライセンス承認を受けた教育者による使用を企図して(＆読者の誰かさんの個人的愉悦のために)作られた文章の集合体であり、それ以外の形で利潤を見込んで(意図的であれ結果的にであれ利潤を伴う形で)本作の一部なりとも使用することは、**之人冗悟に属する著作権**を無視した民事上の犯罪となる可能性ある行為として、この場で明示的に禁止する；唯一(あるいは二つ)の例外は、古すぎてもはや誰も著作権の主張が不可能な次の日本の古歌のみ：

●あそびをせんとやうまれけむたはぶれせんとやむまれけん
　あそぶこどものこゑきけばわがみさへこそゆるがるれ
●せりなづなごぎやうはこべらほとけのざすずなすずしろこれぞななくさ

…これらはいかようにでも口ずさむなり使うなりして結構…同じことを『ふさうがたり(Fusau Tales)扶桑語り』のその他の部分にしてもいいのは、著作権保護期間が切れた後、作者がこの星の上での仮の宿りを終えて、ずっとずっと経った後のこと…

http://zubaraie.com　←合同会社ズバライエホームページ

― about the author of this book（本書の著者について）―

Jaugo Noto is a professional educator in linguistics, who makes it his business to enable students to see, do, or be what he's been through and what he can see through, in ways other humans have never imagined or even thought possible. His field of business activity ranges from modern English to ancient Japanese, developing not so much on paper or in the flesh as on the WEB currently.

之人冗悟(のと・じゃうご)は語学教育の専門家。彼本人の実践・予見の体験を、学生にも認識・実践・体得させること(それも、他者が想像もせず、不可能とさえ思っていた方法で可能ならしめること)を仕事とする彼の活動の幅は、現代英語から古典時代の日本語まで多岐に渡る。現在、紙本執筆や生身の授業よりインターネット上での事業展開が主力。

― about ZUBARAIE LLC.（合同会社ズバライエについて）―

ZUBARAIE LLC. was established in Tokyo, Japan, on July 13th (Friday), 2012, as a legal vehicle for Jaugo Noto to perform such services as education, translation, publication and other activities to help enlighten people.

合同会社ズバライエは、2012年7月13日(金曜日)(おまけに「仏滅」)、日本国の東京にて、之人冗悟(のと・じゃうご)が教育・翻訳・出版その他の啓蒙(けいもう)活動を遂行するための法的枠組として設立された。

「扶桑語り(Fusau Tales)ふさうがたり：かな・英語・現代和語対訳本」
ISBN 978-4-9906908-4-7
Copyright © 2006-2013 by Jaugo Noto(之人冗悟)
1st edition published from ZUBARAIE LLC. 2013/02/14

= also from the same **a**uthor 之人冗悟(Jaugo Noto) =

Beneath **U**mbrella of **Z**ubaraie LLC.

『でんぐリングリッシュ：英・和 対訳版』ISBN 978-4-9906908-0-9
　　　日本の初学者＆再挑戦者に贈る、英語を真にモノにするための心得（英文／和訳見開き対訳本）。
　　　‥‥本書一冊では効果半減：『英文解剖編』との併用により、真の英文解釈力の開眼を図るべし。

『でんぐリングリッシュ：英文 解剖編』ISBN 978-4-9906908-1-6
　　　同書の全英文を、解剖学的解釈の詳細な構造図で「可視化」した古今未曾有の英文読解指南書。
　　　英語がこの形で「見える」ようになることこそ、全学習者の理想形‥‥よーく見て、マネぶべし。

☆！併読推奨！☆『古文・和歌マスタリング・ウェポン』ISBN 978-4-9906908-2-3
　　　大学入試で出題される古文と和歌の知識を完全網羅。暗記必須事項は抱腹絶倒の語呂合わせで、
　　　重要事項の全ての暗記＋確認は巻末穴埋めテストで、調べ物は詳細な索引で、完全サポート。

☆！併読推奨！☆『古文単語千五百マスタリング・ウェポン』ISBN 978-4-9906908-3-0
　　　充実の語義解説で大学入試古文にも和歌・古文書解釈にも不自由を感じぬ完璧な古語力を養成。
　　　入試得点力に直結する受験生の福音書にして、日本語・日本文化への目からウロコの知識の宝庫。

★本書★『ふさうがたり(Fusau Tales)扶桑語り：古文・英文・現代和文対釈』ISBN 978-4-9906908-4-7
　　　『古文単語千五百』の**全見出語1500**（＋**平安助動詞37**＆**平安助詞77**全用法）で書かれた22編の
　　　擬古文歌物語で『古文・和歌マスタリングウェポン』の説く古典読解法の実践を図る英和古対釈本。

Greeting and invitation from *author* **Jaugo Noto**
筆者・之人冗悟(のと・じゃうご)よりの御挨拶＆御招待

Thank you very much for taking (even *READING!*) this book.

本書を手に取って(更には読んで！)いただき、感謝します。

If you found it interesting, you could find it much more so by visiting **the WEB site presented by this author**:

「面白い！」と感じたなら、**筆者提供の WEB サイトを訪問すれば**もっと興味深いものが見つかるはずですよ：

＜扶桑語り (Fusau Tales) interactive lesson＞
扶桑語り （ふさうがたり）双方向型授業 on the **WEB**

http://fusaugatari.com　…↓教材見本は**こちら**↓

http://fusaugatari.com/sample/dochi/1000001/index.html

＜ancient **Japanese literature** in general＞
（古い時代の）日本文学全般紹介サイト

http://fusau.com

・・・本書および WEB コンテンツの提供元は、筆者が代表社員の
合同会社(Limited Liability Company:LLC.) **ZUBARAIE** （ズバライエ）
でした(・・・*日本の古文のみならず、英語のコンテンツもありますよ*)
cf: http://furu-house.com/sample　　（←英語構文 WEB レッスン）

www.ingramcontent.com/pod-product-compliance
Lightning Source LLC
Chambersburg PA
CBHW072322170426
43195CB00048B/2213